우리 기억 속의 색   les couleurs de nos souvenirs

우리 기억 속의 색

les couleurs de nos souvenirs

2011년 8월 1일 초판 발행 ○ 2011년 12월 30일 2쇄 발행 ○ **지은이** 미셸 파스투로 ○ **옮긴이** 최정수
펴낸이 김옥철 ○ **주간** 문지숙 ○ **편집** 정은주 ○ **디자인** 김승은 ○ **마케팅** 김헌준, 이지은, 강소현
출력 스크린출력센터 ○ **인쇄** 한영문화사 ○ **펴낸곳** (주)안그라픽스 413-756 경기도 파주시 교하읍
파주출판도시 회동길 125-15 ○ **전화** 031.955.7766(편집) | 031.955.7755(마케팅) ○ **팩스** 031.955.7745(편집)
031.955.7744(마케팅) ○ **이메일** agdesign@ag.co.kr ○ **홈페이지** www.agbook.co.kr
등록번호 제2-236(1975.7.7)

LES COULEURS DE NOS SOUVENIRS by Michel Pastoureau
ⓒ Editions du Seuil. 2010
Collection La Librairie du XXIe siècle, sous la direction de Maurice Olender.
Korean translation right ⓒ Ahn Graphics Ltd., 2011
All rights reserved.
This Korean edition was published by Ahn Graphics Ltd. in 2011
by arrangement with Editions du Seuil (LA MARTINIERE) through KCC(Korea Copyright Center Inc.), Seoul.
이 책은 (주)한국저작권센터(KCC)를 통한 저작권자와의 독점계약으로 (주)안그라픽스에서 출간되었습니다.
저작권법에 의해 한국 내에서 보호를 받는 저작물이므로 무단전재와 복제를 금합니다.
정가는 뒤표지에 있습니다. 잘못된 책은 구입하신 곳에서 교환해 드립니다.

ISBN 978-89-7059-589-4(03600)

우리 기억 속의 색

미셸 파스투로 지음

최정수 옮김

안그라픽스

로르에게, 안에게

…… 침묵의 영원 속에서

우리 기억 속의 색들이 자취를 감추기 전에

제라르 드 네르발

(1848년 4월 폴 슈나바르에게 보낸 편지에서)

기억을 위한 색 13

의복 21

    태초에 노란색이 있었다 23
    줄무늬의 부산함 27
    감색 블레이저 31
    질서를 전복하는 바지 35
    어떤 파란색 40
    옷에서 신화로 43
    몸에 직접 닿는 물건들의 색 50
    점잖은 색은 중성적 54
    미테랑 베이지 60
    날씬해 보이는 색 64
    런던의 지하철에서 68

일상생활 73

    내 어머니의 약국 75
    필리프에 관한 슬픈 일화 80
    사탕 자판기 85
    자신의 색 고르기: 불가능한 임무? 89
    칙칙한 풍경들 95
    지하철 티켓 98

빨강인가, 파랑인가	102
삼색 신호등	104
색과 디자인: 실패한 만남?	108
색 소비하기	114

예술과 문학   121

어느 화가의 작업실에서	123
두 시대 사이의 화가	127
영화관에서	131
아이반호	137
모음들	143
적과 흑	149
영화 속의 크레티앵 드 트루아	153
분홍돼지와 흑돼지	156
달리가 점수를 매겼을 때	160
위대한 화가의 색	165
색에 관심 없는 역사학자들	171
시간의 작업	178

스포츠 분야   187

골키퍼와 심판	189
노란 자전거	193

바르탈리와 이탈리아 국기	200
투르 드 웨스트	205
'감법에 의한' 색	208
쉬운 색과 어려운 색	212
분홍색과 주황색	217

신화와 상징   221

빨간 두건 이야기	223
학교에서 라틴어가 번영하길	227
문장학의 발견	230
검은 고양이	235
초록색에 관한 미신	239
운명의 색	247
국기 접기	250
두려움을 유발하는 주제	254
체스 게임	258
비트겐슈타인과 문장의 색	262

취향과 색   269

| 미국에서 온 선물 | 271 |
| 세월에 따른 선탠에 대한 의식 변화 | 275 |

1950년대의 블링블링	280
금에 대한 짧은 이야기	284
초록의 신비로운 색조	292
여러분은 빨간색이 잘 보이나요	295
아이들에게는 보라색을 쓰지 마세요	300
기억의 변덕스러움	306
선호도와 의견 조사	309

단어들	**315**
갈색과 베이지색	317
철자법과 문법	321
경마하는 날	325
색의 0도	329
전체를 대신하는 부분	335
그리스의 파란색	339
색조의 실종	344
보여주지 않고 색에 대해 말하기	348

색이란 무엇인가	353
참고문헌	362
지은이 소개, 지은이 연보	370
옮긴이 소개	375

기억을 위한 색

색을 정의한다는 것은 쉬운 작업이 아니다. 수세기가 흐르는 동안 색에 대한 정의는 시대와 사회에 따라 변화했으며, 현대에만 국한시켜도 5개 대륙에서 각각 다른 방식으로 이해된다. 여러 문화들은 자연환경, 기후, 역사, 지식, 전통에 따라 각기 다르게 색을 이해하고 정의한다. 이때 서구의 지식은 절대적 진리가 아니다. 다른 여러 지식들 가운데 존재하는 지식일 뿐이다. 또한 서구의 지식이 늘 같은 의미를 지니는 것도 아니다.

그래서 나는 사회학자, 물리학자, 언어학자, 화가, 화학자, 역사학자, 인류학자, 때로는 신경학자, 건축가, 도시계획가, 디자이너, 음악가에 이르기까지 다양한 영역의 전문가들이 모이는 색에 관한 학회에 정기적으로 참석한다. 우리는 즐거운 마음으로 만나 소중한 주제에 대해 담소를 나눈다. 하지만 몇 분이 지나면 우리가 같은 주제에 대해 이야기하고 있지 않다는 것을 깨닫는다. 각 분야의 전문가로서 색에 관해 고유한 정의, 개념, 확신을 갖고 있기 때문이다. 이런 것들을 다른 분야의 전문가들과 공유한다는 것은 쉽지 않고, 때로는 거의 불가능하기까지 하다.
하지만 내가 보기에는 그간 꽤 진전이 있었고, 서로에 대한 오해도
30-40년 전에 비해 많이 줄어들었다. 사실 내가 이런 학회에
참석한 것은 30년도 더 되었다. 내가 관찰한 바로, 화학자와
물리학자들은 인문학자들의 질문과 조사들을 많이 고려하며,
역사학, 사회학, 언어학 등을 연구하는 인문학자들도 이런 기회를
통해 자연과학 영역에 속하는 지식을 향상시킨다. 이런 공유가
이대로 계속 진전된다면 더욱 많은 열매를 맺을 것이다.

  이 책은 부분적으로는 자서전적이고, 인문학에 속한다. 나는
여러 해 동안 색의 역사와 상징에 관해 연구하면서 점차적으로
이 책에 대한 착상을 싹틔웠다. 어느 날 문득 반세기가 넘는
내 개인의 역사, 프랑스 및 유럽 사회의 역사와 관련된 색에 대한
기억들 그리고 그 용례와 규범들을 다른 사람들과 공유할 때가
되었다는 느낌이 들었다. 이 책은 전적으로 자아도취적이지는
않지만, 조금 공상적이기는 하다. 적어도 1950년대 초반부터
오늘날까지 거의 60년에 걸쳐 색에 관해 내가 보고 경험하고
느낀 것들을 증언하려는 욕구, 그 역사와 변천들을 되새겨 서술하고
그 영원함과 변화에 가치를 부여하려는 욕구, 그 사회적·윤리적·
예술적·시적·몽환적 쟁점을 강조하려는 갈망에서는 그렇다.
나는 증인이자 역사학자이고 싶다. 참고자료, 사실, 관찰, 일화들을
소개하고, 그것들에 비평이나 논평을 가하고 싶다. 이것은 어려운
작업, 거의 공상에 가까운 작업이다. 역사학자는 '자기 시대의

증인'으로 나서는 일을 조심해야 한다는 것을 잘 알고 있음에도 불구하고 나는 이 작업에 빠져들었다. 이 경우 역사학자는 필연적으로 편파적인 증인이 될 수밖에 없고, 교훈을 주려는 경향을 보인다. 변덕스럽고 자기중심적이고, 때로는 불평이 많다('전에는 더 나았다.'는 식으로). 혹은 악의가 있고 기억이 너무 신랄해서 실효성을 발휘하지 못한다.

나는 어떤 책을 통해 꽤나 명백한 방식으로 위와 같은 것들을 확인했고, 그것은 색에 관한 이 책의 착상에 이바지했다. 그 책은 바로 조르주 페레크의 『나는 기억한다Je me souviens』이다. 나는 1978년에 이 책이 나오자마자 바로 읽었다. 책의 어떤 부분들은 이전에 간행된 그의 책들에 비해 상대적으로 비밀스러웠다. 페레크는 이 책에서 '나는 기억한다'로 시작하는 479개의 문단을 선보이면서 '평범하고 모두에게 공통되지는 않지만, 적어도 많은 사람들에게 공통되는' 기억들을 환기했다. 나는 오래전부터 페레크의 찬미자였고, 여러 해 동안 명백한 진부함으로 나를 매혹하는 그 책의 구절 몇 개를 되새기곤 했다. 그 가운데는 이런 감탄스러운 문장이 있다. "나는 기억한다. 내 사촌 앙리의 친구가 하루 종일 실내복을 입은 채 시험공부를 하던 것을." 모호하긴 하지만 너무나 적절한 이런 고백도 있다. "나는 잘 기억하지 못한다. '단절 없는'이라는 표현이 의미하는 바가 무엇인지 내가 이해해야만 했던 것을." 혹은 간결하고 조소 섞인 이런 선언도 있다. "나는 기억한다. 1968년 5월을." 특히 흙에 파묻힌 보물처럼 책 중간쯤에 등장하는 문장 하나가 나를 기쁘게 한다. 너무나 아름답고 환희에 차 있어서 이 책에서 그 문장이 페레크에게는 가장 중요한 문장일 거라고 상상할 정도이다. 바로 이 문장이다. "나는 기억한다. 드 골 장군에게 앙드레라 불리던 형제가 있었던 것을. 그가 다갈색 머리를 가졌고 파리국제박람회의 부책임자였던 것을."

이보다 더 단조롭게, 더 비겁하게, 더 재미있게 만들기도 힘든 일이다. 사실 내가 정확히 기억하는 바로는 이 문장은 존재하지 않는다. 적어도 페레크의 책 속에서는 이런 형식으로 존재하지 않는다. 사실 페레크는 그냥 이렇게 썼다. "나는 기억한다. 드 골에게 피에르라는 형제가 있었다는 것을. 그는 파리국제박람회를 이끌었다." 다시 말해 나는 페레크의 텍스트를 늘리고 형태를 변화시키고 드 골 장군의 형제 이름을 바꾸고 정책임자에서 부책임자로 강등시켰다. 특히 화젯거리도 아니었는데 머리색이 다갈색이었다느니 어땠다느니 하는 내용을 끼워 넣었다. 역사학자에게 이것은 구설을 불러올 만한 행위이다. '피에르'를 '앙드레'로 바꾼 것도 마찬가지이다. 복음서에서 피에르와 앙드레는 형제이다. 그러나 그리스도를 처음으로 따른 사람은 피에르가 아니라 앙드레이다. 게다가 앙드레는 나의 중간 이름이고, 나는 '앙드레'에게 그가 사회에서 갖고 있지 않은 직책을 부여했다. 나는 '정책임자'라는 직책보다 '부책임자'라는 직책을 더 선호했다. 부책임자란 정확히 무엇일까? '부책임자'는 더 기발하고 현실과 동떨어져 있고, 게다가 조금 미학적이다. 쿠르틀린[3]의 상속자나 추종자들 중 한 사람의 문학적 창조가 아니라면 말이다. 그리고 왜 하필 다갈색 머리일까? 색에 관한 뚜렷한 기록을 끼워 넣으려고? 인물의 익살스러운 특징을 강조하려고? 드 골 장군의 형제, 파리국제박람회 부책임자 그리고 다갈색 머리! 확실히 이것은 한 편의 통속극처럼 보인다.

또한 이것은 채색의 시도이기도 하다. 사실 우리의 시각적 기억들 중 많은 것이 우리가 규정한 색채 속에 보존되지 못한다. 검은색과 흰색인지, 아니면 검은색과 회색과 흰색의 조합인지조차 모른다. 그렇다. 우리의 기억 속에 보존된 것들은 무색인 경우가 많다. 그리고 우리가 그 기억들을 호출할 때, 명확한 의도를 가지고 그것들을 솟아오르게 만들 때, 우리는 많든 적든 의식적으로 색에 관한 기록을 행한다. 우리는 그 기억들의 윤곽을 분명하게 하고 그 선들을 고정시킨다. 우리의 상상력은 그 기억들에 색을 부여하는 역할을 담당한다. 때로는 그 기억들이 전혀 가지지 않았던 색을 말이다.

이렇듯 드 골 장군 형제의 머리색은 다갈색이 아니었다. 그의 실제 존재에서도, 조르주 페레크의 상상력 풍부한 펜 끝에서도 말이다. 이 책의 첫 장에서 언급할 앙드레 브르통[4] 역시 블랑슈 광장의 카페에서도, 몽마르트르언덕에서도, 그를 아는 사람들이 간직한 이미지 속에서도 내가 그에게 부여한 노란 조끼를 결코 입고 있지 않을 것이다. 아마도 구멍이 숭숭 뚫린 내 기억이

내 상상력으로 하여금 그에게 지나치게 생기 넘치는 색의 옷을
입히게 했을 것이다. 범상치 않은 인물 앙드레 브르통은 내 어린
시절과, 색에 관한 오래된 기억과 결부된다. 내가 그 수수께끼의
노란 조끼를 꿈에서 봤던가? 아니면 앙드레 브르통이 정말로
노란 조끼를 입었던가?

그러니 앞으로 이어질 내용 속에서 이따금 내 상상력이
내 기억력의 공백을 메운다 해도 독자 여러분은 나를 용서하기
바란다. 색에 관한 이 책은 덧없이 사라지는 인상, 개인적 기억,
실제로 겪은 경험들에 의지할 뿐만 아니라 현실에서 취한 묘사,
학술적 여담, 문헌학자·사회학자·저널리스트들의 언급에 의지한다.
그러면서 어휘들과 사실들, 옷과 유행, 일상용품과 생활 습관,
문장紋章과 국기, 스포츠, 문학, 그림, 예술적 창조 등 수많은 분야를
관통할 것이다. 최근 50-60년 동안의 역사에서 실재의 색과
꿈꾸어진 색은 개인적, 집단적 연출을 위해 서로 결합했다.
과거는 단지 존재만 했던 것이 아니라 기억이 만들어낸 것임을
이 역사학자는 잘 알고 있다. 우리가 상상하는 것에 대해 말하자면,
현실과 전혀 반대되지 않는다. 그것은 현실의 반대도 아니고
현실의 적도 아니다. 그것은 다양하고 풍요롭고 우수 어리며,
우리의 모든 기억과 은밀히 통하는 하나의 현실을 구성한다.

1 조르주 페레크 Georges Perec 1936-1982
   파리에서 태어나 노동자 계급 거주지인 벨빌 구역에서 유년기를 보냈다.
   1954년 소르본대학에 입학하지만 학업을 중단하고《누벨 르뷔 프랑세즈》등
   여러 잡지에 기사와 문학 비평을 기고하기 시작했다. 1965년 첫 소설
   『사물들』로 르노도 상을 수상하고 1978년『인생 사용법』으로 메디치 상을
   수상했다. 매번 새로운 형식을 시도하고 고유한 문학 세계를 구축했으며,
   20세기 후반을 대표하는 위대한 소설가로 평가받고 있다.

2 앙드레
   예수의 12사도 중 한 사람. 성서 속에 등장하는 이름은 '안드레'이다.
   갈릴리 호반 벳사이다의 어부로 베드로(프랑스식 이름은 '피에르')의
   아우이며, 최초로 예수의 부름을 받았다고 한다.

3 조르주 쿠르틀린 Georges Courteline 1858-1929
   프랑스의 극작가이자 소설가. 풍자적 내용의 단막극을 주로 썼으며,
   17세기 희극작가 몰리에르의 후계자로 평가받는다.
   「부부로슈」「우리 집의 평화」등의 희곡을 남겼다.

4 앙드레 브르통 André Breton 1896-1966
   프랑스의 시인·초현실주의 주창자. 1924년「초현실주의 선언」을
   발표하고《문학》《초현실주의 혁명》등 기관지를 발간했다.
   초현실주의 운동은 몇 차례 이합집산을 거듭했지만 브르통만은
   끝까지 자기 주장을 굽히지 않았다. 소설『나자』, 수필집『연통관』등의
   작품을 남겼다.

의복   le vêtement

태초에 노란색이 있었다

먼저 내 가장 오래된 기억에 대해 이야기해야 할까? 꼭 그래야 하는 건 아니겠지만 색에 관한 가장 오래된 기억은 반드시 언급해야 할 것 같다. 내가 갓 다섯 살이 되었을 때, 내 아버지 앙리 파스투로와 앙드레 브르통은 사이가 틀어졌다. 그들은 1932년에 처음 만났고, 나이와 명성 차이에도 불구하고 거의 20년 동안 지적이고 감동적이고 굳건한 우정을 유지했다. 두 사람이 다투고 나서 몇 년 뒤 브르통은 우리 집에 전화를 걸어왔고, 몽마르트르언덕 꼭대기에 있는 우리 집으로 직접 찾아와 초현실주의 서적에 관해 아버지와 이야기를 나누었다. 이따금 그는 우리 집에 저녁을 먹으러 왔는데, 그때마다 나에게 색연필과 종이를 가져다주었다. 그 종이는 보통 종이처럼 희지 않았고 두께가 두껍고 결이 우툴두툴하고 불규칙했다. 마치 막 제본소에서 재단한 종이 같았다. 고백하건대, 아직 어렸던 나는 그 색다른 종이가 조금 실망스러웠다. 브르통이 가끔 반으로 자른 감자로 종이 위에 '그림을 그리며' 놀아주긴 했지만 말이다. 감자 표면에

잉크나 물감을 묻히면 일종의 스탬프 같은 것이 되는데, 그것을
종이에 찍으면 신기한 문양들이 만들어졌다. 브르통은 그 스탬프에
물고기를 연상시키는 무늬를 새기길 좋아했고, 초록색을 특히
좋아했다. 나는 초현실적이었던 내 어린 시절을 즐겁게 만들어준
그 '그림 스탬프'를 여러 개 간직했다. 많은 나라에서 위조 증명서나
위조 공문서를 만들 때 감자를 스탬프 재료로 사용한다는 것을
당시 나는 몰랐다.

    브르통을 초대하는 저녁 식사는 내 어머니에게 두려운 요리
테스트를 의미했다. 그는 음식에 예민했고, 여러 금기사항을
철저히 지켰다. 이를테면 당근, 정어리, 송아지 간을 식탁에 올리지
못하게 했고, 완두콩은 대환영이었다. 거의 의무적으로 먹었다.
또 맥주를 '치욕스러운' 음료로 여겼다(나도 전적으로 공감한다).

    브르통과 함께 그린 그림들에 대한 정확한 기억은 없지만,
그의 용모는 매우 선명하게 기억하고 있다. 그것은 세 가지 특성으로
요약된다. 머리가 커다랗고, 노란 조끼를 입은, 내 아버지보다
더 나이 든 남자. 그의 목소리는 어린아이였던 내 귀에 어딘가
부자연스러우면서도 두렵게 들렸는데, 실은 목소리 이상으로
무서웠던 것은 그의 머리였다. 그의 머리는 몸의 나머지 부분과
비교할 때 매우 불균형하게 보였고, 비정상적으로 숱이 많고
긴 머리카락에 감싸여 있었다. 우리 집 맞은편에 살던 내 친구
크리스티앙(그의 할머니는 우리가 사는 건물의 관리인이었다.)은
브르통의 머리가 '인디언 마법사'의 머리 같다고 말했다. 사실

브르통의 머리는 마치 가면을 쓴 것처럼 보였다. 그의 전기를 쓴 작가들이 그 머리에 대해 거의 언급하지 않았다는 것이 놀라울 정도이다. 그의 머리는 위엄과 힘이 넘치고 거부할 수 없는 인상을 풍겼지만, 몽마르트르언덕의 어린이들을 무섭게 했다. 가면을 좋아하는 브르통의 취향의 근원은 아마도 그의 머리일 것이다.

그러나 여러 번 그림으로 그려지고 사진이 찍힌 그 머리보다 내 기억 속에 훨씬 더 강력하게 뿌리내린 것은 누가 뭐래도 그가 입은 조끼 색이다. 그것은 광택이 없는 따뜻한 노란색, 달콤한 노란색이었다. 지금도 한 치의 망설임 없이 색견본에서 그 색을 찾아낼 수 있다. 브르통은 우리 집에서 저녁 식사를 할 때 조끼를 벗은 적이 한 번도 없었다. 그의 성격을 고려해볼 때 예외적인 행동이었다. 그러나 1950년대 초반에는 충분히 있을 수 있는 일이었고, 그 노란 조끼는 어린 소년이었던 나에게 너무나 강렬한 인상을 남겼다. 사실 그 조끼에 대한 기억이 생생하지는 않다. 소재는 어땠고 실제 색은 어땠지? 가죽으로 된 짧은 조끼였나? 가죽이 맞았나? 스웨이드, 아니면 펠트 천으로 된 단순한 조끼였나? 사실은 베이지색 모직 조끼였는데 내 기억이 꿀 색깔의 조끼로 변모시켰나? 그것도 아니면, 브르통이 이따금 선명한 색의 옷을 입었듯이(그가 '하늘색 타월 천으로 된 괴상한 레인코트'를 입고 미국으로 가는 배의 갑판 위를 거니는 모습을 클로드 레비 스트로스와 다른 사람들이 실제로 보았다고 한다.) 그 조끼도 정말 생생하고 따뜻한 노란색의 괴상한 옷이었을까? 그 시절에 찍은 사진은 모두 흑백사진이고 내 기억 속에 남은 이미지와는 차이가 있으니, 아마도 나는 결코 진실을 알지 못할 것이다. 평범하기 짝이 없는 옷의 색에 대체 어떤 변동이 일어나는 것일까? 그리고 변동이 일어나는 이유는 무엇일까? 범상치 않은 한 인물에 대한 끔찍한 기억을 보존하기 위해? 혹은 좀 더 최근의 그리고 브르타뉴 신화에 더 잘 들어맞는 이미지들에 반향을 불러일으키기 위해? 우리와 우리의 기억 사이에는 다른 기억들이, 우리가 들은 다른 사람들의 기억들이 가로놓여 있다.

    사실 이런 것은 전혀 중요하지 않다. 앙드레 브르통과 초현실주의 운동은 그 노란색과 결부된 내 기억 속에 영원히 남아 있을 것이다. 나에게 초현실주의는 언제까지나 노란색이다. 밝고 신비롭고 예쁜 노란색.

줄무늬의 부산함

마흔 살 무렵에 나는 줄무늬에, 줄무늬의 역사와 그것이 유럽 사회에서 갖는 상징성에 관심을 가졌다. 이 주제에 관해 고등연구실천원에서 많은 세미나를 열었고, 그 세미나의 내용을 책으로 엮었다. 1991년 쇠유Seuil출판사에서 출간되고 그 뒤 30개 언어로 번역된 『악마의 무늬, 스트라이프L'Étoffe du Diable. Une histoire des rayures et des tissus rayés』가 바로 그 책이다. 사실 그런 책을 출간한다는 것은 쉬운 일이 아니었다. 주제가 하찮게 비쳤던 것은 물론, 쇠유출판사의 출판 방향까지도 위협해 보이게 했던 것이다. 그 책이 세상의 빛을 보기까지는 '20세기 총서 시리즈'의 책임자인 역사학자 모리스 올랑데Maurice Olender의 고집이 큰 역할을 했다. 대형 출판사 사장의 이런 소심함은 그 자체로서 역사적 자료이며, 책이라는 매체의 목적이 무엇인가에 대해 시사하는 바가 크다. 나는 서양에서 줄무늬가 오랫동안 얼마나 부정적인 것으로, 심지어 악마적인 것으로 간주되어왔는지 그리고 줄무늬 옷이 얼마나 배척당하고 비난받는 운명에 처해왔는지 알려주고 싶었다. 18세기에 이르러서야 자유, 젊음, 새로운 사상에 대한 지지의 표명인 '선한' 줄무늬가 나타났다. 그러나 선한 줄무늬는 '악한 줄무늬'를 사라지게 하지는 못했다. 아무튼 한 세기가 지나자 아동복, 여성복, 어릿광대 옷 등에 줄무늬가 쓰였고, 그 뒤 해변은 물론 스포츠 경기장, 휴가지를 점령했다.

　나로 말하자면 일찍이 다섯 살 때 뤽상부르공원에서 악한 줄무늬와 관련된 아픈 경험을 했다. 당시 나는 목요일 오후마다 할머니와 함께 그곳에 갔다. 수줍음을 타고 의심 많고 광장 공포증이 있던 나는 할머니가 앉은 의자에서 20미터 이상 떨어지는 일이 절대 없었다. 할머니는 늘 중앙 연못에서 멀지 않은 곳에 앉는 습관이 있었는데, 넓은 중앙 연못은 내 눈에 가장 위험한 장소로 보였다. 사실 그때 나는 모든 사물과 모든 사람을 무서워했다. 배를 빌려주는 사람과 인정머리 없이 의자 사용료를 걷는 사람을 무서워했고(당시 뤽상부르공원의 의자는 황톳빛이 도는 노란색이었는데, 돈을 내고 사용해야 했다.), 목요일 저녁 6시면 어김없이 야외 음악당에서 국가 〈라 마르세예즈La Marseillaise〉를 연주하는 공화국 근위병들을 무서워했다. 특히 경비원들을 무서워했는데, 그들이 입은 진초록색 제복이 어린 나에게 악의에 찬 경찰들을 떠올리게 했기 때문이다.

　4월 혹은 5월의 어느 목요일, 경비원 한 사람이 다가와 잔디밭에 들어갔다며 나를 야단쳤다. 연못 반대편에서 50미터나 떨어진 잔디밭에 말이다. 그가 착각한 게 분명했다. 지나칠 정도로 겁이 많고 규칙을 존중했던 나는 연못 근처에서 멀리 가지도 못했을뿐더러 들어가선 안 된다는 잔디밭에는 발을 들이지도 못했으니까. 알고 보니 그 경비원이 나와 같은 하얀 바탕에 감색 줄무늬가 있는 선원풍 셔츠를 입은 다른 아이를 나와 혼동했던 것이다. 그 공원에 그런 옷을 입은 아이는 아마 50명쯤 되었을 것이다. 당시 그런 옷은 1900년대부터 시작해서 어린 소년들에게 유행할 대로 유행했으니까. 그러니 멀리서 똑똑히 구별하기란 어려웠을 것이다. 그렇지 않았다고 할머니가 나를 변호했지만, 그 경비원은 끝내 고집을 부리며 자기가 분명히 보았다며, 내가 틀림없다고 했다. 그는 단호하고 끔찍한 목소리로 이렇게 말했다. "내가 감옥에 보낼 거다. 너와 네 할머니를 말이다." 나는 울음을 터뜨렸고, 할머니의 치맛자락에 매달려 울부짖었다. 얼굴이 몹시 붉고 수염을 길게 늘어뜨리고 커다란 제모를 쓴 그 남자 때문에 말 그대로 겁에 질려버린 것이다. 그가 호루라기를 흔들며 "감옥에, 감옥에 보낼 테다!"라고 외치는 동안 우리는 뛰다시피 해서 그 자리를 떠났다. 할머니는 그 남자에게 대거리를 하기에는 무척 교양 있는 분이었고, 다른 사람들이 대신 그 역할을 떠맡았던 것으로 기억한다.

    그 작은 비극을 통해 줄무늬는 양면성과 모순성을 드러냈고 전통에 가치를 부여했다. 세월이 흐른 뒤, 나는 역사학자로서 오랜 시간을 들여 줄무늬의 기능을 연구하고자 했다. 줄무늬는 젊고 경쾌하고 유희적이고 재미있고 신호의 기능을 한다. 그러나 동시에 기만적이고 위험하고 모욕적이고 감옥을 연상시킨다.
확실히 그날은 악한 줄무늬가 선한 줄무늬를 누르고 그 경비원을
사로잡았다. 파란색과 흰색으로 된 예쁜 선원풍의 셔츠는
나에게 행운을 가져다주지 못했다. 그 일이 있은 뒤 나는 그 옷을
다시는 입고 싶지 않았고, 심지어 그것과 비슷한 옷도 입기
싫었다. 실질적으로도 다른 옷이 더 나았다. 사춘기가 다가오자
나는 체중이 늘어 통통한 아이가 되었고, 가로 줄무늬의 셔츠는
이미 포동포동해진 내 몸집을 더 뚱뚱해 보이게 할 것이
분명했기 때문이다.

그 후 몇 달 동안 할머니와 나는 뤽상부르공원에 가지 않았다.
집에서 더 멀고 더 태를 부린, 분위기가 더 우울한 몽수리공원으로
갔다. 할머니는 공원에서 사귄 친구들을 빼앗겼고, 나는 넓은
잔디밭 주변에서 오후 내내 놀면서 똥을 누던 잿빛과 다갈색
당나귀들을 빼앗겼다. 저주받을 경비원 같으니!

감색 블레이저

나는 열세 살까지 재킷을 입은 기억이 없다. 재킷을 입지 않아도 되는 자유는 1960년 봄 부모님과 함께 지인의 결혼식에 초대받았을 때 끝을 고했다. 어머니 약국에서 일하던 여자 조제사의 결혼식이었다. 그 조제사는 어린 나에게 무척 잘해주었고, 가족 바깥의 세상과 사회에 대한 시각을 나에게 선사했다. 부모님은 결혼식 참석을 위해 나에게 회색 바지와 감색 블레이저를 사주었다. 당시 나는 이미 긴 바지를 입고 다녔지만 재킷이나 블레이저는 한 번도 입어본 적이 없었다. 나는 어머니와 함께 상점에 가서 내가 입을 바지와 블레이저를 샀다. 우리가 살던 남쪽 교외 도시에서 가장 큰 남성복 상점이었다. 아첨하며 말하던 판매원의 목소리가 지금도 들리는 듯하다. "이 꼬마 신사는 체격이 아주 당당하군요." 내가 나이에 비해 엉덩이가 크다는 뜻이었으리라. 어쨌든 바지를 고르는 데는 아무 문제가 없었다.

 하지만 블레이저를 고를 때는 사정이 달랐다. 문제는 나에게 있었다. 더블 블레이저를 입었을 때의 나는 마치 '해군 제독'이나

'비행사'처럼 보였다. 하지만 밉살스러운 판매원은 그런 옷을 입기에는 내가 너무 통통하다고 어머니를 설득했다. 그렇다면 싱글 블레이저를 입어야 했는데, 나는 싱글 블레이저가 마음에 들지 않았다. 옷의 모양새 때문이 아니라 색 때문이었다. 그 상점에는 옷들이 많았지만, 아이들을 위한 감색 싱글 블레이저는 더블 블레이저에 비해 색이 연했던 것이다. 그때 나는 이미 어렴풋하게나마 색에 대한 나름의 감각을 갖고 있었고, 진하지 않은 감색은 진짜 감색이 아니라고 생각했다. 우리 집보다 더 부르주아 가정에 속하는 내 친구들은 이미 감색 블레이저를 갖고 있었는데, 상점 점원이 권한 블레이저와는 색이 달랐다. 내 친구들의 블레이저가 더 어둡고 더 진하고 보랏빛이 덜 돌았다. 한마디로 말해 덜 '촌스러운' 색이었다.

 청소년들은 촌스러움에 대해 나름의 개념을 갖고 있다. 그들은 어른들에게 그 개념을 설명할 때 무척 고생을 한다. 그들에게 촌스러움(그들이 생각하는 촌스러움)은 물건 구입을 취소하게 하는 중요한 요소이다. 내가 보기에는 도저히 입을 수 없는 옷이었던, 보기 흉하고 뚱뚱해 보이기까지 했던 '연한 감색' 블레이저가 바로 그랬다! 입어보고, 싫다고 말하고, 논의하고, 비교해보고, 다시 입어보고, 다른 판매원이 끼어들고, 그다음에는 매장 책임자까지 왔다. 놀랍게도 그 책임자는 말이 통하는 사람이었다. 그는 내 관점을 지지해주었다. 그런데도 도리가 없었다. 결국 나는 내 요구를 관철시키지 못했다. 거리로, 낮의 햇빛 속으로 나가자,

어머니는 그 싱글 블레이저가 아주 바람직한 파란색, 완벽하게 고전적인 파란색이라고 판단했고, 색에 대한 내 변덕이(물론 그때가 처음은 아니었지만) 근거 없다는 결론을 내렸다. 판매원이 히죽히죽 웃었고 매장 책임자는 덜 웃었다. 더블 블레이저의 가격이 싱글 블레이저보다 더 비쌌기 때문이리라. 결국 나는 결혼식 날 그 망할 놈의 블레이저를 입어야 했다. 몹시 부끄러웠다. 다행히 결혼식장에 내 친구들은 한 명도 없었고, 나를 알아보는 사람도 별로 없었다. 내가 입은 블레이저가 완벽한 감색이 아니라는 것을 아무도 알아차리지 못한 듯했다. 하지만 나는 그것을 알고 있었다. 아주 미세한 색의 차이가 나를 당황하게 했다. 내 블레이저에 와 닿는 사람들의 눈길이 불쾌하고 기분 나쁘게 느껴졌다.

    이 일화에 즉각적으로 이어지는 속편은 없지만, 당시 열세 살이었던 나는 내가 색에 대해 몹시 예민하다는 것을 실감했다. 그것은 결점일까, 아니면 특권일까? 아마 둘 다일 것이다. 나는 부조리하고 때로는 고통스러운 상황에 대해 매우 예민하고 그것에 빚도 지고 있지만, 색에 대해, 그 연출에 대해, 그것들이 마련해주는 끝없는 관찰과 성찰의 영역에 늘 주의를 기울인다. 그렇게 하면서 역사학자로서 내 연구에 많은 부분 도움을 받는다. '블레이저 사건'이 없었다면 나는 염색에서 오랜 시간을 들여 힘들게 습득하는 색조라는 것에 결코 주의를 기울이지 못했을 것이다. 나중에 나는 감색의 역사에 대해 다양하게 조사했다. 그 조사들 중 하나를 이야기하겠다.

18세기 이전의 유럽 복식에서 염색은 흔치 않았다. 그러다가 신대륙에서 인디고가 다량으로 수입되고 우연히 프러시안 블루가 발견되면서 18세기 후반에는 색이 의복에서 중요한 역할을 하기 시작했다. 하지만 그 역할이 제대로 부각된 것은 19세기 말이 되어서였다. 진한 색 중에서 감색이 검은색과 경쟁을 하기 시작했다. 이 경쟁은 제1차 세계 대전 이후 특히 도시에서 활기를 띠었다. 수십 년 동안 많은 남성복이 다양한 이유로 검은색에서 감색으로 변천하는 경향을 보였다. 이런 경향은 제복에서 시작되어 19세기 말에서 20세기 중반에 각 나라들로 퍼져 나가 제복을 입는 많은 사람들이 검은색 대신 감색을 택했다. 선원, 산림 감시인, 헌병, 경찰관, 소방관, 세관원, 우체부, 군인 일부, 대부분의 중고등학생, 보이스카우트 단원, 운동선수들이 감색 제복을 입었으며, 최근에는 몇몇 성직자들도 감색 제복을 입었다. 물론 이 사람들이 모두 감색 제복을 입는 것은 아니다. 예외도 많이 있다. 하지만 1880년에서 1960년 사이에 감색은 유럽과 미국에서 지배적인 색이었던 검은색을 점차적으로 대체해갔다. 명실상부한 제복의 색이 된 것이다. 곧이어 일반 시민들도 이들을 따라서 감색 옷을 입었다. 1920년대에, 그리고 특히 1950년 이후에 많은 남자들이 전통적인 복식 습관을 떠나 검은 바지나 재킷을 버리고 감색 바지와 재킷을 선택했다. 특히 춘추복의 경우에 그랬다. 블레이저는 이런 혁명을 보여주는 가장 명백한 예이다. 이 혁명은 20세기의 복식과 색채에 관한 가장 큰 사건 중 하나로 남을 것이다.

질서를 전복하는 바지

얼어붙을 듯 추웠던 1961년 1월, 연말 직후에 펑펑 내린 눈이 아직 녹지 않아 도로와 보도는 매우 미끄러웠다. 나는 방브의 미슐레고등학교 3학년 남녀공학반에 진급했다. 그 학교는 여학생 수가 남학생 수와 비슷하거나 조금 적은 편이었고, 6학년부터 3학년까지만 남녀공학이 허용되었다. 2학년부터는 공공장소에서 남녀 학생이 함께 있는 것을 위험한 일로 간주했다. 교칙상 여학생은 바지를 입고 학교에 올 수 없었다. 체육 시간에 운동복 바지를 입는 것만이 유일하게 허용되었다. 그 외의 시간에는 반드시 스커트나 원피스를 입어야 했다. 하지만 예외가 있었다. 날씨가 추울 때는 바지를 입어도 되었다. 청바지나 부적절하다고 판단되는 바지, 즉 질서를 전복하는 바지가 아닌 조건에서 말이다.

 그런 교칙에도 불구하고 어느 화요일 아침 자매간인 여학생 두 명이 복장 검사에 적발되었다. 그중 한 명은 우리 반이었다. 그 여학생들은 바지를 입고 등교했다. 청바지는 아니었지만, 엄격한 학생주임은 그 바지가 '정숙하지 못하다(!)'고 판단했고,

그 여학생들에게 유기 정학 처분을 내렸다. 다음날이 되자 사건은 더욱 커졌다. 여학생들의 부모가 개입했고, 탄원서가 돌기 시작했다. 소문도 함께 퍼져 나갔다. 유기 정학의 정확한 이유는 몰랐지만, 남학생들은 그 여학생들이 입었다는 바지에 대해 환상을 품기 시작했다. 2학년이나 1학년의 몇몇 '성숙한' 남학생들은 그 바지가 눈길을 확 끌었을 것이라고, 다리에 착 달라붙거나 화려한 장신구들이 장식되어 있었을 것이라고 상상했다. 물론 저학년 아이들은 한낱 바지가 그런 소동을 불러올 수 있다는 것을 잘 이해하지 못했다. 정학당한 두 여학생이 평소 수줍음이 많고 얌전한 모범생이었던 만큼 더욱 그랬다. 다행히 논쟁은 오래 가지 않았고, 사건은 곧 해결되었다. 학교 행정부가 양보했던 것이다. 때마침 추위도 물러가 여학생들의 바지 색을 가지고 논쟁할 필요가 없었다. 일주일 뒤 정학을 당했던 우리 반 여학생이 돌아오자, 우리는 정학의 진짜 이유를 알게 되었다. 그 여학생들이 입었던 바지는 빨간색이었던 것이다.

공화국 고등학교에 빨간색이란 있을 수 없는 색이었다. 적어도 빨간색 옷을 입어서는 안 되었다. 1960년에서 1961년으로 넘어가던 그 시절 정부의 방침은 그랬다. 행정 규칙에 대한 그 어떤 문건도 그런 내용을 글로 단호하게 표명하지는 않았지만, 빨간색 옷을 입으면 안 된다는 것은 거의 법적 구속력을 갖는 무언의 금기사항이었다. 실제로 고등학교 저학년 교실에서 나는 빨간색 옷을 입은 친구를 단 한 명도 본 적이 없다. 고학년 교실에서

겉멋 부리기 좋아하고 유난히 불평이 많았던 한 미술 선생이
영감 넘치는 예술가 행세를 하며 벨벳 옷에 빨간 스카프를 두른
모습은 본 적이 있다. 그 선생은 절대 매지 않던 넥타이 대신
그 스카프를 둘렀던 것이다. 그 선생의 아들이 내 또래의 조금
바보 같은 아이였는데, 한번은 자기 아버지의 옷차림을 따라 했다.
하지만 내가 제대로 기억하고 있다면 그 아이가 맸던 스카프는
매우 평범한 밤색이었다.

정학당한 여학생들이 입었던 바지가 미술 선생의 스카프처럼
강렬하고 공격적인 빨간색이었는지 나는 잘 모른다. 아마도
그 바지는 그즈음 사람들이 입었던 진하고 광택 없고 생기 없는
빨간색이었을 것이다. 폭이 좁은 스키 바지라면 또 모를까.
스키 바지였다면 '겨울 스포츠용' 옷답게 더 생기 넘치고 주홍빛이
도는 빨간색이었을 것이다. 학생주임과 그의 하수인들은, 아니,
그보다 학교 행정부는 그런 옷차림을 한 두 여학생이 학교 안으로
들어가도록 두는 게 정말로 두려웠던 것일까? 그게 뭐 그렇게
위험하다고? 10대 초반의 아이들이 그런 색의 옷을 입었다고 해서,
그 속에서 정치적 빨간색, 염려스러운 공산주의 이데올로기의
표현인 전투적 빨간색을 보았다고는 상상하기 힘들다.
학교 행정부가 그 정도까지 망상에 빠져 있지는 않았을 것이다.
아니, 적어도 그런 방향으로 나아가지는 않았을 것이다. 그들의
머릿속에 줄곧 맴돌았던 것은 정치가 아니라 '풍속'이었을 것이다.
교장은 학생주임실에 와서 잘못을 저지른 학생을 검열할 때마다

관례적으로 이런 말을 한다. "학생주임 선생님, 이 학생은 어리석은 잘못을 저질렀습니다." 그러면 학생주임은 겁에 질려 걱정스러운 표정으로 되묻는다. "풍속에 어긋나는 일입니까?" 그렇지 않다고, 어리석은 잘못을 저지르기는 했지만 풍속에 크게 어긋나는 일은 아니니 절반은 용서받았다고 교장이 대답하면, 학생주임은 안도의 한숨을 내쉰다. 1960년에서 1961년으로 넘어가던 그 겨울 프랑스의 고등학교에는 정치를 하는 사람이 아무도 없었다. 정부가 느낄 만한 위험은 공산주의자들로부터 온 것이 아니라 아메리카 대륙의 지역적 협력을 위해 설립된 미주기구OAS, Organization of American States에서 왔다. 그런데 OAS는 빨간색과 전혀 상관이 없었다. 그러므로 학교 기관이 빨간색을 거부한 이유는 빨간색과 관련된 흐릿하고 먼 상상 속에서 찾아야 한다. 어쨌든 아무도 그 진짜 이유를 말할 수 없지만, 빨간색은 지금까지도 위험한 색 또는 위반의 색으로 통한다. 빨간색의 일반적 상징은 많든 적든 불과 피, 폭력과 전쟁, 잘못과 죄와 연관되어 있다. 빨간색은 지나치게 진하고, 지나치게 강하고, 지나치게 유혹적이어서 다른 색들과 거리감이 있고 일상생활에서 많은 자리를 차지하지 못한다. 이를테면 과거에는 거리 풍경에서도 빨간색은 극히 드물게 등장했다. 학교 성적표에서도, 시험지에서도, 공책에서도, 빨간색은 잘못 적은 것을 수정하는 기능, 경고하거나 처벌을 알리는 기능을 했다. 색 중에서 가장 아름다운 색으로 꼽히기도 하는 빨간색으로서는 참으로 보람 없는 역할이라 하겠다.

1 당시 프랑스의 학제는 중학교와 고등학교를 합쳐 '고등학교'라고 불렸고 6학년부터 1학년까지 있었는데, 진급할수록 학년 앞에 붙는 숫자가 줄어드는 체제였다.

어떤 파란색

내가 청소년이었던 1960년대 초반, 청바지는 이미 일종의 제복이었다. 적어도 내가 교류하던 사회 계층, 즉 유복한 중산층의 젊은이들에게는 그랬다. 그러나 청바지는 위반이라는 이미지가 막연히 따라다니는 옷이었고, 권위를 인정받지도 못했다. 고등학교에서 청바지를 입는 것은 금기사항이었다. 단체 캠프나 스포츠클럽에서도 마찬가지였다. 청바지는 여가 시간에 입는 바지였다. 무게감이 있는 원단인데도 불구하고 휴식을 취할 때, 특히 바닷가에서 입었다. 브르타뉴에서 감색 스웨터나 흰색 혹은 하늘색 셔츠에 청바지를 받쳐 입는 옷차림은 남자아이들은 물론 여자아이들에게도 제복이나 다름없을 정도로 흔했다.

그 시절의 청바지는 모두 '파란색'이었다. 게다가 많은 어른들이 젊은 사람들에게는 케케묵은 표현이자 중복어법으로 여겨지는 '블루진'이라는 단어를 빈번하게 사용했다. 예를 들어 영국에 산 적이 있는 내 할머니와 이모할머니는 짧게 단수로 '진jean'이라고 발음하지 못했다. 언제나 복수로 '블루진스blue-jeans'라고, 입을 과장되게 비틀면서 약간 나무라는 듯한 어조로 발음했다.

청바지는 모두 파란색이었지만, 모두 똑같은 파란색은 아니었다. 요즘처럼 다양한 생산 공정(다양한 염색과 블리치bleached, 스톤 유즈드stone used, 더블 스톤double stone, 스톤 더티stone dirty, 스톤 디스트로이stone destroy, 린스rinse 등의 인공 탈색)을 통해 만들어지는 다채로운 색은 아직 존재하지 않았지만, 파란색의 색조는 이미 넓게 펼쳐져 있었다. 각각의 브랜드들이 고유의 파란색을 가지고 있었고, 천의 두께나 혼방인지 아닌지 등에 따라 질감도 달랐다. 부모들은 무관심했던(몇 년이 지난 뒤에는 더 이상 무관심하지 않았지만) 청바지의 다양한 색에 청소년들은 상당히 예민했다. 청바지의 재단, 원단, 라벨에도 예민했다. 세상에는 수많은 청바지가 있었고, 청바지를 살 때 자기가 원하는 것과 원하지 않는 것을 잘 알아야 했다. 그러나 어른들이 청소년들의 의견을 늘 묻는 것은 아니었다.

진짜 청바지, 훌륭한 청바지는 1930년대에 만들어져 이후 거의 변하지 않은 '리바이스501'이었다. '리바이스 501'은 오로지 색만 변했다. 색이 전반적으로 연해졌으며 밝기가 각각 다르고 바랬거나 바래지 않은 다양한 색의 파란색을 사용했다. 1960년대 청소년들에게 색이 너무 진한, 거의 감색에 가까운 청바지는 낡아빠진 스타일, 다시 말해 '추한' 것, '촌스러운' 것이었다. 반대로 하늘색에 가까울 정도로 지나치게 색이 연한 청바지는 고유의 오만함과 진정성을 잃어버린 것이었다. 이 둘 사이에 가장 적당한 파란색이 존재했다. 바랬지만 지나치지 않은, 약간 회색이 돌고 보랏빛은 돌지 않는(절대로 보랏빛이 돌아서는 안 되었다!), 완전한 단색은 아니지만 얼룩도 없는 중간 색조의 파란색. 말로 정확히 설명하기는 힘들지만(끔찍한 언어여!), 1960년에서 1965년의 여름에 당당히 과시'해야만 했던' 그 색이 지금도 눈에 선하다. 그때도 청소년들은 잔인한 데가 있었다. 때때로 다른 색의 청바지를 입은 아이들을 놀리거나 집단 따돌림의 희생양으로 만들었다.

    1960년대 후반부터 청바지의 색이 상당히 다채로워졌다. 파란색 독점 체제에 최초로 균열이 생겼고, 면 위주였던 소재에도 커다란 변화가 찾아왔다. 벨벳 청바지가 등장했고, 단색 혹은 줄무늬가 있는 다양한 색의 청바지, 캔버스 천으로 된 청바지가 나오기 시작했다. 새로운 규범이 생겨났고, 그 규범과 함께 새로운 파벌도 탄생했다. 1968년 전후는 의복의 관점에서 볼 때 우리가 믿는 것과는 달리 젊은이들에게 자유가 넘쳤던 시대가 아니었다. 새로운 소외의 시대, 이전보다 더 혹독한 시대였다.

---

1 1968년 전후
    1968년 5월 프랑스에서는 드 골 정부의 실정과 사회의 모순으로 인해 저항운동과 총파업 투쟁이 일어났다. 처음에는 파리의 몇몇 대학교와 고등학교, 대학 행정부가 봉기했지만, 점차 프랑스 전역의 학생과 파리 노동자의 3분의 2가 참여하는 총파업으로 이어졌다. 이 '68혁명' 또는 '5월혁명'은 사회적으로 큰 영향을 미쳤다. 종교, 애국주의, 권위에 대한 복종 등 보수적인 가치 대신 평등, 성 해방, 인권, 공동체주의, 생태 등 긴보적인 이념이 사회의 주된 가치로 자리매김했으며, 이러한 경향이 현재의 프랑스를 주도하고 있다.

옷에서 신화로

청바지에 대해 계속 이야기해보자. 오늘날 청바지는 전 세계적으로 매우 인기를 끄는 패션 상품이다. 패션계는 주도적인 파란색들을 찾아냈다. 그러나 서구 사회가 더 이상 색에 대한 독점권을 갖지 못하게 되고 유명 브랜드와 그 하청업체, 이미테이션업체와 온갖 종류의 위조품들이 득세하자, 파란색의 종류는 무한하다고 할 정도로 다양해졌다. 모든 제품이 자기만의 고유한 색을 자랑하고, 때로는 소비자들이 자기 기호에 맞게 색을 '특별 주문'하기도 한다. 사회학자나 심리학자들은 이것을 현대 개인주의의 보충적 표현으로 보기도 한다. 그러나 각 개인의 행동이 모두 '개인주의'라는 똑같은 의미를 지닐까? 이에 관해서는 좀 더 논의해볼 여지가 있지만, 여기서는 사회의 공증된 사실에 속하는 청바지의 역사에 관해 짧게 알아보는 것으로 만족하자.

    상징적인 힘을 갖는 모든 물건이 그렇듯이, 청바지의 기원은 신비에 싸여 있다. 여기에는 여러 가지 원인이 있지만, 주된 원인은 단연 1906년 샌프란시스코대지진 때 일어난 한 화재 사건이다.

이 화재로 반세기 전부터 유명한 바지 제조업체였던
리바이스트라우스Levi Strauss의 물류창고가 파괴되었다.

    뉴욕에 살던 독일 바이에른 주 출신의 스물네 살 유대인 외판원
리바이 스트라우스(이상하게도 성만 알려져 있고 이름은 확실하게
알려져 있지 않다.)가 샌프란시스코에 도착한 것은 1853년 봄이었다.
샌프란시스코는 1849년부터 금광 열풍으로 인구가 빠르게
증가하고 있었다. 리바이 스트라우스는 생활비를 벌겠다는
목적으로 텐트를 만드는 천과 짐수레 덮개를 대량 가져왔다. 그러나
판매 실적은 그저 그랬다. 서부 개척자 가운데 한 명이 캘리포니아
지역에는 텐트를 만드는 천보다는 튼튼하고 질 좋은 바지가
필요하다고 말해주었다. 젊은 리바이 스트라우스는 자신이 가진
텐트용 천을 재단해서 바지를 만들었다. 결과는 대성공이었고,
뉴욕의 젊은 외판원은 기성복 제조업자 겸 직물업자가 되었다.
그는 매형과 함께 회사를 설립했다. 회사는 해가 갈수록 번창했고
가슴받이와 멜빵이 달린 작업복 등 생산하는 제품도 다양해졌다.
그때 그가 만든 바지들은 아직 파란색이 아니었다. 다른 색이
약간 섞인 흰색이나 진한 갈색을 띠었다. 그러나 텐트용 천은
질기기는 했지만 무척 무거워서 바지를 만들기가 꽤나 힘들었다.
리바이 스트라우스는 1860년에서 1865년 사이에 유럽에서
수입한 데님으로 원단을 바꾸고 인디고로 염색을 했다. 그렇게
파란색 청바지가 탄생했다.

    '데님denim'이라는 단어의 기원에 대해서는 논쟁이 많다. 일단은

17세기부터 님 지역에서 제조한 모직에 실크 부스러기를 섞어 짠 직물을 지칭하던 '세르주 드 님serge de Nîmes'의 축약형이 아닌가 생각할 수 있다. 그러나 이 용어는 다음 세기 말부터 바 랑그도크 지방 전체에서 생산하고 영국으로 수출한 아마와 면의 혼방 직물을 가리켰다. 게다가 프로방스와 루시용 사이 지중해 연안에서 생산하는 고급 모직물도 '님nim'이라는 오크어 명칭을 갖고 있었다. 이것도 '데님'이라는 용어의 기원과 관련이 있을 것이다. 물론 모든 것이 불확실한 채로 남아 있고, 이 문제와 관련된 국수주의가 복식을 연구하는 역사학자들의 의무감을 촉진하지는 않는다.

어쨌든 19세기 초반의 영국과 미국에서 데님은 인디고로 염색한 매우 질긴 면직물을 뜻했고; 주로 광부, 노동자, 흑인 노예들의 옷을 만드는 데 사용되었다. 이것이 1860년대에 걸쳐 리바이 스트라우스가 그때까지 바지와 작업복을 재단하는 데 사용했던 직물 '진'을 조금씩 대체한다. '진'이라는 단어는 영어 'genoese 제노이즈'의 음성학적 전사轉寫이다. 이는 '제노바 사람'이라는 뜻이다. 젊은 리바이 스트라우스가 사용했던 텐트 만드는 천은 사실 옛날에 제노바와 그 주변 지역에서 생산하던 직물이었다. 이 직물은 처음에는 모직과 아마의 혼방이었고 나중에는 아마와 면의 혼방이었으며, 16세기부터 배의 돛, 선원들의 바지, 텐트와 온갖 종류의 덮개를 만드는 데 사용되었다.

샌프란시스코에서 리바이스트라우스의 바지는 일종의 환유에 의해 1853년에서 1855년 사이에 그 재료인 '진'이라는

이름을 얻게 되었다. 그리고 10년쯤 시간이 흐른 뒤 원단이
바뀌었다. 이때부터 청바지는 더 이상 제노바 천이 아니라 데님으로
재단되었다. 그러나 원단의 변화와 함께 '진'이라는 이름까지
없어지지는 않았다.

    1872년에 리바이스트라우스는 재단사 리노Reno, 제이콥
데이비스Jacob W. Davis와 협업했다. 이 두 사람은 그로부터 2년 전
벌목 인부들을 위해 뒷주머니를 리벳으로 고정한 바지를 만들려고
생각했었다. 이때부터 리바이스트라우스 청바지는 뒷주머니에
리벳을 사용하게 되었다. '블루진'이라는 용어는 1920년에야
상업적으로 등장했지만, 리바이스트라우스 '진'은 1870년대에
이미 모두 파란색이었다. 데님코튼을 항상 인디고로 염색했기
때문이다. 그러나 데님코튼은 염색제를 확실하게 흡수하기에는
너무 두꺼워서 '퇴색하지 않는 완벽한 염색 상태'를 보증할 수
없었다. 이런 염색의 불안정성이 도리어 성공을 가져다주었다.
바지나 작업복에 변화무쌍하고 생생한 색이 나타났다. 수십 년이
흘러 염색술의 발전으로 어떤 질긴 직물이든 인디고로 안정적으로
염색할 수 있게 되자, 청바지 회사들은 원래의 색을 엷은 색조로
만들기 위해 파란 바지를 인위적인 방법으로 표백하거나 탈색했다.

    1890년대에 들어서 리바이스트라우스의 청바지를 보호해주던
상업 특허권이 소멸되었다. 그러자 현재 시장에 유통되는 여러
브랜드들이 출현했고, 이 브랜드들은 좀 더 얇은 원단으로 바지를
생산해 더 싼 값에 팔았다. 1908년에 설립된 리Lee사는 1926년

바지 앞트임 부분의 단추를 지퍼로 교체하는 방안을 생각해냈다. 그러나 1919년부터 리바이스트라우스 청바지와 가장 치열하게 경쟁한 것은 블루벨Blue Bell사(1947년에 랭글러Wrangler로 바뀜)의 청바지였다. 블루벨사에 대한 반격으로 리바이스트라우스는 (이 회사의 창립자 리바이 스트라우스는 1902년 억만장자로 세상을 떠났다.) 더블 데님코튼으로 만들고 리벳과 금속단추를 충실히 사용한 '리바이스501'을 탄생시켰다. 1936년에는 다른 브랜드들과의 혼동을 피하기 위해 자사의 모든 정품 청바지 오른쪽 뒷주머니에 브랜드명을 새긴 빨간 라벨을 박았다. 옷 외부에 노골적으로 보란 듯이 브랜드를 과시한 것은 이것이 처음이었다.

그러는 사이 청바지는 작업복 용도에서 벗어나 여가 시간과 휴가 때 입는 옷이 되었다. 특히 미국 동부 상류 사회 사람들이 서부에서 휴가를 보낼 때 청바지를 입었다. 그렇게 함으로써 카우보이나 개척자들 흉내를 냈다. 1935년 패션 잡지《보그》는 최초의 '품위 있는' 청바지 광고를 게재했다. 동시에 대학 캠퍼스에서 학생들이 청바지를 입기 시작했다. 특히 1학년 때 청바지 착용을 금지당했던 학생들이 2학년이 되면서 청바지 착용이 가능해지자 열렬하게 청바지를 입었다. 청바지는 젊은이의 옷, 도시인의 옷, 조금 더 시간이 흐른 뒤에는 여자들의 옷이 되었다.

제2차 세계 대전 후에는 청바지의 유행이 서부 유럽에 다다랐다. 유럽 사람들은 우선 미국의 재고품을 구입했고,

이후 많은 제조업자들이 유럽에 공장을 지었다. 1950년대부터 1970년대에 걸쳐 젊은이들 사이에 청바지가 확산되었다. 사회학자들은 광고를 통해 널리 전파된(혹은 조작된) 이 현상 속에서 틀림없는 사회적 사실을 보았고, 남녀 양성을 위한 이 옷에서 부인 혹은 저항의식의 표출을 보았다.

1980년대부터는 많은 서구 젊은이들이 청바지에서 관심을 돌려 다양한 직물과 색을 사용한 옷을 입기 시작했다. 사실 1960년대와 1970년대에 청바지의 색을 다양화하려는 시도들이 있긴 했지만(오늘날도 마찬가지이지만), 파란색과 파란색에 기반을 둔 색조만이 주도적인 색으로 남았다. 1980년대에는 청바지를 입지 않는 유행이 절정을 이루는 등 서부 유럽에서 청바지의 유행이 주춤해졌고, 청바지는 공산주의 국가와 이슬람 국가에서 반체제의 옷, 서구를 향한 개방, 서구의 자유, 서구의 유행, 서구의 규범, 서구의 가치 체계의 상징이 되었다.

사실 종합적으로 평가할 때 청바지를 무정부주의나 반체제의 옷으로 단정 짓는 것은 자의적이고 부당하다. 청바지의 색이 스스로 그것을 금한다. 파란색의 옷은 결코 사회의 질서를 전복하지 않는다. 남성의 작업복이 기원인 청바지는 점차 여가 시간에 입는 옷이 되었고, 여성들에게 확산되었으며, 그 후에는 사회 계층 전체로 확산되었다. 청바지는 그 어떤 순간에도, 심지어 최근 수십 년 동안에도 젊은이들의 전유물이 아니었다. 청바지의 역사를 찬찬히 들여다보면, 즉 19세기 말에서 20세기 초 사이에 북미와 유럽에서 청바지가 통용된 맥락을 심혈을 기울여 고려해보면, 청바지는 스스로 어떤 가치를 부여하려고 애쓰지 않았고 체제에 저항하려고 하지도 않았다는 것을, 무엇이 되었든 위반하려고 하지 않았다는 것을 알 수 있다. 다시 말해 청바지는 튼튼하고 검소하고 기능적인 바지를 입고자 하는 평범한 사람들이 입는 평범한 옷이라는 것을 알 수 있다. 한마디로 청바지는 중성적이다.

---

1 오크어

    프랑스 프로방스 지방의 언어.

몸에 직접 닿는 물건들의 색

나는 속옷에 대한 기억이 거의 없다. 적어도 내 속옷에 관해서는 그렇다. 내 세대의 남자들은 언제부터 흰색이 아닌 유색의 팬티를 입기 시작했을까? 잘 기억나지 않는다. 내가 고등학교에 다닐 때 이미 그랬던 것 같다. 처음엔 하늘색, 그다음엔 감색이 등장했다. 그러나 그 시절에도 1년에 한 번씩 받는 신체검사 때면 학생들 모두 하얀 팬티를 입고 있었다.

반면 여자 속옷 카탈로그는 잘 기억한다. 열네 살 아니면 열다섯 살 때였는데, 나는 친구들과 함께 생애 최초의 욕망을 느끼며 그 카탈로그를 들여다보았다. 전문성을 띤 선정적인 출판물은 아니었고, 그저 통신판매 카탈로그의 '속옷' 페이지였다. 속옷을 입은 예쁜 모델들의 사진이 있었고, 그 사진들을 보기 위해 숨을 필요도 전혀 없었다.

색은 이미 다양했다. 그러나 강렬한 색은 확실히 드물었고, 검은색도 오늘날보다는 드물었다. 하늘색, 흐릿한 분홍색, 연보라색, 연한 녹색, 크림빛이 도는 노란색과 같은 일련의 파스텔 색상이 주종을 이루었다. 살구색, 염색하지 않은 직물 그대로의 색, 아이보리색, 샴페인색, 모래색, 재색 등도 눈에 띄었다. 전 시대에 비해 다양해졌지만 오늘날에 비해서는 덜 강렬하고 덜 자유분방한 이 색들은 자체로서 유용한 참고자료이다. 당시 나는 그 사실을 알지 못했지만 15년쯤 지나 젊은 연구자가 된 뒤에 그것을 깨달았고, 그때부터 색의 역사와 의복의 규범에 관해 연구하기 시작했다.

유럽에서는 여러 세기 동안 몸에 직접 닿는 모든 물건의 원단으로 흰색이나 염색하지 않은 자연 그대로의 색을 썼다. 삶으면 색이 바랜다는 재료상의 이유, 순결함의 상징이자 아무것도 더럽히지 않는다는 위생상의 이유, 강렬한 색은 위반의 특성을 가졌다는 도덕상의 이유 때문이었다. 이후 19세기 중반에서 20세기 중반 사이에 속옷, 셔츠, 침대시트, 수건에 점차로 색이 도입되었다. 이를테면 파스텔색이나 줄무늬(흰색 바탕에 한 가지 색의 줄무늬를 넣은)가 도입되기 시작했다. 분홍색 속옷, 하늘색 스커트, 연한 초록색 셔츠를 입는 일, 베이지색 수건으로 몸을 닦는 일 또는 줄무늬 침대시트 위에서 잠자는 일 등 1830년대에는 흔치 않았던 일이 한 세기 뒤에는 일상적인 일이 되었다. 1960년대부터 흰색과 염색하지 않은 자연색이 파스텔 색상과 비교할 때 상대적으로 눈에 띄지 않게 되었고, 좀 더 선명하고 자유분방한 색들이 나타났다. 나와 내 아이들 세대는 레몬색이나 감색 속옷을 입는 일, 주황색이나 진초록색 수건으로 몸을 닦는 일,

핏빛, 보랏빛 심지어 검은색 침대시트에서 잠을 자는 일 등
우리 조부모나 증조부모들에게는 절대적 금기사항이었던 일들을
자연스레 하게 되었다. 그런데 잠깐! 검은색 침대시트라니!
검은색 침대시트에서 잠을 자는 남자나 여자가 정말로 있을까?
잘 모르겠다. 하지만 20여 년 전부터 그런 침대시트들이 상점에
진열되어 있거나 카탈로그에 소개된 것을 보았다. 그런 침대시트가
정말로 팔릴까? 그렇다고 믿기는 어렵다. 검은색 침대시트에서
잠을 잔다는 것은 밤에 악마가 찾아오는 것을 허락하는 행위가
아닐까 하고 생각해본다.

　대놓고 말하기 매우 미묘한 문제이긴 하지만, 여자 속옷
이야기로 다시 돌아가자. 1960년대부터 색상표가 다양해졌다.
이것은 소외된 주변 계층이나 교양 없는 계층에 국한된 현상이
아니라 모든 계층에 해당하는 현상이었다. 색은 진정한 규범이
되었고 광고계를 점령했다. "당신이 원피스나 바지 밑에 어떤 색의
속옷을 입고 있는지 알려주면 당신이 어떤 사람인지(적어도 당신이
가진 이미지가 어떤지 또는 당신이 자신에게 어떤 이미지를 부여하고
싶어하는지) 말해줄게요." 그러나 이런 규범들은 진화했고 검은색에
부여된 이미지도 빠르게 약화했다. 얌전하고 위생적인 색인 흰색과
반대로, 검은색은 한때 에로틱하고 외설적인 색, 품행이 난잡하거나
방탕한 직종에 종사하는 사람들의 색으로 간주되었다. 그런데
20세기의 마지막 20년 동안 이런 이미지는 완전히 없어지고,
검은색은 여성들이 가장 많이 입는 속옷 색이 될 정도로

평범해졌다. 어떤 여성들은 검은색 블라우스나 스커트를 입을 때 흰색보다 검은색 속옷을 더 선호하고, 어떤 여성들은 검은색이 자기 피부색에 더 잘 어울린다고 생각하기도 하며, 어떤 여성들은 요즘 나오는 합성섬유의 경우 자주 세탁을 할 때 검은색이 가장 오래 견딘다고 생각한다. 실제로 이렇게 생각하는 여성의 수는 아주 많다. 검은색 팬티나 브래지어는 더 이상 위반의 특성도 갖지 않으며, 에로틱한 특성도 갖지 않는다.

 마찬가지로 흰색도 예전만큼 순수한 이미지를 주지 않는 것 같다. 사실 흰색은 여성이 어떤 색 속옷을 입었을 때 가장 욕망을 느끼느냐는 질문을 받은 남자들이 첫손가락에 꼽는 색이다. 순수함이 오히려 불순함에 대한 욕망을 불러일으키는 것일까? 신중하게 생각해보면 오늘날 선정적이고 방탕한 역할을 하는 색은 검은색이나 흰색보다는 오히려 빨간색이 아닐까? 충분히 그럴 수 있다. 그런데 어떤 영역에서든 유혹적인 색, 에로틱한 색이 여전히 존재하기는 하는 것일까? 신비로움이나 상징을 보존한 색들이 상업주의의 술수와 폭력을 피할 수 있을까? 글쎄, 잘 모르겠다.

점잖은 색은 중성적

[1]
피에르 부르디외의 책 『구별 짓기, 판단의 사회비평La Distinction, Critique sociale du Jugement』은 1979년 미뉘Minuit 출판사에서 출간되었다. 이 책은 지식인 계층과 대학 사회에 큰 울림을 불러일으켰으며, 서점가에서도 성공을 거두었다. 언론도 이 책에 관해 자주 언급했고 교양을 갖춘 대중도 관심을 가졌다. 하지만 이 책은 결코 쉽지 않았고, 독자에 따라 각기 다르게 읽혔으며, 제목인 '구별 짓기distinction'라는 단어의 의미도 이중적이었다. 책에 소개된 내용들은 현장 관찰, 개인의 증언 그리고 통계조사에 따른 것이었다. 이 책은 세련됨과 상스러움 사이의 취향, 규범, 행동, 그것들이 이루는 변증법, 경제자본(마르크스적 개념) 주변은 물론 문화자본 주변에서 많이 생겨나고 '상징적' 자본으로 변모하는 사회적 공간의 계층화 문제 등을 다루고 있다. 부르디외에 따르면, 지배 계층이 부와 생산도구의 소유를 통해 획득하는 정당성보다 지배를 통해 자신들의 취향과 가치의 정당성을 부과하는 측면이 더 압도적이다.

이 책이 나오자마자 사서 읽고 그 내용에 대해 주변 사람들, 특히 숙부와 몇몇 여자 친구들과 함께 많은 토론을 했던 것이 기억난다. 책 속에 이름과 색, 이 두 가지가 언급되어 있지 않았던 것이 나에게 깊은 인상을 주었다. 내가 생각할 때 이름과 색은 지난 수십 년간 프랑스 사회에 되풀이되었던 세련됨에 관한 기준이었다. 부르디외는 어떻게 이것을 생각하지 못했을까? 이름은 우리의 삶이 지속되는 동안 우리를 분류하며, 우리가 존재하는 동안 우리에게 약점을 안겨주거나 고통을 주기도 한다. 학교에서, 노동시장에서, 우정이나 애정 관계에서, 우리는 원하든 원하지 않든 이름을 통해 판단받는다. 안타깝게도 이름은 외모와 함께 사회적 구별의 첫째가는 기준 중 하나인 것이다. 아마도 부르디외는 자기 세대에서 그다지 특이하지 않은 이름을 가졌기 때문에 그런 생각을 하지 못했는지도 모른다. '피에르'라는 이름은 흔하다. 지나치게 흔하지는 않지만 '피에르'는 모든 계층에서 볼 수 있는 이름이며, 그 이름을 가진 사람의 사회적 배경에 대해 아무런 암시도 주지 않는다. 부르디외는 출신 때문에 많은 고통을 받았다고 고백한 바 있지만, 아마 이름 때문에 고통을 받지는 않았을 것이다.

그러므로 그가 이름에 대한 조사나 성찰을 하지 못한 것은 충분히 이해할 수 있다. 하지만 색은? 의복에 대한 관습과 규범에 많은 분량을 할애했으면서 어떻게 색에 대해서는 아무런 언급 없이 지나갈 수 있었을까? 부르디외는 색에 관심이 없었던 것일까? 한 번도 색 때문에 문제가 생긴 적이 없었던 것일까? 그는 색을 지엽적이고 하찮은 '미적 장場'으로 보았던 것일까? 아니면 파악하기 힘든 이 미지의 영역을 탐험하는 위험을 무릎쓰고 싶지 않았던 것일까? 역사학자들과 마찬가지로 사회학자들도 결코 색에 편안할 수 없다. 색은 그들에게 분석하기 어려운 대상으로 보인다.

아마도 부르디외는 이 영역에 대한 진정한 정보원을 갖지 못했을 것이다. 색과 관련된 의복의 문제는 단언 부르주아 계층의 문제이다. 그런데 『구별 짓기, 판단의 사회비평』에 서술된 부르주아는 본질적으로 진짜 부르주아이다. 그들은 '지배자들', 즉 벼락부자들과 혼동되는 일이 많다. 그런데 진짜 부르주아는 다른 곳에 있다. 부르디외가 믿은 것과는 반대로, '진짜' 부르주아는 상류 계급이 아니라 중류 계급이다. 그들은 부자가 아니고 권력에도 관심이 없다. 그들은 외부의 시선이 이해하지 못하는, 외부의 시선이 자주 해체하고 이따금씩 만들어내는 가치 주변에 자신의 '삶의 스타일'을 건설한다.

운 좋게도 나는 부유하지도 않고 가난하지도 않은, 심지어 '중산층'도 아닌 자유분방한 지식인 가정에서 태어났다. 내 부모님은 오랫동안 부르주아적 가치와는 거리를 두고 사셨다. 부르주아적 가치는 그분들의 부모님의 가치가 아니라 그분들의 조부모님의 가치였다. 청소년 시절 내 가까운 친구들 중 많은 아이들이 부르주아적 가치를 여전히 명예롭게 여기는 계층에 속해 있었다. 그 가치들은 나에게 낯설었고 나를 화나게 했으며, 동시에 나를 매혹했다. 물론 부르디외의 경우처럼 내 시선은 바깥에 있었고,

그러므로 왜곡하는 측면도 있었을 것이다. 또한 관점이 다르기도
했다. '내가 생각하는' 부르주아는 '늙은 프랑스'이며, 호사스러운
벼락부자나 권력과 친한 대기업가보다는 불안정하고 쇠퇴한
소小귀족에 더 가깝다. 이 계층에서는 모든 것이 전통의 문제이다.
이 계층에서 행동하지 않는 것은 반순응주의도, 무례함도 아닌
저능함이다. 반순응주의는 행동하는 것이다. 두 사회 계층은
절대적으로 구분되어야 한다. 그중 한쪽은 시골에는 전혀 속하지
않으며 도시, 대도시에 속한다. 다른 한쪽은 '존경받을 만한'
농부들이다. 한마디로 노동자와 벼락부자이다.

'내가 생각하는' 부르주아들은 의복을 통해 자신들의 관습과
전통을 풍부하게 표현한다. 여기에는 많은 금기사항들이 동반된다.
특히 색에 관련된 사항들이 그렇다. 해변에 살던 내 친구의 친척
아주머니들, 브르타뉴 지방의 오래된 해군 장교 집안 출신의
가난한 부르주아였던 그들은 1960년대 초반 나에게 젊은 남자가
'반드시' 피해야 하는 실수를 여러 번 강조했다. 바지 선택이
중요했다. 절대로, 절대로 상의나 스웨터보다 짙은 색의 바지를
입어서는 안 되었다. 넥타이는 하얀 셔츠에 매서도 안 되며,
셔츠 색보다 넥타이 색이 더 밝아서도 안 되며, 넥타이는
단색이어야 하고 줄무늬나 체크무늬가 있어서도 안 되었다.
물방울무늬 넥타이도 기피 대상이었다. 젊은 남자가 상의를
벗는 것은 날씨가 더울 때만 허용되는데, 이때에도 두 가지 조건이
있었다. 상의 속에 반소매가 아닌 긴소매 셔츠를 입어야 하고,

상의를 벗을 때는 넥타이를 풀어야 했다. 모든 경우에, 모든 복장에서 무늬 있는 천보다는 단색 천이 선호되었다. 부득이한 경우 줄무늬는 허용되지만, 되도록 가느다랗고 눈에 띄지 않는 줄무늬를 선호했다. 집안 좋은 젊은이를 마피아의 아들로 변신시키려면 뚜렷한 줄무늬가 있는 정장이나 셔츠로 충분했다. 밤색 계열은 가을 외의 계절에는 배척되었다. 여러 색들 중 파란색이 단연 우위를 차지했다. 빨간색 위에 파란색 또는 파란색 위에 빨간색을 받쳐 입는 것은 절대 허용되지 않았다. 그런 차림새는 상스러운 것으로 간주되었다. 청바지의 경우 상스럽다고 단죄되지는 않았지만, 하늘색 셔츠나 감색 스웨터와 함께 입어야 했다. 청바지에 정장 상의를 입어서도 안 되었다. 스포츠 활동을 할 때도 마찬가지였다. 후드가 달린 겉옷은 부득이한 경우에만 허락되었다.

연한 색이든 진한 색이든 파란색에 부여된 이런 우위는 내 아버지와 아버지의 초현실주의파 친구들이 찾아낸, 중학교 교장이었던 오라토리오수도회 신부님이 1934년에 출판한 『제복에 대한 변론Plaidoyer pour l'uniforme』에 나온 말을 상기시킨다. "감색과 하늘색은 기숙 학생들을 나쁜 생각으로부터 떼어놓는 색깔 조합이다." 이런 문장은 그들을 매우 기쁘게 했다. 앞에서 환기한 내 친구의 친척 아주머니들이 한 말이 나를 즐겁게 한 것처럼. 그 아주머니들에 따르면, 의복은 항상 '중성적인 점잖음'을 추구해야 했다. '중성적인 점잖음'이란 과연 무엇일까? 서로 다른 듯한 이 두 단어가 과연 양립될 수 있을까? 우리가 좋아하고

경험하고 느끼고 싫어하고 또 생각하는 모든 것이 다른 사람들의
시선을 통과할 때 '중성적'이라는 것은 정확히 무엇을 뜻할까?
롤랑 바르트[2]는 콜레주 드 프랑스[3]에서 이것을 마지막 강의 주제로
삼았지만 이것에 대해 우리에게 충분히 말해주지 못하고 너무 일찍
세상을 떠났다. 남겨진 롤랑 바르트의 강의 노트는 그가 광대하고
복잡하고 매우 흥미로운 주제에 얼마나 열중했는지를 알게 해준다.

---

1 피에르 부르디외 Pierre Bourdieu 1930-2002
프랑스의 사회학자이자 참여적 지식인. '부르디외 학파'를 형성하고
사회학을 '구조와 기능의 차원에서 기술하는 학문'으로 파악했으며,
신자유주의자들을 비판하면서 범세계적 지식인 연대의 필요성을
주장했다. 저서로 『구별 짓기』『호모 아카데미쿠스』『말하기의 의미』
『실천이성』등이 있다.

2 롤랑 바르트 Roland Barthes 1915-1980
프랑스의 평론가. 신비평의 대표자로서 사회학, 정신분석학,
언어학의 성과를 활용한 대담한 이론을 전개했다.
『비평과 진실』『기호학 개론』등의 저서를 남겼다.

3 콜레주 드 프랑스 Collège de France
1953년 프랑스 국왕 프랑수아 1세가 설립한 교육기관.
이곳에서 강의하는 교수들은 당대 최고 학자들이다. 강의는 무료로
일반에게 공개되며 수강을 위한 등록절차나 시험이 없고 면허증이나
학위 수여도 하지 않는다. 그러나 강의 내용이 고도로 전문적이어서
수강생의 대부분이 전공 학생이나 연구자들이다.

미테랑 베이지

내가 '미테랑 베이지beige Mitterrand'라는 표현을 처음 접한 것은 프레데리크 다르Frédéric Dard의 소설 『산 안토니오San Antonio』 시리즈 중 한 권에서였다. 그 소설의 주인공 알렉상드르 브누아 베뤼리에는 페티시즘이 있었다. 50만 부 넘게 책을 찍어내는 데 공헌한 그 주인공은 '미테랑 베이지'라고 불리는 레인코트를 입었다. 그 레인코트는 기름 얼룩으로 자주 더러워진다. 그 뒤 1990년대 초반에 나는 그것과 똑같은 표현을 다른 작가들의 책에서 다시 발견했다. 정치적 함의나 은어적 의미 혹은 대중적 의미가 전혀 없는, 언론 특유의 색채가 거의 없는 색에 관한 순수한 표현, 진정한 문학적 표현, 거의 현학적이기까지 한 진정 멋진 표현으로 말이다.

프레데리크 다르가 그 표현을 처음 생각해냈는지 어땠는지 나는 모른다(그가 대통령의 지인이었고, 대통령을 가차 없이 비판했다는 것만 알 뿐이다). 그러나 나는 이 표현이 프랑수아 미테랑이 입었던 여름 정장 색을 암시한다고 확신한다. 아마 혹은 베로 된 재단이

그리 훌륭하지 않고 그에게 잘 어울리지는 않았던 베이지색 계통의
정장 말이다. 프랑스의 전 대통령 미테랑은 딱딱하고 관료적인
복장을 선호하지 않았다. 여름옷인 경우에는 특히 더 그랬다.
그는 트위드나 벨벳으로 만든 튼튼하고 자유로운 옷을 즐겨
입었고, 때로는 지나치게 밝고 섬세한 원단으로 만든 옷을 입어
우스꽝스럽게 보일 때도 있었다. 그의 의상 담당자들이 그것에
주목하지 못한 것 혹은 그것을 중시하지 않은 것은 이상한 일이다.
심플한 감색이 훨씬 더 어울리고 신중한 차림새였을 텐데,
더운 여름날에 나이 든 대통령에게 하필이면 왜 베이지색 옷을
입혔을까? 미테랑이 감색을 싫어했을까? 아니면 그의 주변
사람들이 감색을 싫어했을까? 당시 엘리제궁 사람들은
순진하게(그리고 바보처럼) 감색이 지나치게 점잖고, 지나치게
고전적이고, 지나치게 '우익적'이라고 판단했던 것일까? 홍보와
의사소통 전문가들이 어떻게 그런 실수를 저지를 수 있었을까!
베이지색 옷을 입은 대통령은 나들이옷을 잘못 차려입은 것처럼
우스꽝스러워 보이는 동시에, 임기 7년이 다 지나지도 않았는데
그 고유의 가치들을 계속 믿어주기에는 너무 피곤해 보였다.

사실을 말하자면, 그 베이지색은 재앙이나 다름없었다.
중소 도시의 불한당이 입는 정장 색처럼 너무 밝고 눈에 띄었으며,
'상한 겨자'의 색처럼 너무 가볍고 상스러웠다. 나는 그 정장을
사진과 텔레비전에서 보았다. 그러므로 그 정장의 재질에 대해서는
정확히 알지 못한다. 같은 원단으로 여러 벌의 정장을 만들었을까?

프랑스 대통령이 같은 옷을 여러 벌 소유하고 있었단 말인가? 우리가 그것을 정확히 알 수 있을지는 모르겠다. 아무튼 그 베이지색은 언제나 똑같아 보였다. 상스러운 베이지색, 옛날의 베이지색, 지나치게 새로운 베이지색, 시골의 베이지색, 뒷골목의 베이지색, 촌스러운 베이지색, 1940년대 소설에서 튀어나와 염색업자에게 지나치게 의지하여 오늘날의 취향에 서투르게 맞춰진 베이지색. 한마디로 말해 일종의 '심농 베이지'가 '미테랑 베이지'가 되었다. 이 색은 내가 좋아하는 작가 블라디미르 나보코프가 말년에 레만호숫가에서 입었던 귀족적이고 화려한 베이지색과는 전적으로 달랐다. 나는 레만호숫가에서 그를 여러 번 보았지만 감히 그에게 다가가지는 못했다. 내가 그를 너무나 숭배했기 때문일 것이다.

    1990년대 초반에 이 끔찍한 미테랑 베이지가 좌익의 목소리에 얼마나 비싼 대가를 치르게 했는지 누가 말할 수 있을까?

1 프랑수아 미테랑 François Mitterrand 1916-1996
 프랑스의 정치가. 1981년 사회당 출신 최초의 대통령에 당선되었다.
 우파 정당의 시라크를 총리로 임명, '좌우 동거 체제'를 만들어냈다.
 유럽연방 구상, 독·프 통합군 창설 구상을 발표했고,
 1993년 유럽연합 발족을 성사시켰다.

2 심농
 『메그레 경감』 시리즈로 유명한 프랑스의 소설가
 조르주 심농(Georges Simenon, 1903-1989)을 뜻한다.

3 블라디미르 나보코프 Vladimir Nabokov 1899-1977
 러시아 출신의 미국 소설가. 10대 소녀에 대한 중년 남자의 성적 집착을
 묘사한 『롤리타』(1955)로 큰 반향을 일으켰다.

날씬해 보이는 색

"그는 무척 뚱뚱했다. 아니면 그저 체격이 좋은 정도였다."
『Tantum opimus nisi tam crassus』 중에서

토마스 아퀴나스의 전기 작가 중 한 사람은 그의 용모를 이렇듯 유머러스하게 묘사했다. 이 표현은 익살스럽지만, 조롱하거나 경멸하는 기미는 없다. 13세기에 뚱뚱하다는 것은 창피한 일이 아니었다. 행복한 시대였다! 동시대의 모든 증인들이 이 위대한 신학자의 비만을 강조한 바 있다. 심지어 그의 제자들 중 한 사람은 그에 대해 '일찍이 가장 뚱뚱했던 사람'이라고 묘사하기도 했다. 비만했다는 점에서는 플라톤도 비슷하다. 남겨진 기록들은 플라톤을 '키가 크고 무척 살집이 좋았다.'고 소개한다. 서양의 이 위대한 두 사상가가 매우 뚱뚱했다는 것을 알고 내가 꽤나 만족감을 느꼈음을 고백하는 바이다. 반면 오늘날에는 비대한 몸집이 민첩한 정신과 양립될 수 없다고 믿는 것이 일반적이다.

몸집이 비대했음에도 불구하고 토마스 아퀴나스는 옷을 입는 데 아무런 문제가 없었다. 그는 도미니크수도회의 흰색 가운에 추위와 악천후에서 몸을 보호해주는 소매 없는 검은색 제의를 받쳐 입었다. 하얀 가운은 베네딕트수도회의 수도복이나

프란체스코수도회의 회갈색 가운보다 더 호사스럽게 보였을
것이다. 그 시대에는 옷이 수도사나 성직자를 돋보이게 해주었고,
옷 자체보다는 옷의 색이 중요했다. 베네딕트수도회의 옷은
검은색이었고, 시토수도회의 옷은 흰색이었으며, 도미니크수도회의
옷은 흰색과 검은색이었다. 프란체스코수도회는 염색하지 않은
모직물로 옷을 해 입었는데, 세속인들은 그들의 의도와 상관없이
그들을 '회색 형제들'이라고 불렀다. 색이 이름을 만들어준 것이다.
나중에 아시시의 성 프란체스코는 '회색 성자saint Gris' 등 여러 가지
대중적 별명을 얻었다. 앙리 4세가 많이 사용했던 'ventre-saint-
gris방트르 생 그리'라는 욕설은 17세기 중반까지도 통용되었다. 이것은
다소 외설스러운 표현으로 '성 프란체스코의 아랫배를 통한'
어떤 것을 뜻하는 말이었다.

    오늘날 비만한 체격에 맞는 의복을 찾아내는 것은 힘들고
고통스러운 일이다. 나는 수십 년 전부터 그런 경험을 했다.
어린아이였을 때 나는 뚱뚱하지 않았다. 그러다가 사춘기 때부터
뚱뚱해졌고 열여덟 살 때까지 계속 뚱뚱했다. 그 후에는 다시
체중이 줄었다. 열여덟 살에서 서른다섯 살까지는 표준체중이었다.
그러다가 다시 1년에 2킬로그램씩 몸이 불었다. 그렇게 20년이
지나자 표준체중을 40킬로그램이나 초과하게 되었다. 나는 다양한
다이어트를 통해 체중을 줄였다. 평생 다이어트를 해야 했다!
하지만 매번 원상 복귀했고 심지어 체중이 더 불기도 했다. 그래서
사람들의 시선을 마주하는 것이 늘 비참했고, 옷을 입을 때는

더욱 그랬다.

    사실 프랑스는 독일이나 네덜란드와는 달리 남성 기성복의 사이즈가 그리 크지 않다(이탈리아는 더하다). 비만한 사람들은 그런 사람들을 위해 특화된 상점, 즉 '체격 큰 남성들'을 위한 음침한 옷가게에 도움을 구해야 한다. 이런 옷가게들은 세련된 이름을 자랑하지만 판매원들의 한없는 멸시가 느껴진다. 뚱뚱한 사람은 항상 죄인이다. 그러나 가장 견디기 힘든 점은 따로 있다. '체격 큰 남성들'을 위한 옷가게에서 나를 좌절하게 하는 것은 검은색, 회색, 진한 파란색 등 날씬해 보이는 색의 옷을 찾기가 힘들다는 점이다. 그렇다. 그런 옷가게들은 대개 베이지색이나 담황색, 연한 초록색, 연회색 등 밝은색의 상의나 바지를 구비하고 있다. 앞에서도 말했듯이 감색은 찾아보기 힘들다. 마치 뚱뚱한 남자들은 다른 사람들의 시선을 수용해야 하는 것처럼, 자기가 자유롭고 당당하다는 것을 일부러 보여줘야 하는 것처럼 말이다. 간단히 말해 뚱뚱한 사람들은 뚱뚱한 몸을 강조하는 색을 일부러 선택해야 하는 것이다. 자유로운 것, 자랑스럽거나 행복한 것과는 거리가 먼, 마치 형벌이나 모욕 같은 그런 색을 선택해야 한다(내가 증명할 수 있다). 여름옷의 색은 가을옷이나 겨울옷에 비해 더 '뚱뚱해' 보인다. 흰색, 하늘색, 연녹색, 노란색, 심지어 분홍색이나 주황색까지 있다. 정말이지 의류제조업자들의 잔인함은 한계를 모른다!

    통신판매용 카탈로그에서도 잔인함을 발견할 수 있다.

유명한 통신판매업체 몇몇은 '특대 사이즈'를 위한 부록이나 별책을 발행한다. '체격 큰 남성들'을 위한 옷가게들보다 가격은 저렴하지만, 색과 원단, 무늬가 한심하기 그지없다. 색은 너무 밝고, 원단의 질은 좋지 않고, 가로줄무늬나 너무 눈에 띄는 무늬가 난무한다. 그런 옷을 입으면 100미터 밖에서도 금세 눈에 띌 것이다. 그런 옷을 만들기로 생각하고 결정한 사람들은 대체 어떤 사람들일까? 비만 때문에 고통받아본 적이 한 번도 없는 사람, 가급적 눈에 띄지 않는 중성적이고 진한 색의 옷을 입는 것이 체격 큰 남성들의 유일한 관심거리라는 것을 이해하지 못하는 사람이 아닐까? 마케팅 전문가들이 그렇게도 무능한 것일까? 아니면 콤플렉스가 있는 디자이너들이 되도록 눈에 띄어보려고 그렇게 디자인하는 것일까? 프로모션 담당자들이 악의를 가진 것일까? 아니면 지나치게 야윈 사람들이 보복을 하려는 것일까?

---

1 토마스 아퀴나스 Thomas Aquinas 1225-1274
스콜라 철학을 대표하는 이탈리아 신학자.
신 중심의 입장을 유지하면서도 인간의 상대적 자율을 강조했다.
저서로는 『신학대전』 『진리에 대하여』 『신의 능력에 대하여』가 있다.

런던의 지하철에서

2004년 가을 런던, 비가 내리고 있었다. 나는 루이스 섬에서 발견된 유명한 중세의 체스 조각을 연구하러 영국박물관에 갔다. 그러나 만나기로 약속한 관리자가 자리를 비워 세 시간 정도 시간이 남았다. 날씨 때문에 산책을 할 수도 없어서 런던 지하철의 역사에 관한 전시를 하고 있는 서머싯하우스에 가보기로 했다. 전시회 소개 책자는 사진 몇 장으로 간결하게 구성되어 있었다. 놀랍게도 그 사진들 중에는 1930년대 말의 것이 있었고, 20년 뒤인 1950년대 말의 것도 있었다. 1970년대부터는 흑백사진보다 컬러사진이 더 많았다. 개찰구 앞에, 계단에, 통로에, 플랫폼에 혹은 열차 안에 있는 여행자들을 사진들 속에서 볼 수 있었다. 그들이 입은 옷은 매우 눈에 띄었고, 때로는 그 옷을 통해 그들이 속한 사회 계층을 구별할 수도 있었다.

그 사진들은 역사학자에게 귀중한 자료였다. 그 사진들을 통해 지난 60-70년 동안 사람들이 입은 의복의 색이 그다지 변하지 않았음을 알 수 있다. 의복의 형태도, 의복을 구성하는 다양한 장식물도 사정은 비슷했지만 색은 정말 거의 변하지 않았다.
물론 그 사진들이 보여주고자 한 것은 의복의 유행사가 아니라
평범한 런던 사람들의 모습이었다. 보여주기 위한 옷차림이 아니라
사람들이 정말로 입었던 옷차림 말이다. 그런데 1940년, 1960년,
1980년, 2000년에 찍은 사진들 속의 옷은 모두 같은 색이었다.
검은색, 회색, 파란색, 베이지색 그리고 갈색이 주종을 이루었고,
흰색과 초록색은 드물었다. 빨간색은 더욱 드물었다. 노란색,
보라색, 분홍색, 주황색은 거의 눈에 띄지 않았다. 성性, 연령,
사회 계층, 심지어 계절에도 상관없이 옷들의 색이 똑같았다.
사실 런던에서는 계절의 변화가 무의미하기도 하지만. 나는
파리 지하철에서도 똑같은 현상이 나타날 거라고 확신한다.

    우리는 의복에 대해 잘못된 이미지를 갖고 있는지도 모르겠다.
우리는 의복에 대한 담론이 우리의 선택, 취향, 행동을 바꾼다고
믿는다. 그러나 의복의 형태, 길이, 조합 혹은 옷을 입는 방법 등
크지 않은 범위 내에서만 그렇다. 색의 경우는 그렇지 않다.
지나가는 행인들, 상점의 손님들, 버스나 지하철의 승객들을
관찰하는 것만으로도 충분히 색의 획일성이 눈에 확 들어온다.
사람들의 옷 색깔을 보면 모두 검은색, 회색, 갈색, 베이지색,
흰색, 파란색이다. 겨울에는 검은색과 회색이 좀 더 많고, 여름에는
파란색과 흰색이 좀 더 많을 뿐이다. 누군가가(대개는 여성) 빨간색,
노란색 혹은 보라색 옷을 입으면 눈에 확 띈다. 유럽 밖, 이를테면
아시아, 아프리카, 남아메리카의 대도시들을 여행할 때 사람들이

입는 옷의 색조가 유럽의 대도시들과 얼마나 다른지 느끼는 데는 몇 초면 충분하다. 그들이 입는 옷들의 색이 더 선명하고, 더 다채로우며, 더 요란하다.

이러한 색의 차이에는 역사적, 도덕적, 사회적, 물질적, 심지어 기후적 이유들이 존재한다. 하지만 내가 볼 때 유럽 사람들의 의복 색이 획일적이고 불변하는 데는 두 가지 이유가 있는 것 같다. 하나는 옷장 안의 옷들을 한 번에 개비하는 사람이 아무도 없다는 것이다. 유럽 사람들은 옷을 한 벌 사게 되면 그 옷을 이미 가지고 있는 다른 옷들과 매치하려고 애쓴다. 그래서 옷의 색이 거의 변하지 않는 것이다. 또 하나는 디자이너나 사회학자들이 생각하는 것과는 반대로, 옷으로 다른 사람들의 눈에 띄고 싶어하는 사람보다 그렇지 않은 사람이 훨씬 더 많다는 것이다.

나는 미래의 역사학자들에 대해 자주 생각한다. 몇백 년 뒤 21세기 초 유럽의 의복사를 연구하게 될 사람들 말이다. 그들이 볼 풍부한 자료 속에는 지금 우리가 보는 패션 잡지들도 포함될 것이다. 우리가 정말로 그런 잡지에 나오는 것처럼 옷을 입었다고 믿을 만큼 그들이 순진하지 않기를 바란다. 일상생활에서 그렇게 옷을 입는 사람은 아무도 없다. 그런 옷은 실제로 입는 옷이 아니라 상상 속의 옷일 뿐이다. 연구하기에 매우 흥미로운 영역이기는 하지만, 그런 잡지에 일상생활을 그대로 담은 사진들은 별로 등장하지 않는다. 과거로부터 우리에게 전달된 자료들도 마찬가지이다. 이를테면 중세의 스테인드글라스, 장식융단, 장식문자, 벽화 등의 유물이 그렇다. 그런 유물들은 그 시대의 의복들, 그것들의 특성, 형태, 색들을 알게 해준다. 그러나 어느 시대, 어느 지역, 어느 계층의 사람들이 정말 그런 옷을 입었을 거라고, 그런 스테인드글라스, 장식융단, 장식문자를 사용했을 거라고 순진하게 믿지는 말자. 그들이 실제로 입고 사용한 것은 그런 것들과는 완전히 달랐다. 그렇다고 그 자료들에 문제가 있다고 볼 수는 없다. 이미지는 언어와 마찬가지로 현실을 있는 그대로 보여주지 못한다. 색의 현실에 관해서는 특히 그렇다.

일상생활　　　　　la vie quotidienne

내 어머니의 약국

나는 파리의 몽마르트르언덕 꼭대기 작은 광장 한가운데에 솟은
저수탑 바로 맞은편에 위치한 내 어머니의 약국에서 자랐다.
아마도 파리 지역에서 가장 높은 곳에 자리한 약국일 것이다.
언덕 맨 꼭대기에 살던 생기 넘치는 어린아이들 무리에게(그때
우리들의 나이는 열두 살가량이었다.) 광장과 거기에 있는 커다란
저수탑은 소란, 고함, 말다툼, 주먹다짐, 은신을 허락해주는
무궁무진한 놀이터였다. 그러나 그 맞은편에 있는 어머니의 약국은
달랐다. 그곳은 조용하고, 비밀스럽고, 은밀한 장소였다. 부모님은
내가 약국에서 노는 것을 전적으로 금하지는 않았다. 그러나
약국으로 친구들을 데려오는 것을 그리 좋아하지는 않았다. 그래도
나는 약국으로 친구들을 데려갔다. 부모님이 철권을 휘두르지 않는
자유롭고 이해심 많은 분들이었기 때문이다. 부모님은 어른이건
아이이건 모든 사람을 믿고 신뢰했다. 결국 그러한 성격 때문에
어머니는 내가 열 살을 갓 넘겼을 때 파산해 몽마르트르를 떠나
사회적·문화적 환경이 다른 남쪽 교외로 옮겨가야 했지만 말이다.

당시 파리의 약국은 거의 변하지 않는 사회 계층들을 신중하게
연결해주는 특성을 뚜렷이 드러내고 있었다. 또한 약국에서의
색은 약병, 약상자, 약단지들을 보관하는 진열장과 선반들을
구별해주는 중요한 역할을 했다. 이를테면 내 어머니의 약국에서는
내가 손대면 안 되는 위험한 약품들은 장 안에 넣고 빨간 라벨에
검은색 글씨로 '독극물'이라고 크게 표시를 해두었다. 우리는
그 장을 '독약장'이라고 불렀다. 빨간색과 검은색의 결합, 가장
요란하고 표현력이 강한 색과 그렇지 않은 색의 조합은 그 금지된
장을 다른 장들보다 눈에 잘 띄게 해주었다. 약국에 들어서면
약국을 찾아온 목적과는 상관없이 그 장만 보였다.

    약품의 포장도 중요했다. 무척 섬세하게 다뤄야 했다. 그 시절에
상점, 약국, 작업실에서 약품 포장만큼 공들이고 정제되고 섬세하게
약호화된 것은 없었다. 이것은 오늘날에도 마찬가지이다. 오히려
오늘날에는 더하다. 제약 실험실들은 이런 작업을 생각해내고
현실화하기 위해 상당한 자본을 투자한다. 다른 어떤 유형의
제품들도(심지어 향수나 화장품도) 이처럼 공들여 다뤄지고 포장되고
전시되고 분류되지 않을 것이다. 약품 포장에서 색은 신중하게
심사숙고된다. 흰색이 가장 지배적이며, 가장 위생적이고
과학적이고 이로운 측면을 갖고 있다. 흰색은 지식과 깨끗함을
동시에 상징한다. 제품 이름과 회사 이름은 복용법과 용량을 적은
글자와 마찬가지로 검은색으로 인쇄하지 않는다. 흰색 바탕에
검은색으로 인쇄하면 그 대비가 지나치게 눈에 띄고 지나치게

요란해 보이기 때문이다. 대신 회색으로 인쇄한다. 오늘날
약품 포장에서 회색 계열은 가장 그럴듯하고 신중한 색일 것이다.
다른 색들이 약품 포장 여기저기서 제약회사의 로고를 강조하며,
묵계적이지만 효율적인 기호성에 따라 포장 안에 담긴 약품의
성질과 기능을 표시한다. 파란색 계열은 진정제, 수면제에 쓰인다.
노란색과 주황색 계열은 강장제, 비타민, 원기와 활력을
회복시켜주는 모든 약품에 쓰인다. 때때로 이런 약품에 무지개색이
쓰이기도 한다(파란색은 빼고). 현대 서구 사회의 감수성 속에는
주황색과 다색 사이의, 태양의 색과 무지개색 사이의 동의성이
존재한다. 둘 다 생명의 근원을 뜻한다. 베이지색과 갈색은
소화제 계통의 약품에 사용된다. 하지만 약 상자에 그런 색을
사용하면 지나치게 눈에 띄므로 피한다. 이를테면 밤색은
하제에만 신중히 사용한다.

초록색 계열은 여러 용도의 다양한 약품에 두루 사용된다.
이것은 초록색의 다의성을 강조한다. 초록색이 불행을
가져다준다는 오래된 믿음의 후유증일까? 옛날에는 초록색을
절제해서 사용했다. 오늘날 초록색은 친환경주의의 유행으로
대체 의약품, 식물요법, 수많은 유사 약품을 상징하는 색이 되었다.
검은색은 어떤 경우에도 약품의 색으로는 절대적으로 피해야 했다.
당연한 일이다. 검은색은 죽음을 상징하는 색이니 말이다. 위나
폐에 병을 유발한다고 여겨지던 고약한 석탄조차 검은색이 아닌
갈색이나 노란색 또는 연보라색이 기호로 사용되었다. 마지막으로

빨간색이 남아 있다. 빨간색 역시 조심해서 다뤄야 하는 색이었다. 빨간색은 어린아이들이 먹을 알약이나 시럽에 쓰이는 딸기, 나무딸기, 까치밥나무 열매를 상기시킨다. 또한 빨간색은 항생제와 살균제를 나타내는 기호로 쓰이고, 피나 상처와 관련된다. 그리고 위험과 금지를 뜻한다. '정해진 용량을 초과하지 마시오.'라는 필수 불가결하고 위협적인 언급을 강조한다.

내 어머니의 약국 밖에 있던, 약국임을 나타내는 십자 표시는 초록색이었다. 1950년대에도 어떤 약국들은 이미 깜박거리는 네온으로 십자 표시를 강조했다. 그러나 그것은 번화가에 위치한 호사스러운 약국들의 경우였다. 내 어머니의 약국은 진한 초록색으로 칠한 소박한 나무 십자가를 사용했다. 당시 파리에 있던 대부분의 약국들이 그런 간판을 내걸었다. 나중에 이탈리아를 처음으로 여행했을 때 비로소 유럽 모든 나라들이 사용하는 기호가 똑같지 않다는 사실을 알 수 있었다. 이탈리아 약국들이 내건 십자 표시는 빨간색이었다. 이 일을 계기로 나는 건강과 상업에 관련된 기호들의 역사에 관해 조사하려는 생각을 품게 되었다.

초록색은 중세에 이미 약제사를 상징하는 색이었다. 약전의 대부분이 식물에서 재료를 취했기 때문이다. 19세기 중반까지만 해도 약국들은 동물의 뿔, 병을 치료해주는 성자들의 이미지 등 다양한 간판들을 사용했다. 초록색 십자 표시들이 프랑스에 최초로 나타난 것은 1880년대에 들어서였고, 이때부터 약제사들은 간판을 이용해 의무적으로 자신들의 약국을 표시해야 했다. 십자 표시가

구원, 치료, 구호의 개념을 뜻하게 된 것은 이 무렵부터이다. 우리는 12세기에 이슬람 땅을 여행하는 기독교 순례자들에게 도움을 주기 위해 설립된 자선수도회의 옷에서 이미 십자 표시를 발견할 수 있다. 구체제하의 많은 자선 단체들의 문장紋章에서도 십자 표시를 발견할 수 있다. 1864년 제네바협정에서 적십자 로고를 만들 때 채택된 것도 십자 표시였다(이 로고를 만들 때 빨간 바탕에 하얀 십자가가 있는 스위스 국기의 영향도 한몫했을 것이다). 이탈리아의 약국들은 이 로고를 모델로 삼았고 그것을 유지했으며, 약전 색보다는 피의 색을, 약재, 약물, 식물요법의 개념보다는 상처 치료와 드레싱의 개념을 더 중시했다.

20여 년 전부터 프랑스의 몇몇 약국들이 초록색 십자가를 파란색 십자가나 초록색과 파란색이 섞인 십자가로 대체한 것을 관찰할 수 있다. 이런 변화에는 나름의 이유가 있다. 상징에서는 기호의 자의성이라는 것이 존재하지 않는다. 모든 것에 정당한 이유가 있다. 그러나 그 이유들을 파악하기란 쉽지 않다. '자선'을 뜻하는 파란색이 발전해서 프랑스 자선단체들이 이런 색들로 스스로를 나타내려 한 것일까? 아니면 현대의 약국은 '건강의 공간'이라는 것, 파란색이 상징하는 두 가지 개념인 만남과 지식의 장소라는 것. 약초상, 잡화상, 식료품상들의 촌스러운 소굴이 아니라는 것을 보여주려는 것일까?

필리프에 관한 슬픈 일화

내 첫 외국 여행의 목적지는 스위스였고, 스위스는 여러 가지 이유로 수십 년이 흐른 뒤 내게 제2의 고향이 되었다. 처음 스위스에 갔을 때 나는 아홉 살이었다. 내가 속했던 보이스카우트에서 겨울 스포츠 활동을 하기 위해서였다. 사실 그때 내가 간 곳은 오트 사부아에 있는 프랑스 알프스 지역이었다. 스위스 국경에서 불과 몇백 미터 떨어진 곳이었다. 우리는 매일 걸어서 또는 스키를 타고 스위스 국경을 넘나들었다. 혹시 일어날지 모르는 세관에 관련된 성가신 문제들을 피하기 위해 우리 무리를 담당했던 책임자가 우리에게 신분증을 가져오라고 했다. 하지만 우리 중 신분증을 가진 아이는 아무도 없었다. 그때는 1950년대 중반이었고 어른들 중에도 신분증이 있는 사람은 드물었다. 당시 프랑스에는 신분증을 소지해야 한다는 강제조항이 없었다. 내 아버지는 1912년 오른에서 태어나 1996년 마옌에서 사망했는데, 신분증 같은 것을 전혀 지니지 않고 평생을 살았다. 심지어 운전면허증도 없었다. 행복한 사람, 행복한 시대였다!

아무튼 1956년에 국적을 증명하는 신분증을 만든다는 것은 특히
어린아이에게는 전투병의 시련과 다를 것이 없었다. 수업 시간
도중에 부모와 함께 시청에 가야 했고, 입수하기 힘든 여러 가지
서류를 제출해야 했고, 자잘한 빈칸들이 있는 양식을 채워 제출해야
했고, 진짜 서명을 해야 했고, 망치지 않고 손가락의 지문을 찍는
혐오스러운 의식을 행해야 했고, 특히 신분증에 넣을 '규정에 맞는'
사진을 제출해야 했다. 그러나 규정에 맞는 사진을 손에 넣는다는
것은 쉬운 일이 아니었다. 물론 그때에도 '포토마통' 같은 기계들이
존재하긴 했지만 그 수가 매우 적었고 고장 나 있기 일쑤였다.
게다가 그런 기계들로 사진을 찍으면 아이든 어른이든 모두
전과자처럼 나왔다. 그래서 어떤 집에서는 아이들 사진을 찍을 때
전문 사진가에게 맡기는 것을 선호했다. 돈이 더 들기는 했지만,
결과가 기대에 훨씬 더 부합했던 것이다.

    우리 보이스카우트 단원이었던 내 친구 필리프도 그랬다.
나는 필리프를 잘 알았다. 보이스카우트 안에서도 같은 소모임인
회색 늑대조에 속했기 때문이다. 하지만 나는 필리프를 별로
좋아하지 않았다. 필리프는 허풍이 심하고 자신감이 넘치는 데다
부모가 돈이 많고, 그것을 과시하길 좋아하는 아이였기 때문이다.
필리프의 집에는 텔레비전이 있었는데, 1956년 당시 집에
텔레비전이 있다는 것은 대단한 유복함의 상징이었다. 아들과
똑같이 허풍이 심했던 필리프의 아버지는 아들의 신분증을
만들기 위해 그 시절에는 드물었던 컬러사진을 찍어주었다.

필리프는 3주 연속 목요일마다 보이스카우트 모임에 그 사진을 들고와 떠들썩하고 거만한 태도로 자랑했다. 우리 중에 그런 값나가는 물건을 가진 아이는 필리프뿐이었다. 촌스러운 흑백사진밖에 보여줄 수 없는 우리는 질투가 났다. 나들이옷을 입고 찍은, 지나치게 점잖게 나온 필리프의 컬러사진은 우리 눈에 무척 경이로웠던 동시에, 당시 초등학생들 사이에 유행했던 표현을 빌리자면 '엄청 폼 나' 보였다. 필리프는 찬란하고 역겨운 자신의 컬러사진으로 우리를 마음껏 비웃었다.

    하지만 곧 질투심을 만회할 기회가 찾아왔다. 필리프의 아버지는 자기 아들의 신분증 만드는 일을 미루다가 겨울 스포츠 활동을 떠나기 열흘 전쯤 시청에 찾아갔다. 두 사람이 시청에 갔을 때 담당 공무원은 그 사진은 안 된다고 잘라 말했다. 그 사진은 컬러사진이기 때문에 '규정에 맞지 않는다'는 것이었다. 필리프의 아버지는 몹시 화가 나서 소위 인맥을 동원해 해결하겠다고 위협했지만, 아무 소용이 없었다. 흑백사진으로 다시 찍어야 했다. 예기치 못했던 반전이었고 꼴좋은 패배였다. 사진을 다시 찍느라 시간이 며칠 더 걸렸고, 필리프의 신분증은 제때 나오지 못했다. 결국 필리프는 우리와 함께 겨울 스포츠 활동을 떠나지 못했다. 사정을 몰랐던 우리는 필리프가 갑자기 병이 난 것으로 알고 동정했다. 물론 많이 동정하지는 않았다. 시간이 지난 뒤 집으로 돌아와서야 그 컬러사진에 얽힌 흥미진진한 사연을 알게 되었고, 열 살가량의 아이들다운 잔인함으로 그 버릇없고 거만한 친구를 한껏 놀려주었다. 필리프가 우리 무리에 다시 끼게 되기까지는 여러 주가 걸렸다.

어린 필리프의 불행한 이야기는 겉으로 보이는 것보다 시사하는 바가 크다. 이 이야기는 50년 전 프랑스에서 컬러사진이 얼마나 수상쩍고 불성실한 것으로 간주되었는지를 알려준다. 행정 당국과 법률 당국이 흑백사진을 사용했을 뿐 아니라 정확하고 진지하고 올바르고 진정한 자료를 요구하는 모든 경우가 그러했다. 색이 있는 것은 경박하고 특이하고 여가와 관계되는 것, 다시 말해 쾌락이나 방탕함과 관련되는 것으로 여겨졌다. 덧붙여 말하자면 그 시절은 과학 발전의 초창기였기 때문에 컬러사진이 오늘날과 같은 좋은 품질을 보여주지 못했다.

그 후 반세기 동안 관습, 기술, 규범, 가치 체계가 많이 바뀌었다. 이제 신분증을 만들 때 컬러사진을 쓰는 것은 의무사항이 되었다. 그런 사진들은 크기, 배치, 각도, 시선 등에 대한 엄격한 규범을 준수해야 한다. 심지어 웃고 있는 사진도 허락하지 않는다. 이것이 현 사회에 시사하는 바는 의미심장하다. 흑백사진으로 말하자면, 옛날에는 더 진실하고 정확한 것으로 여겨졌지만, 오늘날에는 불완전하고 충실하지 못한 것으로 여겨진다. 그러나 모든 곳에서 그런 것은 아니다. 구직 희망자에게 흑백사진을 붙인 이력서를 요구하는 기업들이 아직도 존재한다. 프랑스에는 그런 기업들이 드물지만, 독일은 아직도 그런 기업이 많다.

컬러와 흑백 사이의 이런 대립은 그 신뢰도 혹은 진실성의 다양한 비교와 마찬가지로 새로운 것은 아니다. 이것은 15세기 말경 흰 종이에 여러 단계의 색으로 이미지들을 새기고 검은 잉크로 인쇄하는 기법이 확산되기 시작하면서부터 생겨났다. 거의 다색으로 볼 수 있었던 이런 이미지들은 중세의 기존 이미지들과 비교할 때 진정한 혁명이었다. 예술계에서, 특히 회화계에서 이것에 대한 논쟁은 토론의 중심이 되었고, 이어진 두 세기 동안 선 자체의 우월함을 주장하는 파와 배색 효과의 우월함을 주장하는 파 사이에 매우 심한 대립을 불러일으켰다. 전자들은 색은 불필요한 기법, 지나치게 선정적인 겉치레, 형태를 감추는 사기라고, 시선을 남용하여 관객의 눈을 본질에서 떠나게 한다고 주장했다. 후자들은 오로지 색만이 존재와 사물의 진실에 다다르도록 허락해준다고, 그림의 역할과 목적은 무엇보다도 색과 관련된다고 주장했다. 나는 후자들의 진영에 속하는데, 그 이유는 나중에 이야기하겠다.

사탕 자판기

유년 시절에 나는 맛있는 것을 밝히는 응석받이였고, 그 또래의
아이들 열 명이 먹을 만큼의 과자와 사탕을 혼자서 먹어치웠다.
이후 그 대가를 톡톡히 치렀지만 말이다.

1950년대에 파리에서 지하철을 탄다는 것은, 나에게는
플랫폼 한가운데에 있는 사탕 자판기에서 사탕을 '뽑을' 수 있는
기회를 뜻했다. 모든 역에 사탕 자판기가 있는 것은 아니었다.
지하철역 중 3분의 1가량에, 특히 환승역에 있었다. 할머니 댁에
갈 때 내리는 라스파유 역이 바로 그랬다. 반대로 몽마르트르언덕
발치에 있는 내 부모님 집에서 가까운 아베스 에 라마르크
콜랭쿠르 역에는 사탕 자판기가 없었다. 우리가 이따금 지하철을
탔던 앙베르 역은 플랫폼 딱 한 곳에만 사탕 자판기가 설치되어
있었는데, 주황색이 아니라 회색이었다. 왜 단 한 곳에만
사탕 자판기를 설치했을까? 그리고 왜 하필 회색이었을까?

거의 모든 사탕 자판기들이 단것을 연상시켜 식욕을
불러일으키고 기분을 좋게 해준다는 이유로 주황색을 사용했던

것으로 기억한다. 시간이 흘러 1970년대가 되자 식욕을
불러일으켜야 할 곳에 주황색을 쓰는 것은 지나치게 순박하고
흔한 용법이 되어 효력이 떨어졌지만, 대관절 주황색이 무슨
이유로 기분을 좋게 만들어준다는 것일까? 내 유년 시절, 대부분의
사탕 자판기는 크기가 작았고 사탕도 각기 포장지가 다른
네 종류뿐이었다. 새로 나온 근사한 자판기에서는 크기가 더 큰
여섯 종류의 사탕이 나왔다. 그 사탕들은 작은 마분지 상자로
포장되어 있었는데, 안쪽으로 휘어진 투입구에 20프랑짜리
동전을 넣고 자판기 한가운데에 있는 구리로 된 커다란 손잡이를
잡아당기면, 사탕 상자가 지하철역 전체에 우레 같은 소리를 내며
굴러떨어졌다. 그럴 때면 기계 주변에 있던 모든 사람들, 특히
그런 불량식품은 사줄 수 없다고 거절당한 어린아이들이
시샘 어린 눈길로 그 모습을 지켜보았다.

    내가 좋아하던 사탕은 만다린 시럽이 가득 들어 있는 것으로,
벌집 모양의 구멍이 있고 시럽이 든 주황색의 작고 동그란
사탕이었다. 그 시럽 속에 만다린 주스가 실제로 몇 퍼센트나
들어 있었을까? 아마도 전혀 들어 있지 않았을 것이다. 그러나
그것은 전혀 중요하지 않았다. 나는 그 사탕이 맛있었고, 그 사탕을
먹으면서 지하철을 타고 가면 긴 시간이 후딱 지나가곤 했다.
사탕이 딱딱해서 그 소중한 시럽을 맛보려면 오랫동안 사탕을
빨아야 했지만 말이다. 그 사탕을 먹을 기회를 빼앗기는 것은
나에게 중하고 부당한 형벌처럼 느껴졌다.

나는 이 모든 것을 아주 상세히 기억한다. 특히 자판기의 주황색을. 그런데 몇 년 전 파리 지하철의 역사에 대한 책들을 훑어보다가 내 어린 시절인 1950년대의 지하철 플랫폼 사진(이상하게도 인적 없이 비어 있는)을 여러 장 보았다. 사진에 찍힌 플랫폼 한가운데에는 내가 앞서 말한 급유 펌프처럼 생긴 사탕 자판기가 있었다. 그런데 색이 주황색이 아니었다. 어떤 것은 노르스름한 빛이 도는 베이지색이었고, 어떤 것은 색을 칠하지 않은 금속으로 되어 있어서 엷은 은빛이 반사되었다. 내 기억과 그 사진들 사이에 왜 이런 격차가 생겨났을까? 그 사진들의 연대가 잘못 기재된 것일까? 실제로는 사진 설명에 나온 연대보다 5년에서 10년 정도 더 지난 사진이었을까? 아니면 사진에 찍힌 지하철역에 있던 사탕 자판기가 예외적으로 특이한 색이었고, 그래서 일반적인 경우에 부합하지 않은 정보를 제공한 것일까? 역사학자들은 어떤 시대의 자료이든 이런 웃지 못할 사연이 있게 마련임을 잘 알고 있다. 일반적이지 않은 자료가 일반적인 자료보다 더 잘 보존되고 전달되는 것이다.

어쩌면 내 기억이 나를 속인 것은 아닐까? 나는 좋은 기억력 덕분에 수십 개의 전화번호, 수없이 많은 스포츠 경기 결과, 역사적 사건들과 관련된 수백 개(혹은 수천 개)의 날짜를 별 어려움 없이 외울 수 있었고, 그런 까닭에 내 기억을 지나치게 믿는 경향이 있다. 기억력이 나를 속였을까? 내 기억력이 색에 관한 영역에서 나를 속인 것일까? 그럴지도 모른다. 내가 색에 관한 문제에서 착각을 한 것이 처음은 아닐 것이다. 내가 편파적이었던 것일까? 내가 사탕 자판기에 사탕 자체의 색을 투사한 것일까? 나는 사실 그 기계에서 동그랗고 아주 달고 진한 주황색이었던 만다린 맛 사탕 말고 다른 사탕을 뽑은 것은 기억하지 못한다. 그렇다면 내가 기억 속에서 그 기계에 주황색을 덧칠한 것일까?

앞으로 알게 되겠지만, 기억에서 색의 문제에 대해 편파적이 되는 것은 비교적 흔히 일어나는 현상이다.

자신의 색 고르기: 불가능한 임무?

나는 운전을 별로 좋아하지도 않고 자동차에 특별히 매력을 느끼지도 않는다. 나를 견딜 수 없게 하는 것은 자동차와 관련된 여러 상황이나 교통수단이라는 특성 자체가 아니다. 큰 자동차를 소유한 것을 자랑스럽게 여기는 것, 빠르게 운전하며 운전석에서 허세 부리는 것을 즐기는 행동이다. 이런 행동은 유치하고 우스꽝스럽기 그지없다. 내가 볼 때 자동차에서 가장 중요한 것은 차체의 색이다. 색을 최우선으로 여기는 사람이 나 한 사람만은 아닐 것이다. 지난 50년간 행해진 많은 설문 조사 결과들이 자동차의 색이 자동차를 구입할 때 중요한 선택 기준일 뿐만 아니라 때로는 브랜드나 모델, 성능 혹은 다른 특징들을 제치고 가격 다음으로 중요한 기준이 되기도 한다는 사실을 보여주었다. 차체의 색을 중시하는 소비자들은 우리가 생각하는 것보다 많다. 자동차 제조업체들은 이런 조사 결과에 깜짝 놀랐지만, 우선은 이 사실을 고려하지 않기로 결정했다. 그 후 소비자들의 요구에 압력을 받아 색조에 관한 정책을 다시 검토하고 소비 대중의 바람과 변덕스러운 유행을 더 많이 고려하게 되었다. 하지만 자동차 제조업체들은 마지못해 그런다는 느낌이 들 정도로 주저했다. 엔지니어들에게 차체의 색은 별 의미가 없었다. 제조 공정에서도 도색 작업이 가장 마지막에 속할 정도로. 물론 '고객지원 담당' 직원들만은 판매 전략에서 색이 차지하는 중요성을 안다(혹은 알아야 한다). 그러나 자동차 산업에서 그들의 활동은 그리 중요한 위상을 차지하지 못한다.

 색과 결부된 이런 중요성은 새로운 것이 아니다. 20세기 초 자신의 이름으로 자동차 회사를 설립한 헨리 포드를 좇아 대부분의 자동차 제조업자들이 색에 관심을 기울이지 않았지만, 색을 중시하는 고객들은 이미 다수였다. 대중의 바람에도 불구하고, 몇몇 제조업체들이 두 가지 색 혹은 세 가지 색의 자동차를 선보였음에도 불구하고, 일상생활에서 색이 차지하는 비중이 점점 커지고 있었음에도 불구하고, 유대인 배척자이자 청교도적이었던 포드는 도덕적인 이유로 검은색이 아닌 다른 색의 자동차를 만들어 팔기를 거부했다. 1908년에서 1927년까지 제조된 이 회사의 스타 상품인 유명한 포드T Ford T는 색에 대한 이런 거부의 유일한 상징이 되었다.

 자동차에 대해 큰 흥미를 갖고 있지는 않지만, 나는 평생을 살면서 여러 대의 차를 구입했다. 처음에 구입한 몇 대는 중고차였고, 나중에 구입한 것들은 새 자동차였다. 자동차 시험운행은 자주 있는 일은 아니지만 꽤나 두려운 일이었다.

자동차 정비사가 대부분의 사람들은 알아듣기 힘든 기술적 부분에 대해 이야기를 늘어놓았기 때문이다.

알아듣기 힘들긴 했지만, 때로는 교육적이었다. 적어도 색을 연구하는 역사학자에게는 말이다. 색에 대한 개인적 선호 덕분에 1980년대에 나는 당시 프랑스에는 비교적 드물었던 빨간 자동차의 특별한 지위를 즐길 수 있었다. 중고차를 살 때는 가격의 혜택을 보는 행운까지 누렸다. 차체 색이 강렬한 빨간색인 '보통' 모양의 자동차를 선택했기 때문이다. 판매업자는 스피드를 즐기거나 스포츠카를 좋아하지 않는, 즉 나이가 든 점잖은 고객들이 그 모델을 좋아하긴 하지만 색 때문에 잘 선택하지 않는다고 말했다. 너무 강렬하고, 너무 튀어서 말이다. 반대로 요란하고 역동적인 색에 매력을 느끼는 젊은 고객들은 그 모델이 시대에 뒤떨어졌고 엔진 성능이 떨어진다고 생각했다. 그런 까닭에 그 자동차는 파격적인 가격인하를 단행하지 않는 한 팔기 힘들었던 것이다.

사실 최근까지 빨간색 자동차는 스포츠카에서만 볼 수 있었다. 포뮬러1[2] 경주에 참여한 페라리의 빨간색은 하나의 상징적인 이미지였고, 지금도 그렇게 남아 있다. 고속도로에서 힘없이 털털거리며 달리는 빨간 자동차는 절대 볼 수 없다. 빨간 자동차는 빨리 달릴 의무가 있다. 프랑스에서는 1970년대까지 보험회사들이 빨간 자동차를 소유한 사람에게 할증 요율을 매겼을 정도로 말이다. 단순히 자동차가 빨간색이어서가 아니다. 빨간 자동차는 대개 젊은 사람들이 몰았고, 그들은 다른 운전자들보다 교통사고를 낼 위험이 더 높은 것으로 간주되었기 때문이다. 겨우 한 세대가 지난 오늘날, 그런 관행은 완전히 자의적인 것으로 있을 수 없는 일이고 논쟁을 불러일으키기에 딱 알맞은 일이 되었다. 어떤 보험업자들은 그런 조항은 존재한 적이 없었다고 말할지도 모른다. 하지만 그런 조항은 분명히 존재했다.

어쨌든 자동차를 구입할 때 색을 마음대로 선택하는 것은 새 자동차라 할지라도 거의 불가능한 임무이다. 물론 판매업자들은 매력적인 색상의 다양한 견본들을 제시한다. 그러나 실제로 선택의 폭은 매우 제한적이다. 매력적인 색상의 자동차는 6개월 이내에는 손에 넣을 수 없거나, 추가 금액을 더 지불해야 하거나, 출고할 수 있는 모델이 아직 존재하지 않는다. 이러저러한 옵션들을 마음대로 선택할 수 없는 경우도 있다. 따라서 소비자는 남아 있는 몇 가지 색 중에서 감법 방식으로 선택하게 된다. 가장 좋아하는 색의 자동차를 선택하는 것이 아니라 판매점에서 제시하는 색 중 가장 덜 싫은 색을 선택하는 것이다. 이 두 가지는 사실 전혀 다른 행위이다. 실제로 자동차의 색을 선택하는 것은 오늘날에도 순전히 이론적인 차원에 머물러 있다. 사회학자들이 지역별, 국가별, 시대별, 사회 계층별로 선호하는 자동차 색에 대해 통계를 낼 때 다다르는 학술적 결론조차 이따금 여전히 허술하게 남아 있다. 숫자는 대중의 진짜 선호도보다는 상상력의 결핍, 몰취미, 정신적 복고주의 혹은 혁신에 대한 제조업체의 유치한 욕구를 나타내는 경우가 더 많다.

하지만 우리는 원하든 원하지 않든 자동차, 옷, 다른 많은 물건들의 색과 관련해 판단하고 분류하고 숫자로 나타낸다. 그런데 이 색은 우리의 깊은 취향과는 절대 부합하지 않고, 우리가 우리 자신에게 부여하길 원하는 이미지와도 부합하는 일이 거의 없다. 바로 여기서 혼란이 비롯된다. 강렬하고 특이한 색의 자동차는 우리를 도발적인 괴짜 운전자로 만들 것이다. 빨간색 자동차는 속도에 사족을 못 쓰는 운전자로 만들 것이고, 검은색 자동차는 근엄한 사람 혹은 공적인 사람으로 만들 것이다. 흰색이나 노란색 자동차는 좀 더 여성적으로 여겨지며, 초록색 자동차는 좀 더 젊게 여겨진다. 밤색, 겨자색 또는 주황색은 몰취미하다. 반면 회색 계열은 점잖고 우아하게 여겨진다. 적어도 2010년 프랑스에서는 그렇다. 독일, 이탈리아, 스칸디나비아 국가들에서는 자동차 차체 색상 견본표에 공시되는 색들이 다양하다. 오늘날 프랑스에서 사람들의 감수성에 호소하는 색들은 20년 전에는 그런 가치를 부여받지 못했고, 5년에서 10년이 지난 뒤에는 틀림없이 또 구식이 될 것이다. 색이 상징하는 바는 언제나 문화적이다. 그것은 장소에 따라 달라지고 시간의 흐름에 따라 변한다. 게다가 새로운 가치체계에 부응하기 위해 전도되거나 스스로를 위반한다. 건실한 가장이나 존경받을 만한 공증인이 분홍색이나 보라색 자동차를 운전하는 것은 자신이 성실하고 신뢰받을 만하다는 것을 보여주는 동시에 규범을 벗어나는 호사스러움까지 지녔음을 보여주는 방법일 수도 있다.

1 헨리 포드 Henry Ford 1863-1947
'자동차 왕'으로 불리는 미국 자동차 회사 '포드'의 창설자.
조립 라인 방식을 통한 양산 체제인 포드 시스템을 확립했으며,
합리적 경영 방식을 도입해 포드를 미국 최대의 자동차 제조업체로
발전시켰다.

2 포뮬러1 Formula 1
1950년에 시작된 FIA(국제자동차연맹)가 규정하는 세계 최고의
자동차 경주 대회. 공식 명칭은 'FIA 포뮬러 원 월드 챔피언십(FIA Formula One
World Championship)'이며, 약어는 F1이다. 한 개의 좌석에 바퀴 네 개가
노출되어 있는 레이스 전용 자동차 경주로, 포뮬러 레이스 중
최고 수준의 대회이다.

칙칙한 풍경들

1981년, 나는 공산주의 치하의 어느 활기찬 나라를 뒤늦게 방문했다. 그때 내 나이 서른이 갓 지났고, 이미 몇 년 전부터 색의 역사에 대해 연구하고 있었다. 그 철의 장막 너머에서, 즉 동독에서 나는 처음으로 일련의 심포지엄과 강연에 참여했다. 동서 진영 사이에 긴장감이 클 때였지만, 서부 유럽의 다양한 의복과 제품들이 이미 동독의 대도시에, 특히 동베를린에 들어와 있었다. 하지만 이런 수줍은 개방에도 불구하고 그 첫 여행에서 내게 강한 인상을 남긴 것은 대학 사회의 준엄함도, 호텔들의 엄격한 규범도, 다양한 만남을 경험하는 동안 나눈 실증주의적인 대화들도 아니었다. 나에게 강력하면서도 고통스러운 인상을 남긴 것은 거리의 풍경이었다. 그곳 거리의 풍경은 서부 유럽에서 보는 것과는 달랐다. 신흥국가나 제3세계의 거리처럼 색채가 별로 없었다.

    동독의 도시들은 모든 것이 회색 아니면 갈색이었다. 오래되고 더럽고 손상된 것이 아닌데도 마치 절멸한 것처럼 침울하게 느껴지는 회색 또는 우중충한 갈색이었다. 여기저기에 보이는 선명한 색의 얼룩들이 행인과 주민들의 삶을 즐겁게 해주는 것처럼 보였지만 그 정도가 너무 심해 위안보다는 오히려 스트레스를 안겨줄 것만 같았다. 사람들이 입은 옷도 대부분 갈색 계열이었고, 어떤 옷은 비교적 현대적이었지만 색이 요란하고 무늬가 너무 눈에 띄었다. 서부 유럽에서 좋은 취향으로 여겨지는 점잖은 단색과 신중한 줄무늬는 그곳에서는 별로 알려지지 않은 듯했다. 모든 옷이 초라하지는 않았지만 우중충하고 피곤하고 촌스러워 보였다. 그것은 서부 유럽에서 온 방문객들로서는 더 이상 돈 쓸 곳이 없다는 인상을 받을 만큼 허탈한 일이었다. 동독의 창작가나 기업가들은 조금만 애를 써도 기분 좋은 생활 방식을 만들어내거나 연출할 수 있을 것 같았다.

동독의 상징은 나에게 베를린의 지하철 또는 예나와 라이프치히 거리에서 여러 번 만난 색으로 나타났다. 그전에 다른 곳에서는 그런 색을 한 번도 본 적이 없었다. 그 색은 남성적인 동시에 여성적인 수많은 옷에 나타났다(특히 레인코트). 건물들의 정면, 일상생활에 쓰이는 다양한 물건, 교통수단들(자전거, 자동차, 기차 객차)도 그 색을 띠었다. 그 색을 말로 정의하기란 쉽지 않다. 굳이 설명하자면 보랏빛이 도는 갈색, 갈색·회색·보라색 사이의 중간 색이다. 그 외에 기묘한 색이 또 있었는데, 마치 '겨자색으로 만들기'를 원했던 것처럼 초록빛이 도는 노란색이었다. 서부 유럽이라면 그런 류의 색을 만들어내는 것은 힘든 일이었을 테고,

그런 색의 물건을 파는 것도 불가능했을 것이다. 눈을 불쾌하게 하고 마음에 상처를 주고 절대적으로 추한 그 색은 노골적이거나 야만적이고 매우 거친 사회 규범들, 야만스러웠던 산업혁명 초기로부터 상속되어 모든 현대성에 저항하는 일종의 urfarbe 우어파르베에 속하는 듯했다. 당시 나는 그 공산주의 국가가 어떤 염색 기법으로 그런 색조를 만들어냈는지 궁금했다. 어떤 재료로? 어떤 방법으로? 그리고 도대체 무슨 목적으로? 그것은 특별히 독일적인 색이 아니었다. 오히려 공산주의의 색이었다. 나중에 폴란드에서 그런 색을 다시 보았기 때문이다. 그것은 값싼 색소나 염료로 쉽게 얻을 수 있는 색이었을까? 여간해서는 지저분해지지 않는다는 점을 높이 평가한 것일까? 하지만 사실 그 색은 새것일 때도 이미 지저분하게 보였다.

베를린 장벽이 무너진 이후, 공산주의 치하에서 경험한 기억들을 보존하기 위해 모든 기억들이 옛 동독 안에 자리를 잡았다. 문학이나 영화를 통해서뿐만 아니라 이제는 박물관에 전시된 물건들을 통해서도 환기되는, 때로는 향수 어린 기억들이다. 하지만 이후 나는 보랏빛과 겨자색이 도는, 나에게는 구체제의 단적인 특징으로 보였던 그 흔적을 어디에서도 찾아내지 못했다. 고통스럽고 거의 비인간적이기까지 했던 그 색은 모든 신화에 부적합한 것으로 드러났던 것이다.

지하철 티켓

지하철은 색에 관한 수많은 규범과 행위들을 관찰할 수 있는 장소이다. 앞에서 이미 강조했듯이, 지하철 안에서는 대도시에 사는 시민들이 실제로 입는 옷에 가장 가까운 색을 볼 수 있다. 또한 지하철 안에서는 시민들이 입는 일상적인 옷의 색과 상상의 색 또는 패션잡지에는 등장하지만 실제로는 입지 않는 옷의 색 사이에 존재하는 격차를 잘 느낄 수 있다. 디자이너, 스타일리스트, 사회학자들은 더 자주 지하철을 타야 할 것이다.

    색을 통한 신호는 이 땅 밑의 장소에서 기차나 비행기에서보다 더 중요한 역할을 한다. 여행객들이 목적지로 가는 방향을 잘 잡도록 공들여 정보를 제공해야 하는 지하철 노선도에서 색은 노선들을 구별하게 해주는 가장 효율적인 수단이다. 특히 앵글로색슨계 국가들의 지하철 노선도는 이름이나 번호가 아니라 색을 통해 각각의 노선들을 표시한다. 대도시들이 언제 그리고 왜 지하철 노선에 고유의 색을 부여했는지(이 부분에서 나는 기호의 자의성을 별로 믿지 않는다.), 수십 년 동안 그렇게 사용된 후 그것에서 어떤 상징성이 비롯되었는지 연구하는 것은 매우 흥미롭다.

지하철 티켓(사라져가는 물건이긴 하지만)의 색에 관해서도 할 말이 많다. 1950년대에 파리의 지하철에서는 일등석을 뜻하는 불그스름한 색의 티켓과 이등석을 뜻하는 노르스름한 색의 티켓이 쓰였다. 그 후에는 모든 티켓이 베이지색으로 바뀌었고, 그것은 오랫동안 지속되었다. RATP 파리교통공사는 이 색을 '하바나 노란색jaune havane'이라고 불렀다. 세월이 좀 더 흘러서 1970년대가 되자, 뒷면에 밤색 마그네틱 띠가 둘린 노란 티켓이 등장했다. 그다음에는 불필요한 광고까지 내보내면서 '시크 에 쇼크chic et choc' 티켓이 떠들썩하게 등장했다. 티켓에 구멍을 뚫어주는 방식은 이 티켓으로 끝이었다. 더는 검표하기 위해 펀치로 티켓에 구멍을 뚫지 않게 되었다. 이 노란 티켓은 1992년에 터키빛이 도는 초록색으로 바뀌었다. 파리 교통 당국은 이 색을 거창하게도 '비취 초록색vert jade'이라고 불렀다. 색의 변화는 한 번 타는 기본권만이 아니라 일주일 동안 탈 수 있는 정기권을 포함한 모든 티켓에 적용되었는데, 정기권은 최근까지도 다른 티켓들보다 조금 더 밝은 '하바나 노란색'이었다. 이 정기권은 한눈에 잘 알아볼 수 있도록 굵은 글씨로 'COUPON JAUNE 노란 티켓'이라고 인쇄되어 있었다. 그런데 1992년 모든 지하철 티켓이 비취 초록색으로 바뀌었을 때 이 정기권 역시 비취 초록색으로 바뀌었지만 '노란 티켓'이라는 명칭은 몇 달 동안 계속 티켓에 인쇄되었다. 물건의 색은 초록색인데, 글씨까지 인쇄해가며 '노란색'이라고 불렀다! 실제의 색과 불리는 색 사이에 기묘한 격차가 발생한 것이다.

물론 그렇게 이상한 일은 아니었다. 우리는 어떤 용어가 그 물건의 실제 색과 관련이 없는데도 그 물건을 부를 때 그런 용어들을 사용하는 경우가 이따금 있으니 말이다. 이를테면 우리는 '백포도주'라는 명칭을 사용하지만 사실 백포도주의 색은 흰색이 아니다. 마찬가지로 '적포도주'라는 명칭을 쓰지만 그 포도주의 색이 정말로 빨간색은 아니다. '적포도주'를 만드는 포도는 보라색이고, '백포도주'를 만드는 포도는 초록색과 노란색의 중간쯤에 해당한다. 그러나 이런 명칭이 실생활에 방해가 되지는 않는다. 아득한 옛날부터 우리 조상의 조상들도 똑같이 했으니 말이다. 아마 노아의 방주 때부터 그러지 않았을까.

실제의 색과 불리는 색 사이에 격차가 있는 물건들 혹은 포도주처럼 강력한 상징적 측면을 가진 제품들의 경우 색은 관습, 상표, 사회적 규범보다 훨씬 우선한다. 색의 첫째 기능은 구분하고 분류하고 결합하고 대립시키고 계층화하는 것이다. 유럽에서 포도주와 포도는 오랜 옛날부터 색으로 구분되는 라벨을 받았다. 이 라벨에는 세 가지 색(흰색, 빨간색, 검은색)이 사용되었다. 다른 색들도 존재하긴 했지만, 그 색들은 규범과 가치체계 속에서 하는 역할이 미약했다. 그러므로 포도주가 하얗지 않고 노랗다거나, 포도가 빨간색이 아니라 보라색이라고 말하는 것은 별로 의미가 없다. 포도주를 '하얗다'고, '빨갛다'고 혹은 '검다'고 하는 것은 그것들에 진정한 시적, 상징적 측면을 부여하는 행위이며, 포도주들은 오늘날까지 그런 측면을 보존해왔다.

빨강인가, 파랑인가

지하철 이야기를 계속 하도록 하자. 아니, 수도권 고속 전철
RER Réseau Express Régional을 타보자. 나는 색이 얼마나 중성적이지
않은지, 색이 얼마나 이데올로기적 특성을 갖고 있는지를 한눈에
보기에도 평범하기 짝이 없는 승객들의 행동으로 증명하고 싶다.
다시 말해 색은 우리의 선택과 태도까지도 결정짓는다.

1980년대 초반 파리와 파리 남쪽 교외에서 RER B선(예전에는
'소 선ligne de Sceaux'이라고 불렸다.) 새 객차를 타면, 빨간색 좌석과
파란색 좌석이 번갈아가며 있었다. 그 전에는 우중충한 녹색과
흐릿한 갈색이었던 것을 빨간색과 파란색으로 바꾼 것이다.
이런 발의를 한 사람들이 누구인지는 모르지만, 공공 교통수단
내부의 분위기를 좀 더 활기차게 만들어야 한다고 생각했던 게
틀림없다. 칭찬해줄 만한 발상이다! 너무 순진한 감은 있지만.

이 객차들이 출현한 지 얼마 안 되어 그리고 그 후로도 꽤
오랫동안 나는 재미있는 현상을 관찰할 수 있었다. 한가한 시간대에
이 객차에 탄 승객들은 자신이 앉을 좌석을 마음대로 선택할 수

있었는데, 빨간색 좌석에 앉으려는 사람은 거의 없었다. 빨간색이
반감과 두려움을 불러일으키는 색이었기 때문이다(빨간색은 위험과
금지를 상징하는 색이지만 동시에 축제와 사랑을 뜻하기도 한다).
아무튼 빨간색은 불편하고 파란색보다 중립적이지 못해 보였던
것이다. 나는 사람들이 별로 없는 시간에 그 객차에 올라타
빨간 좌석에 과감히 엉덩이를 내려놓는 무모한 사람들을 직접
관찰하지는 못했다. 그러기에 적극성이 좀 부족했다. 빨간 좌석에
엉덩이를 내려놓는 사람들은 어떤 사람들일까? 젊은 사람들?
폭도들? RER을 타는 데 익숙지 않은 돈 많은 사람들? 빨간색과
파란색을 구분하지 못하는 색맹들? 이런 조사가 사회학과
관련된다는 데는 의심의 여지가 없다. 요즘은 그 좌석들이 낡고
때 묻고 손상되어 때로는 색을 구분하기 힘든데, 이 또한 안타까운
일이다. 앞으로 있을 쇄신을 기다려보자. 그때 우리는 불결함을
없애고 공공 교통수단에 색의 민족학을 실행하게 될 것이다.
그 새 좌석의 색 역시 빨간색과 파란색일까?

삼색 신호등

도시의 교통신호로 삼색 신호등을 처음 사용한 것은 언제일까? 30년쯤 전에 나는 이 질문에 대한 답을 찾으려고 애썼다. 당시 나는 도로 교통신호의 기원과 색에 부여된 역할에 관해 연구하고 있었다. 그 분야에 대해서는 진지한 연구가 드물었고, 신뢰할 만한 자료들도 별로 없었다. 국립도서관에서도, 국립문서보관소에서도 자료를 거의 찾아내지 못한 나는 그 주제에 관한 전문적인 연구 결과들을 보관하는 곳에서 제1차 세계 대전과 제2차 세계 대전 사이에 출간된 독일의 희귀 잡지에 실린 기사들을 찾아볼 생각으로 퐁에쇼세도서관에 갔다.

    파리의 생 페르 거리에 위치한 그 도서관은 당시 공사 중이었다. 그래서 교외의 별관으로 가야 했다. 그곳에서 자료를 찾아봤지만 실망스러웠다. 쓸 만한 자료가 하나도 없었고, 색인표에도 관련 항목이 전혀 없었다. 나는 낯을 가리는 성격인데도 불구하고 열람실에 있던 당직 사서에게 다가가 내가 찾고 있는 자료에 관해 물었다. 당직 사서는 괴로워하는 표정을 짓더니, 내가 한 질문을 의문문으로 요약해 나에게 되물었다. "빨간 신호등의 역사요?" 나는 유럽과 미국의 초창기 도로 신호 체계에 관해 폭넓게 연구하고 있다고 설명했다. 그 설명이 그에게 더욱 괴로움을 안겨준 것 같았다. 그는 열람실 안쪽 책상 앞에 앉아 있는 다른 직원에게 물어보겠다고 말했다. 그 직원은 아마도 그의 상관 같았다. 나는 그가 향하는 곳을 눈으로 뒤쫓았다. 두 사람은 몇 마디 대화를 나누고는 수상쩍어하는 눈길로 나를 바라보았다. 그런 다음 다시 대화를 나누었다. 상관인 듯한 직원이 자기 관자놀이에 검지손가락을 갖다대더니 뱅글뱅글 돌리면서 대화를 끝냈다. 그런 우스꽝스러운 주제에 대해 연구하다니 머리가 돈 사람 아니냐는 뜻인 듯했다. 또 그는 내가 그들의 시간을 쓸데없이 빼앗고 있다고 여기는 것 같았다. 일진이 나쁜 날이었다.

나는 퐁에쇼세도서관 혹은 그 임시 별관 방문을 소득 없이 마치고 밖으로 나왔다. 색의 역사가 하찮은 연구 주제가 아니라는 사실을 주변 사람들에게 이해시키기란 매우 어렵겠다는 생각이 굳어졌다. 내가 친척, 친구, 동료 혹은 학생들의 그런 몰이해에 부닥친 것은 그때가 처음이 아니었다. 최선의 경우에도 색의 역사는 '소사小史, petite histoire'로, 일화집 차원의 연구나 잡스럽고 외설적인 책의 주제 정도로 간주되었다. 최악의 경우에는 유치하고 모호하고 하찮은 관심사로 여겨졌다. 과학주의와 실증주의의 시대였던 1880년대에는 그렇지 않았다. 그러나 기호학의 시대, 정신구조사의 시대, 영광스러운 다영역성의 시대였던 1980년대의 상황은 그랬다!

　몇 년이 지난 뒤, 독일과 영국의 도서관에서 다양한 자료들을 접한 덕분에 나는 삼색 신호등의 역사에 대한 큰 윤곽을 구성할 수 있었고, 도로 신호 체계가 18세기에 탄생한 해양 신호 체계의 후손인 철도 신호 체계의 상속자임을 여러 관점에서 확인할 수 있었다. 바다에서와 마찬가지로 도로에서도 최초의 신호등은 두 가지 색, 즉 빨간색과 초록색이었다. 도시의 경우 최초의 신호등은 1868년 12월 런던 팰리스 야드와 브리지 거리 한쪽 구석에 설치되었다. 그 신호등은 회전식 가스등이었으며, 교통경찰이 수동식으로 조작했다. 그러나 설비의 불안정성 때문에 그 이듬해 신호등을 켜러 온 교통경찰이 폭발사고로 큰 부상을 입었다. 그럼에도 불구하고 런던은 이 분야에서 단연 선구적 행보를 보여주었다. 파리는 1923년에야 런던을 따라 했고, 베를린은 그 이듬해에 따라 했다. 파리 최초의 신호등은 세바스토폴 대로와 생 드니 대로가 만나는 네거리에 설치되었다. 그 신호등은 빨간색 한 가지였으며, 초록색은 1930년대 초에야 출현했다. 그 사이 두 가지 색의 신호등이 미국을 점령했다. 1912년 솔트레이크 시티에 설치되었고 1914년 클리블랜드에 설치되었으며, 1918년에는 뉴욕에 설치되었다.

　교통의 흐름을 통제하기 위해 왜 처음에는 바다에, 그 뒤에는 철도에 그리고 마지막에는 도로에 빨간색과 초록색 두 가지 색을 설치했을까? 빨간색은 지난 오랜 세월 동안 위험과 금지를 나타내는 색이었다(이미 성서시대부터 그랬다). 그러나 초록색은 허락이나 통행 허가와 아무런 관계가 없었다. 오히려 초록색은 무질서, 위반, 규칙과 기성 체제에 반하는 것을 대표하는 색이었다. 게다가 초록색은 흰색(예전부터 줄곧)이나 파란색(중세 중엽 이후)이 그랬듯이 빨간색의 반대색으로 여겨지지 않았다. 색의 분류는 18세기에 뉴턴의 이론이 인정받으면서 변화했다. 뉴턴은 스펙트럼을 발견했고, 이후 삼원색과 보색의 개념이 학계에 확산되었다. 빨간색은 삼원색의 하나이고 초록색의 보색으로, 이때부터 두 색이 짝을 이루기 시작했다. 빨간색은 금지의 색, 그 보색인 초록색은 자연스럽게 그 반대의 뜻을 지녀 차츰 허가를 의미하는 색이 되었다. 바다에서, 그 뒤에는 땅에서, 1780년과 1840년 사이에 통행을 허가할 때 '초록색 불을 주는 것'을 관습으로 삼게 되었다. 이렇게 색의 규범에 관한 새로운 역사가 수립되어 초록색은 통행 허가, 심지어 자유를 뜻하는 신호가 되었다. 오늘날에도 그렇다.

색과 디자인: 실패한 만남?

색은 일찍이 나를 패션계에 입문시켰다. 나는 유명한 디자이너 두세 명, 다양한 디자인 사무소 그리고 많은 패션 잡지 책임자들과 색의 유행 및 상징에 관한 몇 가지 아이디어를 공유할 기회가 있었다. 때때로 의견이 갈리기도 했지만(나는 색에 관한 전략을 설명하거나 합리화하기 위해 '이게 요즘 추세예요.'라고 표현하는 것을 절대 용납하지 않았다.) 대화는 항상 결실이 있었다. 디자인과 창조 산업에 종사하는 사람들과의 접촉은 생각보다 더 제한적이었다. 사실을 말하자면, 그들은 파리 그랑 팔레의 찬란한 유리창 밑에서 '디자인, 세기의 거울'이라고 명명된 대규모 박람회가 열린 해인 1993년보다 더 앞선 사람들은 아니었다. 그 박람회 책임자들은 나에게 카탈로그를 위한 글을 써달라고 요청했다. 그 글은 1880년대부터 20세기 말에 걸친 디자인과 색의 관계에 관한 총론으로, 같은 제목으로 플라마리옹 Flammarion 출판사에서 출간되었다.

사실 나는 그 주제에 관해 아는 것이 많지 않았다. 그래서 많은 책을 읽고 전문가들에게 자문을 하고 많은 조사를 했다. 그리고 놀랍게도(바우하우스의 경험은 별도로 하고) 색이 디자인 전문가들의 관심을 거의 끌지 않는다는 것을, 창작가들, 사회학자들 또는 역사학자들도 마찬가지라는 것을 확인했다. 이들의 침묵은 미술사가들의 침묵과 비슷하다. 미술사가들 역시 수십 년의 긴 세월 동안 색의 문제를 무시했다. 이것에 관해서는 나중에 다시 이야기하겠다.

창조 산업의 경우 디자인에 대해서는 오랫동안 많이 연구했지만 색에 대해서는 별다른 창의성을 보여주지 못했다. 보잘것없는 상징, 게으른 미학(색과 물건의 기능 사이에 조화를 이루는 것), 색에 관한 과학적 진실 그리고 그것들을 통제하게 해주는 시각적, 화학적 법칙에 대한 순진한 믿음 때문이었다.

조금 더 이야기해보겠다. 19세기 말과 20세기 초에 대량으로 생산된 가정용 제품들을 보면 색의 획일성 때문에 충격을 받을 정도이다. 거의 모든 제품이 검은색, 회색, 흰색, 갈색 계열이다. 강렬한 색은 드물다. 왜일까? 머릿속에 떠오르는 첫 번째 대답은 염색 기술 문제이다. 많은 물건을 강렬하고 다양한 색으로 생산하기에는 염색 기술이 좋지 못했던 것일까? 사실 전혀 그렇지 않았다. 그 시대에 유럽 사람들은 미리 선택한 색을 산업적 방법으로 완벽하게 만들어낼 수 있었을 뿐만 아니라(19세기 전에는 그러기 힘들었다.) 1860년대 이후부터는 색들이 더 다양해졌고 어떤 제품이든 그 색으로 염색할 수 있었다.

사실 그것은 염색 기술의 문제가 아니었다. 윤리적 문제였다. 최초의 가정용품, 최초의 만년필, 최초의 전화기, 최초의 자동차는 모두 검은색, 회색, 흰색 혹은 갈색이었다. 주황색, 빨간색, 레몬색은 없었다. 무엇보다 도덕적 이유 때문이었다. 19세기 말의 산업 사회에서 강렬한 색, 사람의 눈길을 끌고 주의를 포착하는 색은 정숙하지 못한 색으로 여겨졌다. 그런 색은 부득이한 경우 어쩌다 한 번씩만 써야 했다. 좀 더 중성적이고 점잖은 색들, 이를테면 회색이나 갈색 혹은 검은색과 흰색을 품위 있고 정숙한 색으로 여겼다. 그런 색조의 제품들을 대량 생산해야 했다. 디자인 역사의 초기에 색에 대한 도덕은 이렇듯 제한이 많았고, 그런 제한을 뛰어넘는 것은 힘든 일이었다. 이후 이런 천편일률적인 색에 대해 저항이 일어났고, 제1차 세계 대전 직후 시장에 선보인 물건들의 색은 좀 더 밝고 거침없고 다양해졌다(이런 변화는 20세기 초 예술혁명이 일어나는 데 한몫을 담당했다). 그런데 소비자 대중은 이런 변화를 기발하거나 우스꽝스러운 일종의 농담으로 받아들였다. 그리하여 이런 변화는 대중문화에서 부차적인 현상으로 머물렀다(우리가 자주 잊는 사실이다).

    그 후 과학에 대한 믿음이 증가하고 '색에 관한 진실들'을 추구하게 됨으로써 디자인계는 색에 대해 지나치게 단순한 태도를 갖게 되었다. 그들은 물건의 형태, 색, 기능을 서로 일치시키려고 노력했고, 최근까지도 색에 관한 자연 그대로의 현실을, 거의 생리학적인 현실을 믿었다. 순수한 색과 불순한 색, 따뜻한 색과 차가운 색, 가까운 색과 먼 색, 역동적인 색과 정체된 색, 흥분을 불러일으키는 색과 흥분을 가라앉히는 색이 정말로 존재하는 것처럼 말이다. 디자인계는 색의 상징이 가진 협소한 문화적 특성을 잊은 채 색에 관한 '보편적 규범'을 만들려고 했다. 요즘 사람들은 이런 말을 들으면 웃을 것이다. 실제로 디자인계의 이런 야망은 기능적 만족감과 미학적 만족감 사이에 조화를 이루겠다는 그들의 목적과 달리 소비자들에게 줄곧 반감을 주었다. 이를테면 물과 관련된 제품이 모두 파란색일 수는 없고, 불과 관련된 제품이 모두 빨간색일 수도 없다. 마찬가지로 자연과 관련된 것이 모두 초록색일 수도 없고, 태양이나 여름휴가와 관련된 것이 모두 노란색이나 주황색일 수도 없다. 병원의 입원실을 모두 흰색과 파란색으로 칠할 수는 없고, 빠르게 달리는 자동차가 모두 빨간색인 것도 아니다. 어린아이들이 갖고 노는 장난감이라고 해서 모두 강렬하고 선명한 색으로만 만들어야 하는 것도 아니다. 유명한 요하네스 이텐Johannes Itten이 1922년에 바우하우스 학생들에게 했고 디자인계가 수십 년 동안 모토로 삼은 말이 있다. "색의 법칙은 영원하고 절대적이고 시간을 초월하며, 예나 지금이나 똑같이 유효하다." 이 말은 그때껏 사람들이 색에 관해 한 말 중 가장 터무니없는 말이었다.

과학적 이론에 지나치게 기댄 이런 믿음은 산업 디자인계의 색 선택을 제한하고 그르치게 했다. 초록색이 전형적인 예이다. 현대 과학과 현대 예술, 이를테면 몬드리안Piet Mondrian이나

뒤뷔페Jean-Philippe-Arthur Dubuffet 등은 초록색에 삼원색, 즉 으뜸색의
위상을 부여하기를 거부했고, 초록색은 보색 계열로, 노란색과
파란색을 섞었을 때 나오는 일종의 이차색으로 절하시켰다. 그런데
디자인계가 초록색에 부여한 이런 위상은 모든 전통과 용례에
반대되었다. 대중의 감수성은 그것에 상처입고 충격받고 심지어
당황하기까지 했다.

    색에 관해 디자인계가 또 하나 잘못 생각한 것은 유행이라는
요소였다. 유행이란 일시적이고 미묘하고 통제할 수 없고
비개인적인 영역이다. 그렇다고 집단적인 영역도 아니며, 심리학적
접근도 쉽지 않고 사회학적으로 명쾌히 분석할 수도 없다.
유행을 만들어내는 제어하기 힘든 매개변수는 격차와 약화이다.
패션계에서(비단 의복만이 아니라) 색의 결합은 그것이 다른 색이나
다른 색의 결합과 격차를 만들어낼 때에만 매력적이고 가치 있다.
그때까지의 관습이나 전통, 언제든 사용할 수 있고 빈번하고
흔한 것들과 단절될 때만 가치가 있다. 디자인계가 생각한 것처럼
'그 물건이 가진 형태 및 기능과 조화를 이룬다.'는 이유로 가치 있는
것은 아니다. 창조 산업의 궁극적 목적이기도 한 이런 색 또는
색의 결합을 대량 생산하는 것은 성공하지 못하도록 혹은
일시적인 성공만 하도록 선고받는 것이나 다름없다. 유행은 빠르고
변덕스러우며, 다른 요인들을 위한 것이라기보다는 색 자체를
위한 것이다. 자동차들이 모두 검은색이었을 때는 빨간색, 파란색
또는 초록색 자동차를 갖는 것이 유행이었다. 자동차들이 강렬한

색으로 도색되었을 때 최고의 유행은 회색 자동차를 소유하는
것이었다. 디자이너들의 연구와 대량 생산 법칙은 같은 장소,
같은 시대에 다양한 사회 계층, 다양한 연령대, 다양한 사회적·
직업적 그룹들이 각각 고유의 가치를 가진 만큼 위험하고,
교묘하고, 밖에서는 이해하기 힘들고, 한 방향으로 수렴할 수 없고,
고정하기 힘들고, 사소한 자극에 언제든 전복되고 파괴되고
변모될 준비가 되어 있는 함정에서 결코 벗어날 수 없었다.

  이런 까닭에 역사학자들이 유행을 통제하거나 회복시키기 위한
모든 디자인적 시도를 실패 혹은 절반의 실패로 보았던 것이다.
창조 산업의 궁극적 목적과 윤리를 왜곡할 때에만 그런 시도의
성공이 가능했다. 다시 말해 대량 생산을 포기하고 비싸지 않은
가격으로(디자인이 가지는 본질적인 두 가지 속박), 계층을
표시해주는 호사스러운 물건들처럼 처음부터 가정용품 시장에
내놓아야만 가능했다. 이런 시도는 유행이라는 소용돌이와
경제 법칙, 속물주의의 우여곡절에 붙들린 나머지(다른 현대적
창조물들처럼) 그런 태도에서 발전적으로 벗어나는 일이 드물다.
"추한 것은 잘 팔리지 않는다."고 레이먼드 로위Raymond Loewy는
말했다. 맞는 말이다. 하지만 돈을 벌기 위해 예쁘게 만드는 것은
또 다른 종류의 추함은 아닐까?

색 소비하기

색에 관한 내 연구들이 조금씩 알려지기 시작하자, 나는 단색으로 구성된 저녁 식사 초대라는 괴로운 의식을 여러 차례 치러야 했다. 집주인들은 내가 기뻐할 거라는 생각에 혹은 자신들의 기발함과 재간을 보여주고 싶은 마음에 모든 요리들이 하나의 색채로 구성되는 식사를 준비했다. 때로는 테이블 장식까지 똑같은 색이었다. 그러나 나는 고심한 기색이 역력한 그런 연출이 기쁘지 않고 당혹스럽기만 했다. 게다가 눈의 즐거움이 입의 만족까지 보장해주지는 못했다. 한 가지 색으로 요리를 구성하려는 노력은 눈에는 즐거울 수 있지만 입맛에는 해를 끼치는 경우가 많았던 것이다. 공감각이라는 이론이 있기는 하지만 색이 곧 맛은 아니다.

사실 1980년대의 이 '단색의 식사'는 최초로 출현한 유행은 아니었다. 1950년대에 이미 그런 것이 유행했고, 좀 더 거슬러 올라가 1910년대에서 1920년대에 미래파 예술가들의 영향하에 영광의 시대를 맞이한 적도 있었다. '단색의 식사'는 현대성에 대한 찬양과 어깨를 나란히 했다. 더 옛날로 거슬러 올라가면, 중세 말

여러 연회에서 그런 식사(문장紋章의 색이나 왕자의 옷 색깔에 맞춰 물을 들인 음식)를 발견할 수 있다. 더욱 옛날로 거슬러 올라가면 로마 제국의 미식법에서도 그런 예가 발견된다. 그러므로 20세기 말의 보보스 혹은 얼간이들의 식탁이 그다지 새로울 것은 없는 셈이다.

창의성도 그다지 풍부하지 않다. 1980년 이후 이런 식사를 차리고 싶어하는 집주인들을 위해 여러 메뉴를 제안하는 책들이 많이 출간되었다. 불가피한 일이지만 이 책들은 파란색 식사를 연출하기 어렵다는 점을 특히 강조했다. 자연에서 나는 식재료 중 파란색은 거의 없지만 보라색은 있다. 검은색도 있다. 빨간색은 훨씬 많다. 그렇다면 파란색은? 그러므로 '파란 식사'를 차리려면 속임수를 쓰거나 진짜 색보다는 파란 송어, 블루 치즈 등 식품 및 조리법의 이름에 호소해야 했다. 옛날에 아구창을 진정시킬 때 썼고 오늘날에는 아쿠아리움의 물을 파랗게 물들이는 데 사용하는 독소 없는 메틸렌으로 흰색 식재료(쌀, 파스타, 삶은 달걀, 셀러리, 꽃상추, 생선 등)를 파랗게 물들이는 방법도 있다. 이렇게 해서 얻은 색조는 매혹적이고 요리에 예기치 않은 효과를 가져온다. 요컨대 지나치게 인공적인 염료에 의지하지 않고 식재료에만 의지해 음식을 다양한 색으로 물들일 수 있다. 예를 들어 양파 껍질을 쓰면 예쁜 베이지색이나 밝은 갈색을 얻을 수 있고, 시금치, 파, 피스타치오와 몇몇 허브를 사용하면 아주 예쁜 초록색을 얻을 수 있다. 사프란을 이용하면 강렬한 노란색을 얻을 수 있고, 아티초크를 삶은 물로는 멋진 청록색을 얻을 수 있다. 갑오징어 먹물로는 짙은 검은색을 얻을 수 있다. 빨간색, 분홍색, 보라색을 얻고 싶을 때는 순무, 빨간 배추, 까막까치밥나무 열매, 나무딸기, 월귤 등 이용할 수 있는 재료가 하도 많아서 고르기가 당혹스러울 정도이다.

자연 염료를 사용해서 단색의 메뉴를 마련하는 것은 파란색을 내려고 할 때를 제외하고는 아무런 문제가 없다. 아래에 간단한 예를 들어보겠다.

빨간색 : 순무, 붉은 참치살, 빨간 강낭콩, 딸기
주황색 : 강판에 간 당근, 훈제 대구, 단호박 퓌레, 오렌지 샐러드
흰색 : 꽃상추 샐러드, 생대구살, 쌀, 하얀 치즈, 리치
초록색 : 오이 샐러드, 토르텔리니 파스타, 양상추, 피스타치오 과자
밤색 : 렌즈콩 샐러드, 구운 쇠고기, 밤 퓌레, 초콜릿 무스
검은색 : 물미거지 알, 타프나드, 갑오징어 먹물 리조토, 양귀비 과자

이 방면에서 예술가, 시인, 소설가들은 요리사를 능가한다. 예를 들어 1978년에 출간된 『인생 사용법 La Vie mode d'emploi』에서 조르주 페레크는 모로 부인이 자기 집의 하얀 식당에서 단색의 식사를 준비하는 모습을 다음과 같이 묘사했다.

맨 처음은 노란 식사였다. 부르고뉴식 구제르,[4] 네덜란드 식 곤들매기 순대, 사프란을 넣은 구운 메추라기 고기 스튜, 옥수수 샐러드, 레몬과 번석류로 만들고 헤레스산 백포도주를 곁들인 셔벗, 샤토 샬롱,[5] 샤토 카르보니외,[6] 그리고 소테른 지방의 백포도주를 넣은 차가운 펀치.

더 유명한 것은 조리 카를 위스망스가[7] 자신의 소설『역로 À rebours』 1884에서 묘사한 장례식 식사 장면이다. 이 작품은 상징주의 문학 선집의 일부로 수록되어 있다. '검은 벽지를 바른 식당'에서 '숨겨진 오케스트라가 장송곡을 연주하는 가운데' '벌거벗은 흑인 여자들'이 식사 시중을 드는데, 검은색, 갈색, 보라색 음식과 음료만 나온다.

우리는 검은 테가 둘러진 접시들에 담긴 음식, 즉 거북이 수프, 러시아 호밀빵, 익힌 터키 산 올리브, 캐비아, 숭어 어란, 프랑크푸르트 훈제순대, 감초와 밀초즙 소스를 친 송로버섯 젤리, 용연 향을 낸 초콜릿 크림, 푸딩, 천도복숭아, 포도즙을 섞은 과일잼, 나무딸기와 버찌를 먹고, 어두운 빛깔의 유리잔에 담긴 리마뉴산, 루시용산, 테네도스산, 발 드 페냐스산, 포르투갈산 포도주를 마시고, 커피와 호두주를 마신 뒤 호밀 맥주, 영국산 흑맥주, 아일랜드산 흑맥주 스타우트를 맛보았다.

내가 초대받아 참석한 식사에 나온 단색의 메뉴들은 이런 정도의 겉치레나 풍부함에는 다다르지 못했다. 사실 그 메뉴들은 책이 아니라 접시 안에 자리 잡고 있었다. 나는 그 음식들을 별로 맛보지 않았지만, 최악의 것이 무엇인지는 잘 안다. 바로 한 가지 재료로 전체를 구성한 식사이다. 채식 재료 말고 육식 재료로 말이다. 그런 식사는 고문이나 다름없다! 돼지고기의 역사와 상징에 관한 내 연구 때문에 리옹의 어느 음식점 사장이 나를 자기 식당에 초대해 그 주제에 관해 강연을 하게 하고는 100명가량 되는 참석자들에게 돼지고기 한 가지를 주재료로 한 점심을 대접했다. 그 점심은 무겁고 기름졌다. 아주 무겁고 아주 기름졌다. 나는 그날 참석자들이 식탁에 나온 디저트를 억지로 먹지 않기를 바랐다. 설탕을 친 차가운 순대가 돼지피와 월귤잼으로 만든 소스 안에서 헤엄치고 있었던 것이다!

1 보보스 bobos
   부르주아이면서도 보헤미안적 예술 감각을 추구하는 사람들을 일컫는 말.
   미국 신경제의 활황이 낳은, 문화와 소비를 주도하는 새로운 계층이다.
   미국 기자 데이비드 브룩스가 쓴 『천국에 사는 보보스』라는 책에서
   처음 사용되었다.

2 토르텔리니 파스타
   소를 넣은 초승달 모양의 껍질 양끝을 비틀어 붙여 고리 모양으로 만든 파스타.

3 타프나드
   양각초의 꽃봉오리, 검은 올리브, 으깬 멸치 따위로 만드는
   프로방스 지방의 샐러드 소스.

4 구제르
   치즈를 넣은 과자.

5 샤토 샬롱
   프랑스 쥐라 지역 고유의 품종인 사바냥 포도로 만든
   견과류 향이 강한 노란빛의 포도주.

6 샤토 카르보니외
   보르도에서 조금 떨어진 페사크 레오냥 지역에서 생산되는 백포도주.

7 조리 카를 위스망스 Joris-Karl Huysmans 1848-1907
   프랑스의 상징주의 소설가. 『대성당』 『피안』 『수도자』 등의 작품을 남겼다.

예술과 문학   les arts et les lettres

어느 화가의 작업실에서

나는 그림에 투신하려고 마음먹은 적은 전혀 없지만 일찍부터
화가들과 그림에 친숙했다. 그런 친숙함 덕분에 어린 시절부터
색에 관심을 갖게 되었을 것이다. 내 어머니의 삼촌 세 분이
화가였다. 나는 그 세 분 중 딱 한 분, 레이몽이라는 분만 알았지만.
내 외가 쪽은 종조모들, 외삼촌과 이모들, 외사촌들 그리고
심지어 마흔여섯 살에 돌아가신 외증조모까지 집들이 모두
그림들로 꽉 차 있었다. 그림들 중 어떤 것은 호수가 아주 컸다.
친가 쪽은 화가는 없었지만, 가깝게 지내는 친구들 중에는 화가가
있었다. 그들은 모두 가깝든 멀든 초현실주의 세력권에 속하는
예술가들이었고, 그림으로 생계를 꾸리려고 애썼다.

 내 아버지보다 연상이고 아버지와 오랫동안 우정을 나눈
마르셀 장Marcel Jean도 그랬다. 마르셀 장은 몽마르트르묘지에서
가까운 에제지프 모로 거리의 언덕 밑에 작업실을 갖고 있었다.
아버지는 일요일 아침 이른 시각 그 작업실에 나를 데려갔다가
르피크 거리를 거슬러 올라 장을 보러 가곤 했다. 그런 날이면

나에게는 그야말로 잔칫날과 다름없었다.

'에제지프'라는 괴상한 이름이 붙은 거리에 위치해 있던 그 작업실은 내 눈에는 알리바바의 동굴처럼 보였다. 그도 그럴 것이, 마르셀 장은 유화, 고무수채화, 수채화, 파스텔화, 목탄화 등 거의 모든 기법으로 그림을 그렸으니 말이다. 그 여러 기법들 중 하나가 특히 나를 매혹시켰다. 바로 플로타주 기법이었다. 그 기법으로 그림을 그리려면 커다란 나무통이 필요하다. 나무통에 물을 담고 가루 안료를 넣으면 안료가 녹거나 바닥에 가라앉지 않고 수면에 뜬다. 그 물통 안에 종이를 살짝 미끄러뜨린 뒤 빼면 특이한 모양의 색색의 얼룩 자국이 종이에 남는다. 그 얼룩 자국들은 필경 대단한 의미가 있는 것 같았고, 마르셀 장은 그 종이에 거의 가필을 하지 않았다. 때때로 아버지는 그 종이에 자신이 쓴 운문이나 산문으로 된 짤막한 시구를 적어 넣었다. 내 누이동생 이자벨은 초록색과 파란색이 주를 이루는 마르셀 장의 신비롭고 아름다운 플로타주 한 점을 고이 간직했는데, 운 좋게도 그 플로타주에는 내가 좋아하는 아버지의 시구가 적혀 있었다. 간결하고도 감미로운 시, "사랑했던 것을 기억하네."라는 아름다운 8음절 시구로 끝나는 시였다.

마르셀 장은 특히 유화를 많이 그렸고, 그래서 그의 작업실에는 유화 물감 튜브 수십 개가 아무렇게나 널려 있었다. 나는 그 물감들을 가지고 놀거나 그림을 그려도 된다고 허락받았다. 그리 흔한 일은 아니었지만, 기분이 아주 좋은 일요일이면 다 써서 곧 쓰레기통에

버려질 운명의, 내가 볼 때는 상태가 아주 좋은 튜브 물감 몇 개를
가져도 된다고 허락해주기도 했다. 물감들을 가지고 놀면서
내가 진정한 창작의 행복을 느꼈다기보다는 눈으로 보고 손으로
만지는 게 즐거웠다. 사실 거의 다 쓰고 말라붙어 십중팔구
잘 열리지 않는 튜브 물감들은 그림을 그리는 데는 전혀 쓸모가
없었기 때문이다. 뚜껑을 제거하는 것이 실질적으로 불가능했을 뿐
아니라 나는 유화를 그리는 데 필요한 도구도 지식도 없었다.
하지만 그런 보물을 가지고 있는 것이, 그것들을 색깔별로 분류하고
납으로 된 무겁고 광택 없는 표면을 어루만지는 것이, 시샘하는
내 친구들, 특히 크리스티앙에게 그것들을 보여주는 것이 몹시
자랑스러웠다. 크리스티앙은 여러 색으로 이루어진 색연필 한 상자
(아마도 24색이었을 것이다. 그 시절에는 24색도 대단했다.)를 가지고
있었는데, 그것으로 그림을 그리는 것은 무리이고 색칠하는 것만
가능했기 때문이다.

    당시 나는 채 열 살도 안 되었지만, 색들을 분류하는 것은
내가 자주 되풀이하는 즐거운 경험이었다. 어머니의 약국에서
그리고 마르셀 장의 작업실에서 나는 색에 관한 비밀스러운
질서가 존재한다고 상상했다. 그 질서는 어른들에 의해 뒤집혔고,
내가 그것을 되찾거나 아니면 복구시켜야 한다고 믿었다. 약상자와
튜브 물감들(값진 물건인 동시에 멋진 장난감)은 그 임무를 행하게
해주는 특별한 지원군이었다. 몇 년이 지난 뒤 나는 학교에서가
아니라 그 두 '색의 실험실', 즉 약국과 화가의 작업실에서

색에 관한 개인적 원칙 몇 가지를 수립했다. 그 원칙들은 특별히
독창적이지는 않았지만 일찍 얻어졌고, 이후 나는 그것에 대해
다시 문제를 제기하지 않았다. 역사학자가 된 뒤에도 마찬가지였다.
나는 색에 관한 보편적 진실이란 존재하지 않는다는 것을, 색은
시대와 사회에 따라 변한다는 것을 깨달았다.

어린 시절에 수립되었고 성인기까지, 연구자로서의
내 작업에까지, 심지어 내 조촐한 '일요화가' 활동에까지 나를
따라다닌 그 원칙들은 다음과 같다.

검은색과 흰색은 흠 없는 특별한 색이다.

기본색은 검은색, 흰색, 빨간색, 파란색, 노란색, 초록색
딱 여섯 가지이다.

그다음에는 사람들이 '절반의 색demi-couleurs'이라고 부르는
이차색 다섯 가지, 즉 회색, 갈색, 분홍색, 보라색, 주황색이 있다.

이 외의 다른 색들은 색조 또는 색조의 색조일 뿐이다.

두 시대 사이의 화가

나는 책 속에서 자랐다. 아주 어렸을 때 나는 존재와 사물의
진실이 일상생활 속이 아니라 서재에 존재한다는 것을 깨달았다.
내 아버지의 서재에는 1만 5,000권가량의 책이 있었는데,
그중에는 미술에 관한 책이 상당 부분을 차지했다. 특히 초현실주의
회화에 대해 다룬 책들이 아주 많았다. 그러나 아버지는 좀 더
일반적이고 나 같은 어린아이들이 쉽게 볼 수 있는 책들도 가지고
계셨다. 나는 책에 실린 흑백사진 보기를 좋아했다. 그 사진들은
책장 아래쪽에 줄지어 꽂힌 두꺼운 책들 속에 실려 있었다. 그 책들
가운데 유독 내 호기심을 끄는 책이 한 권 있었다. 루이 디미에
Louis Dimier가 편집을 이끈 『프랑스 회화사L'Historie de la peinture
française』1934년 제2판였다. 그 책은 비슷한 두께의 책 두 권으로 나뉘어
출간되었는데, 1권에 '시몽 부에의 로마로부터의 귀환의 기원
Des origines au retour de Simon Vouet de Rome'이라는 부제가 붙어 있었다.
이 부제가 나를 어리둥절하게도 하고 꿈꾸게도 했다.

'시몽 부에의 로마로부터의 귀환의 기원.' 책의 부제치고는

상당히 이상한 문구였다! 대체 무엇에 대한 책일까? 매우 독특한 모험에 관한 책이 틀림없었다. 하지만 『삼총사Trois Mousquetaires』 시대에 로마에 갔다가 다시 파리로 돌아와 프랑스 회화계 전체를 뒤흔들었다는 시몽 부에는 도대체 누구란 말인가? 그는 무엇을 가져왔을까? 프랑스에 알려지지 않은 안료? 휘황찬란한 이탈리아 빨간색? 비할 데 없는 초록색? 바다 너머의 파란색? 나에게 그림이란 지금도 그렇지만 무엇보다도 색이었다. 그때 나는 시몽 부에와 그의 그림에 대해 아무것도 몰랐다. 그가 가장 위대한 프랑스 화가로 꼽히며, 로마에서 그가 돌아온 사건을 기점으로 하여 프랑스 회화사가 두 시기로 구분된다는 것을 알고 깜짝 놀랐다. 그는 분명 천재였다. 비유해서 말하자면 프랑스의 라파엘로Raffaello 혹은 프랑스의 베르메르Vermeer였다. 이 두 화가는 내가 아는 가장 위대한 화가들이었다. 그 책은 이상하게도 도판이 비교적 풍부하지만 전부 흑백이었고, 1권에서도 2권에서도 부에의 그림을 단 한 점도 보여주지 않았다. 텍스트 또한 내게 시사하는 바가 아무것도 없었다. '골la Gaule의 영혼에 적응된 바로크' '프랑스계 로마인 화가들 중 가장 마술적인' 같은 말은 도대체 무슨 뜻이란 말인가?

 이 수수께끼는 내 성인기까지 풀리지 않았다. 청소년기에 내 회화적 관심은 17세기 프랑스 회화가 아닌 다른 곳에 가 있었다. 당시 나는 중세의 그림을 제일 좋아했고, 채색삽화에도 매혹되어 있었다. 국립도서관 수사본관의 관리인이었던 친척 리즈 아주머니

덕분에 채색삽화가 실린 수사본들에 홀딱 빠지면서 아버지가 좋아했던 근현대 회화에서는 멀어졌다. 그런 탓에 수수께끼 같은 인물 시몽 부에에 관해 더 알고 싶은 호기심이 생기지 않았다. 시간이 더 흘러 대학생이 되자 모든 것에 호기심이 생겼고 뚜렷한 동기 없이 큰 도서관의 인기 있는 책들을 보는 것도 좋아하게 되었다. 그러다가 부에가 로마에 10년 동안 체류했고, 거기에서 '프랑스 화가들 중 가장 이탈리아적인' 화가가 되었다는 사실을 우연히 알게 되었다. 그에게 지원금을 준 루이 13세는 1627년에 부에를 파리로 다시 불러들였고, 부에는 왕명을 따랐다. 부에는 새로운 안료도, 그때껏 알려지지 않은 색도 가져오지 않았다. 그는 이탈리아 바로크 회화에서 비롯된 예술이론들을 가져왔다. 그는 작업실을 열었고 외스타슈 르 쉬외르와 샤를 르 브룅을 제자로 길러냈으며, 궁정의 수석화가가 되었다. 말년에는 푸생의 경쟁자였다. 시몽 부에는 특별히 로마적인 빨간색도, 비할 데 없는 초록색도, 바다 너머의 파란색도 유행시키지 않았다. 그의 색채는 동시대 화가들과 별반 다르지 않았다. 나는 실망했다.

1 시몽 부에 Simon Vouet 1590-1649
   프랑스의 화가. 1611년 프랑스 대사를 따라 콘스탄티노플에 갔고,
   1612-1627년에는 이탈리아에서 그림을 그렸다. 그 후 루이 13세의
   명으로 귀국하여 궁정 수석화가로서 왕궁의 장식화를 그렸다.
   이탈리아 바로크 회화의 영향으로 투시도법을 적극 활용함으로써
   보는 사람에게 환상을 일으키게 하는 대담한 구도를 전개했다.

2 외스타슈 르 쉬외르 Eustache Le Sueur 1616-1655
   프랑스의 화가. 프랑스 고전주의의 창시자 중 한 사람이며,
   '프랑스의 라파엘로'라고 불린다.

3 샤를 르 브룅 Charles Le Brun 1619-1690
   프랑스의 화가. 일찍부터 재능을 발휘하여 19세에 궁정화가로 임명되었다.
   로마에 유학해 바로크 화가들에게 많은 영향을 받았으며, 1664년에는
   수석 궁정화가가 되었다. 〈알렉산드로스 대왕의 생애〉 등의 작품을 남겼다.

4 푸생 Nicolas Poussin 1594-1665
   17세기 프랑스 최대의 화가이며 프랑스 근대 회화의 시조.
   장대하고 정연한 화면 구성과 정취로 프랑스 회화에 큰 영향을 끼쳤다.
   〈계단 위의 성가족〉〈아폴론과 다프네〉 등의 작품을 남겼다.

영화관에서

내가 영화관에서 본 최초의 영화는 리처드 플레이셔가 연출하고
커크 더글러스Kirk Douglas, 제임스 메이슨James Mason, 피터 로르
Peter Lorre가 주연을 맡은 〈해저 2만리〉였다. 그때는 1954년이었고
내 나이 겨우 일곱 살이었다. 그 영화는 총천연색이었는데,
그 시절 총천연색 영화는 그리 흔치 않았다. 영화광들의 말에
따르면, 그 영화는 쥘 베른의 동명 원작을 스크린에 옮긴 여러 편의
영화들 중 가장 훌륭한 영화 중 하나라고 한다. 불행하게도 나는
이후 그 영화를 다시 보지 못했다.

    이 뚜렷한 최초의 경험에도 불구하고 나에게 영화는 여전히
흑백의 예술로 머물러 있다. 나는 '진짜' 영화는 흑백영화이고
영화의 역사는 본질적으로 흑백의 역사라고 믿는 세대에 속한다.
때때로 나는 색이 제7의 예술인 영화를 변질시킨 것으로 느꼈다.
아마 내가 좋아한 영화들이 모두 흑백영화였기 때문일 것이다.
좋아하는 영화로는 우선 미조구치 켄지 감독의 〈우게쓰 이야기〉
1953가 있다. 나는 이 영화를 지금껏 나온 가장 아름다운 영화로

꼽는다. 비 내리는 밤에 호수를 건너는 장면이 물의 반짝임,
반사되는 달빛, 노 젓는 소리, 멀리서 들리는 북소리와 결합되어
영화의 역사를 통틀어 가장 감동적으로 보였다. 그다음으로는
잉마르 베리만 감독의 〈익살꾼의 밤〉1953과 〈제7의 봉인〉1957이
있다. 장 르누아르 감독의 〈게임의 규칙〉1939, 찰스 로턴 감독의
〈사냥꾼의 밤〉1955, 페데리코 펠리니 감독의 〈8과 1/2〉1963,
〈나는 기억한다〉1973도 있다. 내가 꼽는 목록은 전혀 독창적이지
않다. 이 영화들은 각종 분류와 인기 순위에서 늘 수위를 차지한다.
나는 매우 평범한 취향을 가진 영화광인 것이다.

 그럼에도 불구하고 색의 역사에 관한 연구 덕분에 초기
영화들에 관심을 갖게 되었고, 흑백에서 컬러로의 이행이 비단
기술적 측면에서뿐만 아니라 사회적·도덕적 측면에서도
많은 어려움과 저항을 불러일으켰다는 사실을 확인할 수 있었다.
뤼미에르 형제 frères Lumière 영화의 첫 공식 상영(유료)은 1895년
12월 28일 파리 카퓌신 대로의 그랑 카페에서 있었다. 그 이듬해에,
그리고 이후 30년 동안 초기 영화에 색을 부여하기 위한 활발한
연구들이 행해졌다. 그중 어떤 연구들은 성과가 있긴 했지만
상업영화에 적용할 수는 없었다. 그래서 대중이 접하는 영화
영상은 오랫동안 흑백에 머물러 있었다.

 영화를 컬러로 제작하는 기술상의 난점은 그야말로 엄청났다.
우선 수작업으로 채색을 하고 색에 따라 하나씩 형판을 떠서
포지티브 필름에 윤곽을 드러냈다. 붓으로 일일이 색을 칠해야

했기 때문에 시간이 많이 걸리는 섬세한 작업이었고, 장편영화에 적용하기는 불가능했다. 또한 연출할 때부터 배경, 의상, 분장을 미리 염두에 두어야 했다. 이후에 사용된 방법은 염료를 푼 양동이에 필름을 담가 물을 들이는 기법이었다. 이 기법은 상당히 널리 퍼져 보편적 규범이 되었다. 이 기법에서는 같은 유형의 연출에 늘 같은 색의 염료를 사용했다. 밤은 파란색, 바깥은 초록색, 위험은 빨간색, 기쁨은 노란색이었다. 그러나 이것을 컬러영화라고 부를 수는 없었다. 이 기법 다음에는 채색 필름을 사용했다. 서로 다른 세 가지 색의 필름을 겹쳐서 여러 가지 색을 얻을 수 있게 되었다. 1932년, 최초의 컬러 만화영화가 개봉되었다(유명한 월트 디즈니의 〈어리석은 심포니〉 중 한 편). 그러나 진짜 컬러영화가 나오기까지는 아직도 3년을 더 기다려야 했다. 1935년에 나온 루벤 마물리안의 〈베키 샤프〉 말이다.

사실 컬러영화 초창기를 지배했던 색채 영화 기법의 한 방식인 테크니 컬러 기법은 1915년이 되자 조정되었다. 이 기법은 1930년대 중반까지 계속 개선되었고, 제2차 세계 대전 전에 마이클 커티즈 감독의 〈로빈 후드의 모험〉1938이나 빅터 플레밍 감독의 〈바람과 함께 사라지다〉1939 같은 걸작의 촬영을 가능하게 해주었다. 그러나 기술적으로만 볼 때는 훨씬 더 일찍 컬러영화가 제작될 수 있었다. 컬러영화가 대중에 보급되기까지 시간이 걸린 것은 기술적, 재정적 이유 때문만은 아니었다. 도덕적 이유도 큰 부분을 차지했다. 1915년부터 1920년 무렵 영상 산업을 통제했던 엄격한 자본가들(미국은 물론 유럽의 신교도들)은 살아 움직이는 영상을 경박하고 외설적인 것으로 여겼다. 살아 움직이는 컬러 영상을 대중에게 제공한다는 것은 혐오스러운 행위였다. 이런 이유로 기술의 발전과 컬러영화의 실제 출현 사이에 20년이라는 격차가 발생한 것이다.

제2차 세계 대전 후 컬러영화는 더욱 널리 확산되었지만, 수적으로 흑백영화를 추월한 것은 1970년대 초반에 이르러서였다. 그러나 컬러 영상의 비현실적 특성을 규탄하는 탐미주의자와 제작자들이 여전히 많이 있었다. 사실 색은 텔레비전이나 잡지에서 그렇듯이 영화에서도 자연스러운 광경이나 일상생활과 비교할 때 과장되고 왜곡된 자리를 차지한다. 그러나 대중은 흑백으로의 회귀를 거부했다(진정한 영화광들은 여전히 흑백을 요구했다). 최근 흑백으로 구상되고 촬영된 오래된 영화에 '색을 입히는' 작업이 시행되었다. 이런 작업은 컬러를 선호하는(특히 미국에서) 대중의 취향을 잘 반영한다. 미국의 텔레비전 시청자들은(그리고 틀림없이 곧 유럽의 시청자들도) 옛 흑백영화 보는 것을 싫어해서 그들이 텔레비전을 보게 하려면 그런 영화에 '색을 입혀야'(표현이 혐오스럽다.) 했다. 이런 작업은 1980년대에서 1990년대에 행해졌고, 영화의 법적, 윤리적, 미학적, 예술적 측면에 대한 논쟁을 불러일으켰다.

오늘날에는 흑백영화를 찍는 것이 컬러영화를 찍는 것보다 비용이 더 많이 든다(사진도 마찬가지이다). 어떤 창작자들은 더 매력적이고, 더 분위기 있고, 더 '영화적인' 흑백영화에 새로운 가치를 부여했다. 나이 든 영화광들은 어떤 속물근성 때문에 영화관에 가서 컬러영화 보는 것을 거부한다. 물론 우리는 이런 관점을 공유하지 않을 수도 있다. 그러나 영화가 역사적으로나 신화적으로 흑백의 세계임을 인정해야 한다. 옛날 영화에 색을 입혀봐야 아무것도 달라지지 않을 것이다.

1 리처드 플레이셔 Richard Fleischer 1916-2006
  미국의 영화감독. 〈해피타임〉〈난폭한 토요일〉〈바라바〉
  〈왕자와 거지〉 등의 영화를 연출했다. 〈죽음을 위한 설계〉로
  1949년 아카데미 최우수 다큐멘터리상을 수상했다.

2 미조구치 켄지 溝口健二 1898-1956
  신문사 광고 디자인 일을 하다가 영화배우가 되었고,
  이후 감독이 되어 많은 영화를 연출했다. 〈밤의 여인들〉〈게이샤〉
  〈소문의 여자〉〈치카마쓰 이야기〉 등을 연출했으며,
  베니스영화제 은사자상을 수상했다.

3 잉마르 베리만 Ingmar Bergman 1918-2007
  스웨덴의 영화감독이자 연극 연출가. 〈제7의 봉인〉을 비롯하여
  전후 세계 영화의 금자탑으로 지목되는 〈산딸기〉〈침묵〉 등
  많은 영화를 남겼으며, 연극 연출 분야에서도 활약했다.

4 장 르누아르 Jean Renoir 1894-1979
  프랑스의 영화감독. 타고난 조형감각으로 휴머니즘 넘치는
  명작을 남겼다. 제1차 세계 대전을 배경으로 한 〈위대한 환영〉은
  영화사에 길이 남을 만한 걸작이다. 그 외에 〈밑바닥 인생〉
  〈강〉 등의 작품을 남겼다.

5 찰스 로턴 Charles Laughton 1899-1962
영국의 영화배우이자 감독. 런던의 극단에서 성격파 배우로
이름을 떨쳤다. 이후 영화에서도 활약. 〈헨리 8세의 사생활〉로
아카데미 남우주연상을 수상했으며 감독도 겸했다.

6 페데리코 펠리니 Federico Fellini 1920-1993
이탈리아의 영화감독. 난폭한 연예인과 백치 처녀의 내면적 편력을
사실적으로 묘사한 〈길〉로 세계적 주목을 받은 후 〈절벽〉〈카비리아의 밤〉
〈달콤한 인생〉 등 많은 영화를 연출했다. 칸영화제 1등상(1960),
아카데미상(1954), 골든글로브상(1964) 등 많은 상을 수상했다.

7 루벤 마물리안 Rouben Mamoulian 1897-1987
러시아 출신의 미국 연출가이자 영화감독. 브로드웨이에서 〈갈채〉 등을
연출했으며, 세계 최초의 장편 컬러영화 〈베키 샤프〉를 비롯해
여러 편의 영화를 만들었다.

8 마이클 커티즈 Michael Curtiz 1888-1962
헝가리 태생의 미국 영화감독. 1930년대에 워너브라더스 영화사에서
50여 편의 영화를 만들었다. 〈카사블랑카〉로 아카데미 감독상과
작품상을 받았으며, 〈밀드레드 피어스〉〈로빈 후드의 모험〉 외에
다수의 작품을 연출했다.

9 빅터 플레밍 Victor Fleming 1883-1949
미국의 영화감독. 1930년대 할리우드의 인기 영화감독 중 한 사람이다.
〈오즈의 마법사〉〈바람과 함께 사라지다〉 등의 영화를 만들었다.

아이반호

내가 좋아하는 영화들이 모두 흑백영화라면, 나에게 가장 큰 영향을 미친 영화, 내 젊은 시절에 중요한 역할을 한 영화는 리처드 소프¹ 감독이 연출하고 로버트 테일러Robert Taylor, 엘리자베스 테일러 Elizabeth Taylor, 조안 폰테인Joan Fontaine, 조지 샌더스George Sanders가 나온 1952년작 컬러영화 〈아이반호〉이다. 이 영화는 그 이듬해에 유럽에서 개봉되었지만, 나는 2년이 더 지난 뒤에야 그 영화를 보았다. 그때는 여름이었고 나는 여덟 살이었다. 우리 가족이 매년 여름휴가를 보내던 해수욕장에서 멀지 않은 곳에 위치한 작은 도시에 내 친구의 할머니가 교구 영화관을 갖고 계셨다. 그 영화관은 시설이 검소하고 상영관도 조촐했으며, 영사기는 시끄러운 소리가 나고 변덕스러웠다. 선택할 수 있는 영화도 세 가지뿐이었다. 내 친구와 나는 관객의 자리를 찾아줄 목적이 아니라 사탕과 초콜릿 아이스바를 팔 목적으로 이따금 그곳의 '직원' 역할을 하곤 했다. 그 기회를 이용해 초콜릿 아이스바를 배 터지게 먹고(그 시절에는 모든 영화관에서 초콜릿 아이스바를 팔았다.), 공짜로 영화도 보았다. 이른 오후에 보기 시작해 저녁까지 내리본 적도 여러 번이었다. 1955년 7월 나는 리처드 소프 감독의 프랑스판 〈아이반호〉를 일주일 내내 보았다. 아마 대여섯 번은 보았을 것이다. 덕분에 그 영화의 모든 시퀀스, 모든 커트, 모든 디테일, 모든 대사를 훤히 꿰고 있다. 프랑스어로 더빙한 대사가 평상시와 다른 느낌을 주긴 하지만, 그 원문들을 알아보고 그것에 경의를 표하는 것은 퍽 반가운 일일 것이다.

하지만 영화사가들은 이 영화에 별로 감탄하지 않는다. 많은 평론가들이 '하찮은 작품을 부지런히 찍어내는 감독'이라고 평한 리처드 소프 감독의 역량에는 더욱 감탄하지 않는다. 그러나 이것은 부당한 평가이다. 〈아이반호〉는 멋진 모험 이야기이며, 1950년대 초반 할리우드에서 영화화되었다. 터킬스톤 성 공격과 마지막 부분에서 물, 불 따위의 시련으로 판결을 내리는 신명재판神明裁判이 이 영화의 가장 중요한 두 장면이다. 이 영화는 세계적으로 개봉되었다. 뿐만 아니라 중세를 연구하는 역사학자로서 나는 이 영화가 그 시대를 다룬 훌륭한 영화들 중 한 편이라고 생각한다. 풍경, 성채, 의상, 문장, 시대배경, 전반적 분위기가 역사적 사실 혹은 역사적 사실들에 대해 우리가 갖고 있는 이미지에 상당히 충실하다. 〈아이반호〉의 시대적 배경은 12세기 말이다. 이 영화에서 처음으로 기사들이 15세기나 16세기의 갑옷이 아닌 12세기 말의 갑옷을 입고 12세기 말의 문장을 달고 나온다. 이 영화는 이런 충실한 고증을 통해 관객을

익숙하면서도 신화적인 세계에 잠기게 한다. 미국 영화사의 이런 부분에 관한 연구가 소홀한 것이 매우 안타깝다. 아무튼 이 영화는 중세에 대한, 중세의 깃발과 방패에 대한 내 매혹의 기원이 되었다. 당시 여덟 살이었던 나는 문장학紋章學이라는 것을 아직 알지 못했다. 그러나 주인공의 주요한 두 적의 방패꼴 가문家紋이 나에게 깊은 인상을 주었다. 휴 드 브라시Hugh de Bracy의 것은 가운데에 금색 띠가 있는 짐승의 입 모양이었고, 브리앙 드 부아 길베르Brian de Bois-Guilbert의 것은 코발트색과 은색으로 띠를 두른 것이었다. 좀 더 단순하고, 좀 더 직접적이고, 좀 더 도식적으로 만들 수도 있었을까? 어쨌든 1955년의 그 여름부터 나는 카우보이 영화보다 기사 영화를 더 좋아하게 되었다.

그다음 해 여름, 나는 같은 영화관에서 역시 리처드 소프 감독이 연출한 〈원탁의 기사〉를 보았다. 이 영화에는 그다지 크게 매혹되지 않았다. 에바 가드너Ava Gardner가 나오긴 했지만 〈아이반호〉보다 완성도나 박진감이 덜했다. 요컨대 조금 저급했다. 아서 왕 전설을 영화로 만든다는 것은 무리한 시도이다. 흉측한 실패작인 로베르 브레송 감독의 〈호수의 란슬로트〉1974, 기괴하고 요란해서 보는 사람을 얼빠지게 만드는 존 부어맨 감독의 〈엑스칼리버〉1981가 그 사실을 잘 보여준다. 아서 왕 전설은 스크린에 옮기기 힘든 숭고함을 지니고 있다.

그에 비해 『아이반호』는 영상으로 옮기기가 좀 더 수월하다. 월터 스코트Walter Scott의 소설이 시나리오, 등장인물, 등장인물들의 성격, 장소, 배경, 의상, 색채, 문장 등 모든 것을 제공한다.
월터 스코트는 십자군의 귀환, 마상 시합, 성채 공격, 신명재판,
신의 판결 등 주요 장면들을 자세히 묘사했다. 1819년 12월
이 책이 출간되었을 때 월터 스코트의 나이는 마흔여덟이었다.
그는 이미 몇 년 전부터 스코틀랜드와 잉글랜드에서 유명한
작가였다. 그러나 『아이반호』에서 그는 예전에 발표한
소설들에서보다 한결 야망에 찬 모습을 보여주었다. 이야기는
중세 중반인 12세기 말을 배경으로 한다. 영국의 사자왕 리처드는
십자군 원정을 떠났다가 돌아오는 길에 붙잡힌다. 처음에는
오스트리아에, 나중에는 독일에 포로로 억류된다. 리처드의 형제
존은 그 틈을 노려 노르만 귀족들의 지원을 받아 리처드 왕에게
충성을 바치는 앵글로색슨족 마지막 영주들에 맞서 왕위를
찬탈하려 한다. 왕의 귀환을 기다리는 분열된 영국, 권위적인
아버지와 자유를 갈망하는 아들, 유대인 처녀와 기독교도 남자
사이의 불가능한 사랑, 수수께끼에 싸인 '흑기사'의 신분 등
드라마틱한 에피소드들도 덧붙였다.

　　이 책은 상당한 성공을 거두었고, 월터 스코트에게 부와 명예를
가져다주었다. 옥스퍼드대학과 케임브리지대학이 그에게 명예박사
학위를 수여했고, 스코틀랜드의 지식인 계층은 그에게 온갖 명예를
부여한 뒤 명망 높은 에딘버러왕립협회의 회장직을 맡아달라고
요청하기까지 했다. 새로운 왕 조지 4세는 그에게 준남작 작위까지
주었다. 이 모든 일이 책이 나오고 여섯 달 동안 이루어졌다.

1820년은 월터 스코트의 생애 전체를 통틀어 가장 호사스러운 해였을 것이고, 그의 소설『아이반호』도 그랬을 것이다. 게다가 명성이 부를 더해주었다. 1820년과 그가 죽은 1832년 사이에 이 책은 모든 판본과 번역본을 합쳐 150만 부 이상 팔렸다. 금광이나 다름없었다! 그런데 불행하게도 잘못된 판매 전략을 구사해 판매가 정체되고 종국에는 크게 부도가 나서 엄청난 빚을 지는 바람에 월터 스코트가 6년 동안 그 빚을 갚아야 했다. 작가의 작품 세계와 건강이 손상을 받았다. 월터 스코트는 재능 있는 작가였지만, 사업가로서는 형편없었다. 1983년부터 1984년 사이에 프랑스의 젊은 연구자와 역사학자들이 잡지 《중세Médiévales》의 지면을 통해 조사를 하면서 "당신은 어떻게 해서 중세에 관심을 갖게 되었습니까?"라는 질문을 했다. 이 질문에 응답한 300명 중 3분의 1이 어렸을 때『아이반호』를 접하고 그렇게 되었다고, 청소년용으로 개작한 소설『아이반호』혹은 리처드 소프 감독의 영화 〈아이반호〉를 보고 그렇게 되었다고 대답했다. 내 경우도 그들과 다르지 않다. 많은 중세 연구가들이 중세에 대한 최초의 끌림과 중세 연구에 대한 헌신을 소설 『아이반호』혹은 색채가 중요한 역할을 한 영화 〈아이반호〉 덕분으로 여긴다.

  우리의 상상 속에서 중세는 무엇보다 색으로부터 오는 것이다.

1　리처드 소프 Richard Thorpe 1896-1991
　　미국의 영화감독.〈황태자의 첫사랑〉〈엘비스 프레슬리의 교도소 로큰롤〉등의
　　영화를 만들었다.

2　로베르 브레송 Robert Bresson 1901-1999
　　프랑스의 영화감독.〈잔 다르크의 재판〉〈몽상가의 나홀 밤〉〈아마도 악마가〉
　　〈돈〉등의 영화를 만들었다. 베를린영화제 은곰상, 베니스영화제 황금사자상,
　　유럽영화아카데미 평생공로상 등 많은 상을 수상했다.

3　존 부어맨 John Boorman 1933-
　　영국의 영화감독.〈엑스칼리버〉〈자도즈〉〈엑소시스트 2〉〈서바이벌 게임〉등의
　　영화를 연출했다.

모음들

우선 독자들에게 용서를 구한다. 나는 랭보를[1] 좋아하지 않기 때문이다. 사람도 작품도 좋아하지 않는다. 반항적인 젊은 시인이라는 존재에 경탄할 만한 점이 있는지 결코 수긍이 되지 않는다. 그런 존재는 상당히 진부하다. 1870년대에는 오늘날보다 더 그랬을 것이다. 또한 고백하건대 나는 랭보의 시구에 감동한 적이 없다. 나는 그의 시구들이 거칠고 작위적이고, 베를렌의[2] 시처럼 가벼운 음악성도 없고 네르발의[3] 시처럼 매혹적인 야릇함도 없다고 생각한다. 랭보의 찬미자들(그런 사람들이 많다는 것을 나는 잘 안다.)이 나를 원망하지 않기를. 랭보에 대한 나의 이런 거부감은 어쩌면 아버지에 대한 반항심 때문인지도 모르겠다. 내 아버지는 랭보를 무척이나 좋아했고 랭보에 관한 책을 무척 많이 모았다. 하지만 고집이 센 나는 불행하게도 성인이 되기 전에는 그 책들을 거의 펼쳐보지 않았다.

그러던 중 학교에서 「모음Voyelles」이라는 랭보의 유명한 시를 주해하게 되었다. 그 시절 문학 초급반 학생이라면 필수적으로 배워야 하는 작품이었다. 선생님이 그 시를 읽고 자신이 받은 감동, 색과 음절 사이의 관계, 색과 음악 사이의 관계에 대해 이야기한 뒤 카스텔 신부père Castel가 고안한 색이 소리를 대체하는 광학 클라브생에 대해, 보들레르의 시「교응Correspondances」에 대해, 프루스트의 공감각에 대해 언급하며 열광했던 것이 기억난다. 선생님은 우리의 주목을 끄는 데 성공했고, 누가 다섯 개의 모음을 랭보와 같은 색에 연결시킬지 알아내기 위해 활발한 토론이 벌어졌다.

검은 A, 하얀 E, 빨간 I, 초록색 U, 파란 O. 모음들이여,
언젠가 나는 너희들의 은밀한 탄생을 말하리라. (……)

우리 반은 모두 합쳐 서른다섯 명가량이었고 모두 남자아이들이었다. 서른다섯 명 중 아무도 시인이 시 첫줄에서 제시한 색들을 알아내지 못했다. 단 한 명도 시인이 느낀 모음과 색의 연관관계를 알아내지 못했다. 1960년대 중반에는 학교 문학 수업에서 소란을 피우는 학생이 드물었고 조는 학생도 거의 없었다. 많은 아이들에게 A가 검은색일 수 없고 E가 하얀색일 수 없다는 것만은 확실했다. 하지만 I를 빨간색에 연결시키는 것은……. 반 친구들 중 비교적 무모했던, 이름이 피에르였던 것만 기억나는 한 아이는 용감하게도 아르튀르 랭보가 일부러 상식과 일반적 감수성에 반대되는 결합을 시구에 도입한 것이 아니냐고 말하기도 했다. 타당한 생각이었지만

선생님의 관심을 전혀 끌지 못했다. 선생님은 되풀이해 말했다.
"그러니 끝까지 읽어봐라! 시를 끝까지 읽어봐!"

선생님의 말이 옳았다. 그러나 감탄문으로 쓰인 첫줄이 지나칠 정도로 의미심장했다. 그 첫줄이 뒤따라 나오는 열세 줄의 시구를 으스러뜨리고 혼자서 색조들을, 색계를, 색에 관한 지평을 너무나 강력하게 구성해서 뒤따라 나오는 시구를 읽는 일을 김빠지게 했다. 게다가 나는 시를 끝까지 읽는다고 해서 제시된 시퀀스의 명확성을 정말로 얻어낼 수 있는 것인지 확신하지 못했다. 시의 속성은 자신의 신비를 절대 드러내지 않는 것인데 말이다.

생전에 랭보는 이 시의 의미와 모음과 색의 결합에 관해 자주 질문을 받았는데, 그럴 때마다 자신의 선택은 '근거 없고 자의적'이라고 대답했다. 그래서 주석가들은 이 시에서 일종의 속임수만을 보았던 것일까? 물론 수많은 주석가들이 이 시의 의미를 파악하려고 노력했다. 그들은 모음과 색의 결합을 설명하기 위해 원색과 보색, 따뜻한 색과 차가운 색 등의 이론을 동원했고, 검은색과 흰색 사이의 대립을 동원했고, 글자들의 형태, 즉 A의 '꺽쇠' 모양, E의 가로선 세 개, I의 수직선 등을 이 글자들과 연결된 색을 지닌 사물들과 관련지었다. 그런 주석들이 수도 없이 많다. 이 시에 관한 참고문헌 목록은 매우 방대해서 트리스탕[6] 차라가 "「모음」,「모음」, 당신들은 그 시로 무성한 뒷얘기를 만들어냈다!"고 조롱하듯 외쳤을 정도였다.

시인이 많든 적든 그런 반응을 의식했는지도 모르겠다.

1871년 늦여름 이 시를 썼을 때 랭보는 열일곱 살이었다. 난해한 시 「취한 배Bateau ivre」를 막 써낸 참이었고, 파리의 소모임 '저열한 호인들'의 저녁 만찬 때 그 시를 낭송했다. 그때 그는 아직 영국에 가지 않았지만(그 이듬해에 가게 된다.) 이미 '영국 시기'를 건넜고, 샤를빌중학교에서 배운 어휘를 가지고 노는 것을 좋아했다. 시 「모음」이 중학생 때 그가 했던 단순한 말장난에 기원을 두었을 가능성도 배제할 수 없다. 이를테면 시인의 이름 랭보는 무지개를 뜻하는 영어 rainbow를 연상시킨다.

나는 1964년 고등학교에서 「모음」을 주해할 때 나름대로 모음과 색들을 연결했고, 그 조합을 기억해두었다. 나도 그때 랭보처럼 열일곱 살이었고, 그래서 그 조합의 이유를 정확한 말하기 힘들었다. 아무튼 나는 그 조합을 즉시 만들었고(빨간 A, 파란 E, 노란 I, 하얀 O, 파란 혹은 초록색 U), 오늘날에도 그 조합은 달라지지 않았다. 내가 알파벳과 연결시킨 색 중에 검은색은 없었다. 나는 당시 내 친구들이 선택한 색들을 정확히 기억하지 못한다. 그러나 많은 아이들이 A에 빨간색을 연결했던 것은 기억난다. 그 점에서는 거의 만장일치였다. 그 후로 나는 이따금 친구들에게 랭보처럼 모음과 색들을 한번 연결해보라고 시켰다. 친구들이 선택한 조합은 아주 다양했다. 그러나 역시 많은 친구들이 A를 빨간색에 연결했고, U를 파란색에 연결하는 친구들은 별로 없었다.

자음들로도 비슷한 시도를 할 수 있을까? 자음의 음악성은 모음의 경우와 다르고 색들의 울림 또한 그리 분명하지 않다.

하지만 나라면 F와 T를 흰색 계열에, H와 M을 빨간색 계열에, J와 N을 노란색 계열에 그리고 Z를 진한 검은색에 연결할 것 같다. 장Zan이나 조로Zorro 때문일까?

1 랭보 Jean-Nicolas-Arthur Rimbaud 1854-1891
   19세기 프랑스의 시인. 조숙한 천재로 15세부터 20세 사이에
   작품을 썼다. 「견자의 편지」「일뤼미나시옹」「지옥의 계절」등의
   작품을 남겼다.

2 베를렌 Paul-Marie Verlaine 1844-1896
   19세기 프랑스의 상징파 시인. 세기 말의 대시인으로 숭앙되었다.
   낭만파나 고답파에서 탈피, 음악을 중시하고 다채로운 기교를 구사했다.
   「토성인의 노래」「좋은 노래」등의 시집을 남겼다. 랭보의 연인이었다.

3 네르발 Gérard de Nerval 1808-1855
   19세기 프랑스의 시인이자 소설가. 『불의 딸』『오렐리아』,
   상징주의의 선구적 작품이라 할 수 있는 『환상시집』등의 저서를 남겼다.

4 보들레르 Charles-Pierre Baudelaire 1821-1867
   19세기 후반의 프랑스 시인. 랭보 등 상징파 시인들에게 영향을 끼쳤다.
   낭만파, 고답파에서 벗어나 인간심리의 심층을 탐구하고 고도의
   비평정신을 추상적 관능과 음악성 넘치는 시에 담아냈다.
   대표작은 「악의 꽃」이다.

5 프루스트 Marcel Proust 1871-1922
   일곱 권으로 이루어진 장편소설 『잃어버린 시간을 찾아서』를 쓴
   프랑스 소설가. 소설의 주인공이 마들렌 과자를 홍차에 적셔 먹으며
   어린 시절의 기억을 떠올리는 대목은 탁월한 공감각적 묘사로 평가받는다.

6 트리스탕 차라 Tristan Tzara 1896-1963
   문학의 새로운 운동인 다다이즘을 제창한 루마니아 출신의 프랑스 시인.
   초현실주의 운동에 참가하여 바레스 재판 등으로 화제를 뿌리기도 했다.
   「안티 두뇌」「독백」「내면의 얼굴」등 많은 작품을 남겼다.

7 쟝
   딱딱한 정제 형태의 검은 감초 사탕.

적과 흑

나는 랭보를 좋아하지 않고, 스탕달의 작품도 별로 즐기지
않는다. 문학에 관해 나는 일종의 미개인이 틀림없다. 그러나
플로베르에게는 지나칠 정도로 감탄의 염을 품고 있다. 플로베르의
『감정 교육L'Éducation sentimentale』을 읽은 뒤 어떻게『적과 흑Le Rouge
et le Noir』을 읽고 감동을 느끼겠는가? 한 세대 차이가 나는
이 두 소설가를 감히 어떻게 비교하겠는가? 나는 너무 어릴 때,
그러니까 열여섯 살쯤에 문학 선생님의 권유로『적과 흑』을
읽었다. 그리고 40년이 지난 뒤 다시 읽었다. 하지만 그 사이
플로베르의 작품들을 모두 탐독한 뒤였다.

내가 보기에 스탕달은 소설의 제목에 짓눌려 있는 것 같다.
'적과 흑'은 찬란한 제목이지만 독자의 주목을 지나치게 끌고
자신이 고려하지 않았을 상징적인 방향으로 독자를 데려간다.
그런 제목을 붙이면서 스탕달이 의도한 바는 무엇이었을까? 우리는
그것을 알지 못한다. 그는 제목으로 두 가지 색을 선택한 것에 대해
자신의 생각을 밝히지 않았다. 우리가 알 수 있는 것은 원래

그 소설의 제목은 주인공 쥘리앵 소렐의 이름인 '쥘리앵'이었지만, 책이 출간되기 몇 달 전인 1830년 5월에 '적과 흑'이라는 제목으로 바뀌었다는 사실뿐이다.

스탕달이 이 제목에 대해 침묵하는 바람에 상당한 분량의 해설문헌들이 쏟아져 나왔다. 이 작품을 다룬 모든 주석가들이 나름의 해석이나 가설들을 내놓았다. 그중 많은 사람들이 '적'을 군인의 색으로, '흑'을 성직자의 색으로 보았다. '적과 흑'이라는 제목은 군인이 될 것인가 성직자가 될 것인가, 군인으로서 경력을 쌓을 것인가 성직자로서 경력을 쌓을 것인가 하는 주인공의 망설임을 뜻한다는 것이다. 그런데 두 색 사이의 연결어가 이런 설명에 의구심을 갖게 한다. 책 제목은 '적 혹은 흑'이 아니라 '적 그리고 흑'인 것이다. '적'은 쥘리앵의 죄를, '흑'은 단두대에서의 그의 죽음을 뜻한다는 설명도 있다. 어떤 평론가들은 색의 의미를 다음과 같이 전도시킨다. '흑'은 죄의 색, '적'은 사형 집행인의 색이라는 것이다. 이를테면 1830년경 '빨간 올가미에 죽다.'라는 표현은 '머리를 잘려 죽다.'라는 의미였다.

조금 빈약해 보이는 또 다른 설명도 있다. 쥘리앵 소렐을 사랑했던 두 여인에 결부되는 것으로 '적'은 레날 부인, '흑'은 마틸드를 뜻한다는 설명이다. 사실 제목에 딱 들어맞는 소설 속 요소는 별로 없다. 몇몇 현학자들은 이 두 가지 색을 카드게임 등에 결부시키기도 했다. 심지어 그들 중 한 사람은 오늘날 행해지는 '트랑트에카랑트trente-et-quarante'라는 카드놀이의 선조 격인

'적과 흑'이라고 불리던 도박 게임을 찾아내기도 했다. 이 소설의 제목은 쥘리앵이 어떻게 자신의 운명을 우연에 걸었는지, 그가 어떻게 자신의 운명을 운명의 여신의 변덕에 내맡겼는지 강조한다는 것이다. 어떤 사람들은 색의 상징에 좀 더 천착하여 이것을 점성술에까지 결부시켰다. 이 소설의 제목 '적과 흑'은 쥘리앵 소렐이 타고난 천상도의 요약이라고 말이다. 그들은 열정과 질투를 뜻하는 '적'은 화성과 결부되고, 교활한 야망과 악한 마음을 뜻하는 '흑'은 토성과 결부된다고 주장한다. 안 될 것 뭐 있겠는가? 1820년에서 1830년대에는 색의 상징을 연구하는 것이 유행이었고, 점성술과 비교秘敎에서 나온 그럴싸한 이야기들이 매우 활발히 전개되었으니 말이다. 그러나 아무리 그렇다고 해도 책 제목에 대한 것으로는 너무 지나친 해석이 아닐까?

문학 텍스트들을 연구하는 역사학자들은 스탕달이 걸작을 쓴 그 시대에, 특히 영국에서 출간된 책들 중에 색의 명칭을 제목으로 한 소설이 많았다는 것을 잘 안다. 그러므로 앙리 베일Henri Beyle, 스탕달의 본명은 '적과 흑'이라는 제목을 선택하면서 독창적인 면모를 전혀 보여주지 못했고, 자신은 중요하게 여기지 않은 위험까지 감수한 셈이다. 색을 나타내는 표현들은 아주 강렬해서 처음에 뜻한 것 이상의 의미를 가지게 된다는 위험 말이다. 색에 결부된 표현들은 탈 없이 사용하기가 힘든 법이다.

1 스탕달 Stendhal 1783-1842
프랑스의 소설가. 발자크와 함께 19세기 프랑스 소설의 거장으로 평가된다.
『적과 흑』『파름의 수도원』등의 작품을 남겼다.

2 플로베르 Gustave Flaubert 1821-1880
프랑스의 소설가. 본격적 사실주의 소설의 창시자로 평가받는다.
확고한 문체와 긴밀한 구성을 가진『보바리 부인』(1857)을 발표함으로써
당대 최고의 작가라는 명성을 얻었다.『감정교육』『살람보』
『성뽈 앙투안의 유혹』등 많은 작품을 남겼다.

영화 속의 크레티앵 드 트루아

나는 중세에 관한 영화 제작에 고문으로 두 번 참여한 적이 있다.
그 두 번의 경험을 통해 나는 그동안 제대로 인식하지 못했던
카메라 이면의 사정에 관해 알게 되었을 뿐만 아니라 감독이
제기하는 질문들을 통해 스스로 많은 것을 배울 수 있었다.
그 질문들은 역사학자라면 결코 제기하지 않을 내용들로 대체로
이렇다. 12세기나 14세기 사람들은 어떻게 서로 인사했을까?
그들은 어떤 몸짓을 했을까? 그들은 식탁 앞에 어떤 모습으로
앉았을까? 수도사들은 하루 중 어느 때에 두건을 쓰고 어느 때에
벗었을까(단역배우들의 정수리 한가운데를 둥글게 삭발해야 하나,
말아야 하나 하는 문제가 걸린 질문)?

첫 번째 경험은 대수롭지 않았다. 1979년 2월 개봉된
에릭 로메르 감독의 영화 〈페르스발〉과 관련된 작업이었다.
그 몇 년 전 나는 아셰트Hachtte출판사에서 『원탁의 기사들 시대의
일상생활La Vie quotidienne au temps des chevaliers de la Table Ronde』이라는
책을 출간한 바 있었다. 내가 펴낸 첫 책으로, 군대박물관의

인적 없는 도서실에서 군복무를 하면서 쓴 것이었다. 로메르 감독은
의상, 문장, 색의 문제에 관해 나에게 자문받고 싶어했다. 그는
당시 내가 학예관으로 있던 국립도서관 메달진열실로 이틀 연속
나를 찾아왔다. 그때가 1978년 1월 말이었는데, 하필 난방장치가
고장 나 이틀 연속 무척 추웠다. 그러나 로메르 감독은 그 사실을
알아차리지 못하는 것 같았다. 그는 오랜 시간을 머무르며 나에게
수많은 질문을 하고, 메모를 하고, 나를 중국 식당으로 데려가
같이 점심을 먹기도 했다. 나는 조금 주눅이 들었다. 로메르 감독
자신이 수줍어하는 탓도 있었고, 그 수줍음이 나에게 왠지 겁을
주었기 때문이기도 했다. 우리는 원탁의 기사들의 문장에 대해
많은 이야기를 나누었고, 의상과 세트의 색에 대해서도 이야기했다.
문장 여러 개를 골랐고, 로메르 감독이 마음에 들어하는 문장에
대해 전문적인 설명을 곁들이기도 했다. 영화의 주인공들이 입을
의상의 색도 결정했다. 페르스발perceval은 초록색, 고뱅gauvain은
파란색, 아르튀르arthur는 흰색, 쾨keu는 검은색, 베르메유 기사
chevalier vermeil는 빨간색, 고른망 드 고르gornemant de goort는
노란색이었다. 내 협력은 거기까지였다.

    1년 뒤 몽파르나스 구역의 어느 영화관에서 열린 시사회에서
나는 무척 놀랐다. 로메르 감독은 1년 전 우리가 했던 이야기,
선택하거나 배제하거나 보류하기로 했던 사항들을 전혀 영화에
반영하지 않았던 것이다. 영화 속에 등장한 방패꼴 문장들은
문장이 아니었다. 의상도 우리가 계획했던 것과 달랐다. 12세기

사람들이 입었던 의상과는 상관성이 거의 없었다. 세트의 색도 다소 저급했다. 이를테면 1년 전 나는 로메르에게 다음과 같이 말했다. "보라색은 쓰면 안 됩니다. 보라색은 크레티앵 드 트루아 시대에는 존재하지 않았거든요. 보라색은 중세를 연상시키기는 하지만 실은 중세적인 것이 아닙니다." 그런데 영화 곳곳에 보라색이 등장했다. 우리가 이야기했던 것을 지키지 못하고 그렇게 달라진 이유가 무엇인지 나는 그 위대한 영화 예술가에게 감히 물어보지 못했다. 그때 메모한 종이를 잃어버린 것일까? 새파란 역사학자인 나보다는 영화 미술팀의 말을 더 신뢰했던 것일까? 아니면 영화의 전체적 틀 속에서 역사적, 문학적인 자잘한 복원보다는 시적 소격疏隔를 더 원했기 때문에 일부러 사실과 차이를 둔 것일까? 진짜 이유가 무엇인지는 결코 알지 못할 것이다.

---

1 에릭 로메르 Éric Rohmer 1920-2010
  프랑스의 누벨바그 영화감독. 〈도둑일기〉〈모드 집에서의 하룻밤〉
  〈해변의 폴린〉 등 많은 영화를 만들었으며, 베를린영화제 은곰상,
  베니스영화제 황금사자상 등을 수상했다. '마음의 풍경을 그리는 감독,
  영화로 철학하는 감독'이라는 평가를 받았다.

분홍돼지와 흑돼지

영화감독과의 두 번째 협력은 그로부터 몇 년 뒤인 1984년에서 1985년 사이에 이루어졌다. 나는 움베르토 에코의 동명소설을 원작으로 한 〈장미의 이름〉을 찍으려고 준비하는 장 자크 아노 감독에게 조언을 하기 위해 꾸려진 역사학자 팀의 일원으로 참여했다. 자크 르 고프가 그 팀을 이끌었다. 나는 색, 문장, 수도사들의 의상에 관련된 사항들을 담당했다. 아노 감독의 작업 방식은 로메르 감독과 달랐다. 아노 감독은 역사학자와 고고학자들이 밝혀낸 사실들에 의거하여 14세기 초의 공간적 배경, 의상 그리고 그 시대의 삶을 되도록 충실하게 복원하기를 원했다. 그는 그런 복원이 관객에게 새로운 느낌을 주고 새로운 발견을 선사할 거라고 생각했다. 그러므로 우리는 촬영 전에 최대한 많은 자료를 모은 뒤 미술팀, 의상 담당자, 조감독과 함께 각각의 장면과 인물들에게 필요한 사항들을 결정해야 했다. 상당한 액수의 예산과 실력 있는 협력자들이 필요한 무척 방대한 작업이었다. 작업이 매우 세분화되었고 작업 결과를 현실화하는 단계에서 많은 변수가 작용했기 때문에 진행이 그리 쉽지 않았다. 의상의 색과 재단은 물론 휘장, 액세서리들을 결정할 때 여러 팀에 속한 담당자들과 얼마나 많은 설왕설래가 있었던지! 작업을 그만두고 싶었던 적이 한두 번이 아니었다. 게다가 자크 르 고프와 친구 사이인 원작자 움베르토 에코가 우리의 작업실에 시시때때로 들이닥치는 바람에 작업 진행은 꿈도 꾸지 못한 적도 많았다. 그가 다양한 언어로 구사하는 유머, 익살스럽고 위반적인 달변, 재미있는 일화들이 진지한 작업을 할 수 없게 만들었기 때문이다.

그럼에도 불구하고 우리는 정해진 기일 안에 우리 몫의 작업을 마쳤다. 이미 우리 없이 촬영이 시작되었고 돼지 떼가 등장하는 장면을 촬영해야 했다. 나는 14세기에는 돼지들이 분홍색이나 흰색이 아니라 주로 검은색, 회색, 갈색 혹은 얼룩무늬였다는 사실을 촬영 관계자들에게 설명하지 않았음을 깨달았다. 간단히 말해 그때의 돼지들은 오늘날의 집돼지보다는 멧돼지와 비슷하게 생겼다. 색과 동물 전문가로서 영화 촬영에 참여한 나로서는 부끄러운 일이었다. 나는 당황해서 어쩔 줄 몰랐지만 용기를 내 자크 르 고프에게 그 사실을 알렸고, 그가 다시 장 자크 아노 감독에게 알렸다. 하지만 시간이 없었다. 검은 돼지들을 구해 영화 촬영 장소인 이탈리아로 데려오는 것은 쉽지 않은 일이었고, 그러지 않아도 지연된 촬영 일정이 더욱 지연될 위험이 컸다. 어떻게 해야 할까? 조감독들 가운데 한 명이 신속히 결정을 내린 뒤 감독의 동의를 받았다. 다름 아닌 검은 돼지 몇 마리만 구해오고,

이미 구해온 연한 분홍색 돼지들은 검은 스프레이 페인트를
뿌리면 될 거라는 이야기였다. 촬영은 그렇게 진행되었다. 나중에
알고 보니 페인트의 질이 좋지 않아 돼지들이 서로 몸을 비벼대고
진흙탕 속을 마구 뒹굴었다. 분홍색 돼지들의 몸에 페인트를 뿌려
얼룩무늬를 만들었고, 약간 더러워야 하는 것으로 예정되어 있던
영화 속 장면은 기술 담당자들의 말에 따르면 '천박하고 야만적인'
장면이 되어버렸다는 것이다. 그러나 장 자크 아노 감독은
14세기 농촌의 거친 삶을 강조하려고 했었고, 그 장면에 매우
만족스러워했다고 한다.

역사적으로 볼 때 유럽 돼지들의 털색깔이 밝아진 것은,
다시 말해 회색, 검은색, 다갈색 혹은 얼룩무늬 대신 흰색이나
분홍색으로 변하기 시작한 것은 18세기 후반이었다. 털색깔이
밝아진 것은 질 좋은 고기를 더 많이 생산하기 위한 종種의 선택
때문이었다. 동남아시아에서 수입한 씨돼지와 영국 암돼지를
교배시켰을 때 태어나는 돼지들이 그랬다. 이 아시아 돼지들은
'샴 돼지'와 비슷하게 털색깔이 상대적으로 밝았고 뭉뚝한 코
때문에 뷔퐁에게 큰 호기심을 불러일으켰다. 이런 교배 및
여타 상황들이 합쳐져 점차적으로 새로운 돼지 종들이 나타났다.
그중 잘 알려진 종이 버크셔인데, 이 종은 두 살만 돼도 체중이
400킬로그램 넘게 나간다. 그 후에 나온 종은 털색깔이 하얀
라지화이트종인데, 이 종이 유럽 가축계의 주종을 이루었다.
두 종 모두 스크린에서는 보기 힘들다.

1 움베르토 에코 Umberto Eco 1932-
이탈리아의 기호학자·철학자·역사학자·미학자.
볼로냐대학교 교수이며, 세계 각국 명문대학의 객원교수로
활동했다. 세계적인 베스트셀러 『장미의 이름』을 비롯해
『기호학 이론』 『푸코의 진자』 등 많은 저서를 펴냈다.

2 장 자크 아노 Jean-Jacques Annaud 1943-
프랑스 영화감독. 〈불을 찾아서〉 〈연인〉 〈베어〉 등의 영화를 만들었다.

3 자크 르 고프 Jacques Le Goff 1924-
프랑스의 역사학자. 특히 중세 연구의 대가이다.
『중세의 지식인들』 『또 다른 중세를 위하여』 『중세의 상상 세계』
『루이 성왕』 등 많은 저서를 펴냈다.

4 뷔퐁 Georges Louis Leclerc de Buffon 1707-1788
프랑스의 철학자이자 박물학자. 뉴턴의 영향을 받아 그의 저서를
프랑스에 소개했으며 인과론적 자연인식의 발전에 힘써
'유기분자설'을 수립했다. 동식물에 관한 자료들을 기초로
『박물지』를 출판했다.

달리가 점수를 매겼을 때

나는 살바도르 달리를 한 번도 만나본 적이 없다. 그러나 내 아버지는 전쟁 전에 달리를 자주 만났고, 파리 14구 몽수리공원 근처에 있던 그의 집에 자주 초대받았다. 특히 달리와 밀접한 관계였던 갈라와 함께. 아버지의 말에 따르면, '친애하는 달리 씨'는 낮에는 거의 하루 종일 잠을 자고 조수들에게 자기 그림의 주요한 부분들을 작업하게 한 뒤 그 자신은 나중에 마무리 작업만 했다고 한다. 과연 어디까지가 진실일까? 아버지는 없는 말을 꾸며내는 분은 아니었지만 가끔 과장해서 말하는 경향이 있기는 했다. 엘뤼아르와 친구 사이였던 내 아버지는 엘뤼아르와 갈라의 이별을 슬퍼했고, 달리가 갈라를 엘뤼아르에게서 빼앗았다고 여겼다. 아버지는 갈라를 좋아했고 이따금 갈라와 함께 생투앵의 벼룩시장에 가기도 했다. 아버지가 나에게 말한 바에 따르면, 갈라는 그 벼룩시장에서 생생한 색채의 옷감이나 옷들을 즐겨 찾곤 했는데 특히 빨간색과 보라색을 좋아했다고 한다.

    나는 달리의 그림에 크게 감탄한 적은 한 번도 없지만, 그가 낸 책들에는 호기심과 매혹을 느꼈다. 특히 1948년 뉴욕에서, 그리고 3년 뒤에 파리에서 출간된 그의 책 『그림을 그리는 50가지 경이로운 비밀 50 Secrets magiques pour peindre』을 매우 인상 깊게 읽었다. 이 책은 일종의 소논문인데, 달리는 이 책에서 자신의 경험을 이야기하고 수수께끼 같거나 상식에서 벗어나는 몇 가지 요령을 알려준다. 그리고 화가가 지녀야 하는 다양한 특성들에 대해 꽤나 진지한 분석을 시도한다. 그는 여러 가지 요소들을 정하고 그 요소들에 따라 위대한 화가 열한 명의 특성을 비교, 조사한다. 그 요소들은 기술, 영감, 색채, 주제, 재능, 구성, 독창성, 신비로움, 진정성이다. 그리고 그가 평가한 위대한 화가들은 레오나르도 다 빈치, 라파엘로, 벨라스케스, 베르메르, 앵그르, 마네, 메소니에, 부그로, 몬드리안, 피카소 그리고 달리 자신이다. 그는 각 화가들의 장점과 재능을 평가하고 짤막하게 언급한 뒤 화가들 각각에게 점수를 매긴다. 20점 만점으로.

달리에 대해 잘 안다면 별로 놀랄 일도 아니지만, 그가 매긴 점수를 보면 매우 재미있다. 몬드리안은 다른 사람들을 돋보이게 하는 화가라는 타이틀을 얻었다. 그는 여러 항목에서 0점을 받았다. 독창성 항목에서는 0.5점, 구성 항목에서는 1점, 진정성에서는 3점을 받았다. 메소니에와 부그로도 한심한 점수를 받았으니 몬드리안에 비해 별로 나을 것이 없다. 진정성 항목에서만 각각 18점과 15점을 받았을 뿐이다. 메소니에는 신비로움 항목에서 17점을 받았다. 마네도 별로 좋지 않다. 이상한 것은 마네가

진정성 항목(14점)을 제외하고는 6점 이상을 받은 항목이 하나도 없다는 것이다. 반면 달리는 과거의 거장들에게 높은 점수를 줌으로써 찬미를 바친다. 레오나르도 다 빈치와 벨라스케스는 15점 이하를 받은 항목이 하나도 없으며, 라파엘로는 18점 이하를 받은 항목이 전혀 없다. 베르메르로 말하자면 거의 모든 항목에서 20점 만점을 받았고, 독창성 항목에서만 19점을 받았다. 달리에게 베르메르는 온 시대를 통틀어 가장 위대한 화가였다.

선두의 세 명이 뚜렷이 부각된다. 바로 베르메르, 라파엘로, 벨라스케스이다. 레오나르도 다 빈치는 4위이며, 앞의 세 화가에 비해, 특히 벨라스케스에 비해 전반적으로 조금씩 낮은 점수를 받았다. 달리는 레오나르도 다 빈치보다 라파엘로에게 높은 점수를 주었는데, 비록 후대 사람들의 평가는 달랐지만 그에게는 합당한 일이었다. 가장 눈길을 끌고 재미있는 것은 달리 자신과 피카소의 점수 비교이다. 달리는 자기 자신에게도 점수를 매겼을 뿐만 아니라 자신의 친구이자 동포, 라이벌이었던 피카소에게도 점수를 매겼다. 어떻게 보면 이 점수표의 본질은 바로 이 부분이고, 과거의 천재들이 포함된 나머지 아홉 명의 화가는 달리와 피카소의 '경쟁'을 위한 들러리가 아니었을까 하고 생각될 정도이다.

이 경쟁의 승자는 당연히 달리 자신이다. 평균 이하의 점수가 하나도 없었고 진정성, 재능 그리고 특히 신비로움의 세 항목에서 자랑스럽게도 19점을 받았다. 반면 피카소에게는 7점, 20점 그리고 2점을 주었다. 피카소는 재능(피카소가 20점, 달리가 19점),

영감(피카소가 19점, 달리가 17점), 주제(피카소가 19점, 달리가 18점)
세 항목에서 달리를 이겼다. 그러나 약간의 차이로 이겼을 뿐이다.
나머지 여섯 항목에서는 달리가 피카소를 깔끔하게 이겼다.
피카소가 받은 가장 나쁜 점수는 신비로움 항목으로, 20점 만점 중
2점이었다(자신에게는 19점을 주었다!). 피카소는 '신비'의 화가가
아니었다! 피카소가 받은 가장 예상 밖의 점수는, 항목들 중에서
가장 미묘하고 흥미진진한 독창성 항목의 7점이었다. 이 대목에서
달리는 자신의 섬세함, 심술, 질투심을 모두 보여준다.
20점 만점 중 1점도 아니고 18점도 아니고 19점도 아니다.
창피하고 보잘것없게도 20점 만점 중 7점이다. 달리로서는
그 점수가 피카소에게 딱 적당했던 것이다.

색채 항목에 대해서만 말하면, 가장 형편없는 화가는
몬드리안과 메소니에이고(20점 만점에 0점) 가장 훌륭한
화가는 베르메르이다(20점 만점). 자기 자신에게는 중간 정도의
점수(10점)를 주었고, 피카소에게는 자기보다 1점 낮은
점수(9점)를 주었다. 요컨대 달리는 색채라는 영역에서 시시한
채색화가 피카소에게 퍽 너그러웠다. 피카소는 이 점에 대해
기꺼이 고마움을 표했다.

1 살바도르 달리 Salvador Dalí 1904-1989
   스페인의 초현실주의 화가. 꿈이나 환상의 세계를 즐겨 표현했다.
   영화〈안달루시아의 개〉〈황금시대〉, 유화〈기억의 지속〉등의 작품을 남겼다.

2 갈라 달리 Gala Dalí 1894-1982
   폴 엘뤼아르의 아내였으나 연하의 화가 달리에게 반해
   그의 연인이자 모델, 매니저 역할을 하며 그를 초현실주의의 대가로 키워냈다.

3 엘뤼아르 Paul Éluard 1895-1952
   프랑스의 초현실주의 시인. 유명한 시「자유」가 수록된
   「시와 진실」「독일군 주둔지에서」등의 시집을 펴냈다.

위대한 화가의 색

달리에게는 베르메르가 가장 위대한 화가였다. 나에게도 그렇다. 화가들의 순위표를 만드는 일이 별로 의미가 없고, 비교할 수 없는 예술가들을 굳이 비교하는 것도 쓸데없는 일임을, 다시 말해 터무니없는 일임을 잘 알기는 하지만 말이다. 아무튼 나는 매우 일찍이, 열다섯 살에서 열여섯 살쯤에 베르메르를 내가 가장 좋아하는 화가로 삼았다. 그 뒤 어릴 때 형성된 이 의견을 한 번도 번복하지 않았다. 베르메르의 작품들 중에서 내가 좋아하는 작품을 꼽으라면 유명한 작품인 〈델프트 풍경〉이나 〈터번을 두른 소녀〉헤이그국립미술관 소장가 아닌 〈골목길〉암스테르담국립미술관 소장을 즉시 꼽을 수 있다. 이런 취향은 전혀 독특한 것이 아니다. 수많은 미술가와 평론가들이 이런 취향을 갖고 있다. 예를 들어 1884년에 독일 화가 막스 리베르만은 네덜란드 여행에서 돌아와 〈골목길〉이 '가장 아름다운 그림'이라고 했다. 나도 이 의견에 동의한다.

내가 미술관과 미술 전시회에 자주 간 것은 아버지 덕분이다. 반세기 동안 나는 미술관과 미술 전시회에 수없이 갔다.

그중 여러 번은 내가 새로운 사실들을 발견하는 기회가 되고
여러 해 동안 진정한 열광을 간직하는 계기가 되었다. 내 마음에
가장 흡족했던 전시회는 단연 1996년 3월부터 6월까지
헤이그국립미술관에서 열렸던 요하네스 베르메르의 전시회였다.
그 전시회는 상당히 성공적이었다. 운 좋게도 나는 반쯤 어둑해진
4월의 어느 저녁, 그림에 대한 사랑을 나와 공유하는 여자 친구
클로디아와 함께 그 전시회를 관람했다. 보존된 그림이 별로 없는
그 화가가 그린 스물일곱 점의 그림을 보기 위해 전 세계에서
사람들이 몰려들었지만, 그날 저녁에는 이상하게도 사람들이
많지 않았다. 또한 장소가 협소하면 대개 큰 불편을 초래하기
마련인데, 그때는 협소한 장소가 전시된 작품들에 완벽하게
들어맞는 앵티미즘의 분위기를 자아냈다. 그때 전시된 작품 중에
〈골목길〉이 있었다. 나는 암스테르담국립미술관에서 이미
여러 번 그 작품을 보고 감탄했지만, 그 전시회에서 그 작품을
보고 또다시 감탄하지 않을 수 없었다.

    그 전시회에서는 베르메르가 사용한 기법과 재료들을 더 잘
파악하기 위해 실험실에서 행한 최근의 분석 결과를 담은 자료들도
열람할 수 있었다. 그 자료들은 무척 학술적이었지만, 베르메르의
작품들을 연구한 화학자와 물리학자들의 분석 결과들이 알기 쉬운
방법으로 제시되어 있었다. 베르메르의 작품을 동시대 다른
화가들의 작품들과 다르게 만든 것은 그가 사용한 안료도 아니고,
안료의 부드러움도 아니고, 그것을 사용한 방식도 아니었다.

재미있게도 그 분석 결과들에 따르면 베르메르의 재능의 근원은 다른 데서 찾아야 했다.

실험실 밖에서, 즉 미술관이나 전시회에서 옛날 화가의 색채를 제대로 평가한다는 것은 쉬운 일이 아니다. 그 화가가 캔버스나 화판에 구현한 색들을 원래의 상태가 아니라 시간의 흐름에 따라 변화한 상태로 본다는 이유 때문만이 아니라 그 화가가 살았던 시대에 사용하던 조명과 매우 다른 조명 속에서 보기 때문이다. 이 문제에 대해서는 나중에 다시 다루겠다. 그런데 17세기 화가의 색채를 연구하는 것은 18세기 화가의 색채를 연구하는 것보다 좀 더 수월하다. 계몽의 시대였던 18세기에는 안료에 많은 변화가 생겼고, 옛 작업 방식인 빻고 진하게 만들어 색을 구현하는 방식 대신 작업실마다 새로운 작업 방식을 사용하여 경쟁과 혼란이 생겨났기 때문이다. 게다가 17세기 말 뉴턴의 발견들과 스펙트럼의 발명이 색들의 질서를 점차적으로 변화시켰다. 빨간색은 더 이상 흰색과 검은색 사이에 위치하지 않게 되었고, 초록색은 파란색과 노란색을 섞은 색으로 확정되었다. 원색과 보색의 개념도 조금씩 자리를 잡았다. 따뜻한 색과 차가운 색의 개념(오늘날 우리가 이해하는 의미에서)도 자리를 잡았다. 18세기 말의 색의 세계는 전 시대와는 완전히 달랐다.

베르메르는 17세기인 1655년에서 1675년 사이에 주로 활동했는데, 이때는 18세기와는 상황이 전혀 달랐다. 17세기에는 안료에 새로운 것이 별로 도입되지 않았다. 주목할 만한 유일한 새로움은 그전까지 유리나 도자기 공예에서만 사용했던 나폴리 노란색을 사용했다는 것이다. 1994년에서 1996년의 분석 전에 이따금 언급된 것과는 달리, 베르메르는 극도로 고전적인 방식으로 안료를 사용했던 것으로 보인다. 따라서 그의 독창성과 재능은 그가 사용한 재료에서 찾을 것이 아니라 그가 빛을 사용한 방식에서 찾아야 한다. 그가 사용한 안료는 그 시대의 것들이었다. 파란색은 강렬한 경우가 많았으며 청금석에서 채취했다. 이 안료는 값이 매우 비쌌으므로 겉칠 작업에만 사용했다. 그 아래의 층에는 남동광이나 청자색 유리에서 채취한 안료를 사용했다(특히 하늘색을 칠할 때). 노란색의 경우 오랜 옛날부터 사용한 전통적인 황토 염료 외에 주석에서 채취한 노란색이 많이 쓰였고, 이탈리아에서 온 새로운 색인 '나폴리 노란색 납으로 된 안티몬산염'이 조금 쓰였다. 초록색의 경우 불안정하고 부식성이 있는 구리로 만든 초록색 안료는 별로 쓰이지 않았다. 17세기 화가들 대부분이 흙에서 채취한 초록색 안료를 많이 썼다. 사실 이 시대에는 화가가 초록색을 얻기 위해 노란색 안료와 파란색 안료를 섞는 일이 비교적 드물었다. 물론 그렇게 해도 되지만, 다음 세기에 가서야 (몇몇 도덕가들에게는 애석하게도) 그런 방법이 보편화되었다. 마지막으로 빨간색은 진사辰砂, 산화연, 연지벌레, 꼭두서니, 브라질나무 그리고 다양한 색의 황적토로 만든 안료를 사용했다.

　실험실에서 행한 분석들을 통해 밝혀진 베르메르의 색은 이러했다. 독창적인 것은 전혀 없고 안료의 수도 전부 통틀어 스무 종류가 넘지 않는다. 그러나 안료의 색을 떠나 광학적 색에 집중하자(이것이 핵심이다.) 베르메르는 더 이상 자신의 동시대 화가들과 같지 않게 되었다. 그가 행한 배색효과는 좀 더 조화롭고, 좀 더 부드럽고, 좀 더 세련된 것이었다. 이 효과는 빛이 작용하게 해주는 비할 데 없이 부드러운 터치와 세심한 마무리 그리고 차갑고 반투명한 색들로 덮인 따뜻한 밑칠 작업에 기인한다. 미술사가들은 베르메르의 이런 재능에 대해 많이 이야기했다. 반면 그가 사용한 색들 자체에 대해 이야기한 사람은 적은 편이다.

여기서 베르메르의 색에 대해 자세히 이야기하는 것은 적절하지 않다. 그러나 회색, 특히 밝은 회색의 역할은 강조해야 한다. 이 밝은 회색들은 색의 경제적 사용에 기원을 두는 경우가 많았다. 다음으로는 파란색을 강조해야 한다. 베르메르는 파란색의 화가이다. 그리고 파란색과 흰색의 화가이다. 이 두 색이 베르메르에게 함께 작용한다. 파란색을 이용한 작업은 그를 17세기 네덜란드의 다른 화가들과 구별 짓는 지점일 것이다. 재능과 장점이 어떠했든 그들은 파란색을 베르메르처럼 섬세하게 다룰 줄 몰랐다. 몇 번이고 되풀이해 상기해야 하는 점이지만, 마르셀 프루스트 이후 베르메르의 노란색이 중요해졌는데, 어떤 노란색은 〈델프트 풍경〉의 노란 벽의 일부처럼 다소 분홍빛이 돌고, 어떤 노란색은 좀 더 날카로웠다. 베르메르의 음악성은 소박한 경우가 많은 이 노란색에 기초를 두는 듯하다. 우리를 황홀하게 하고 다른 어떤 그림에도 비할 수 없는 그림이 되게 하는 그 음악성 말이다.

---

1 막스 리베르만 Max Liebermann 1847-1935
   독일의 화가이자 동판화가. 베를린파 화가였으며 프랑스의 인상주의를
   받아들였다. 〈어망을 깁는 여자들〉〈염소를 데리고 있는 여자〉
   〈거위 털을 뜯는 여자들〉 등의 작품을 남겼다.

2 앵티미즘 Intimisme
   가정, 신변의 정경 등 일상생활을 소재로 따스하고 정겨운 감정을 표현하는 화풍.

색에 관심 없는 역사학자들

순진하고 열정적인 젊은 학자였던 나는 1970년대 중반에 색의 역사에, 세분되지 않은 모든 문제들에 관심을 갖기 시작했다. 나는 가정환경상 화가들과 빈번히 교류했고, 정기적으로 미술관에 갔고, 옷의 색에 병적인 주의를 기울였으며, 최근까지도 관심을 갖고 있는 중세의 문장紋章에 호기심을 가졌다. 이 모든 것이 나를 준비시키고 그런 연구들로 이끌었다. 나는 그것들이 접근하기 쉽고 가치 있는 주제라고 믿었다. 그 주제가 역사학자들의 사회에 잘 받아들여질 거라고, 많은 학자들이 그 주제를 연구할 거라고 생각했다. 하지만 완전한 착각이었다. 그 시절 역사학자, 고고학자, 미술사가들 중 색에 관심을 갖는 사람은 아무도, 정말이지 아무도 없었다. 그런 연구들이 행해졌을 것이라고 기대할 만한 영역에서조차 색은 무시되었다. 예를 들어 의복의 역사는 전적으로 무색無色의 역사였다. 자료들이 존재하고 그것들 중 다수가 오래전의 것들이지만, 의복 전문가들은 색에 관심을 기울이지 않았다. 시대의 흐름에 따른 의복 형태의 변화와 의복을 구성하는 다양한

부속품들의 변화만 중시되었다. 인간의 사회생활에서 중요한
'의복의 체계'에서 색이 중요한 역할을 한다는 생각은 그들에게는
낯설었다. 롤랑 바르트의 이름이 그들에게 낯설었던 것처럼.

그러나 최악의 분야는 미술사였다. 미술사는 그 성질 자체에
의해 색이 최우선의 자리를 차지해야 했지만, 색에 대해서는 거의
항상 침묵으로 일관했다. 두꺼운 학술서적들도 화가의 작품에 대해
서술하거나 화단의 이러저러한 경향에 대해 설명할 뿐 색에
대해서는 이야기하지 않았다. 색에 대한 단 한 번의 지적, 단 한 번의
고찰, 단 한 번의 언급도 없이 300-500쪽을 할애했던 것이다.
심지어 '파란색' '빨간색' '노란색' 같은 용어조차 등장하지 않았다.
성과가 매우 높은 책인데도 말이다! 이것이 1970년대 중반의
일반적인 흐름이었다. 색은 미술사에 부재했다.

나는 깜짝 놀랐다. 그러나 내 연구를 포기하지는 않았다.
거의 처녀지나 다름없던 색의 역사에 관해 몇 달 동안 조사하고
성찰한 뒤 나는 내 연구가 제대로 받아들여지지 않을 것이라는
사실을 확인했다. 그런 주제는 진지하지 못한 것, 심지어 경박한
것으로 여겨졌고, 전적으로 무의미한 것, 쓸데없고 진행하기
불가능한 것으로 치부되었다(하지만 나는 사료 편찬부터 시작한
참이었다). 게다가 다소 부도덕한 것으로 여겨졌다. 그때는
역사학자들이, 좀 더 일반적으로는 인문학자들이 사회에 대한
의무는 지녔지만 권리는 무척 적었던 시대, 특히 스스로 즐거움을
느끼는 연구를 할 권리가 없었던 시대였다. 연구자의 개인적

즐거움이 연구의 우선적 동기가 될 수 있다는 생각은 그 시대의 분위기 속에는 존재하지 않았고, 존재한다 해도 단죄받았다. 그런데 색의 역사에 관한 연구에서 나는 지나치게 즐거움을 느끼는 것처럼 보였다. 그것은 저속하거나 위험한 개인주의적 태도였고 연구자의 윤리에 반하는 것이었다.

나는 이미 몇 년 전 학문에는 걸맞지 않은 주제인 동물과 결부된 주제였기 때문에 선생님과 동료들이 우스꽝스럽게 여긴 중세의 문장과 관련된 동물에 대한 논문을 쓰면서 그와 비슷한 적대감을 마주한 적이 있었다. 1960년대에 동물은 아직은 소사나 일화집이 다루는 분야, 조상들의 지식, 관습, 믿음을 조롱하는 잡스럽고 외설적인 책의 소재일 뿐이었다. 몇몇 문헌학자와 종교사가들만 동물이 관련되는 특수 자료에 관심을 가졌다. 동물에게 역사적 중요성을 부여하거나 동물에 대한 것을 진짜 대학 논문의 주제로 삼는 것은 생각할 수 없는 일, 자살 행위나 다름없는 일이었다. 다행히도 이후 상황이 변했고 동물은 정당한 역사의 대상이 되었다.

색의 경우는 아직 완전히 그렇지 못하다. 사람들의 사고방식이 변했고 그 분야의 중요한 작업들(대개는 집단 작업)이 행해졌는데도 말이다. 21세기인 오늘날에도 미술사가들(내 수많은 동료와 친구들)은 색과 관련된 문제에 관심을 갖지 않는다. 심지어 어떤 미술사가들은 16세기나 17세기 화가들의 컬러 복제품을 보고 작품들을 연구하기보다는 흑백사진을 보고 연구하기를 더 좋아한다. 그들은 색이 시선을 방해하고 참고자료에 바탕을 둔 현실을 속임수를 통해 보여주고, 연구자를 기만하고, 화가의 '화법'을 연구하는 것을 방해한다는 생각을 갖고 있다. 회화의 역사에 헌정된 용어인 '화법' 말이다! 나는 모든 화가들에게는 색의 스타일이 존재한다고, 그것은 소묘, 필치, 입체감 등과 같은 자격으로 연구되어야 한다고 그 친구들에게 설명하려고 애썼지만 허사였다. 아무 효과도 없었다.

이 대목에서 우리는 소묘 지지자들과 채색화 지지자들을 오랫동안 대립시켰던 논쟁의 근원을 발견한다. 조형예술에서 가장 우위를 차지하는 요소는 무엇인가? 형태인가, 색인가? 소묘인가, 채색화인가? 우리는 이탈리아 르네상스와 그 전 단계의 미술들에서 이 질문에 대한 여러 표명을 볼 수 있다. 미술가들은 그림에서 색이 차지하는 위상에 대해 그리고 존재와 사물들의 진실을 표현할 때 소묘와 채색화의 서로 비교되는 미덕들에 대해 자문하기 시작했다. 화가들이 건축가를 겸하는 일이 많았고 신플라톤 학파의 주제들이 모든 창작예술을 휩쓸었던 피렌체에서는 소묘가 더 정확하고, 더 분명하고, 더 '진실한' 것으로 평가되었다. 베네치아에서는 그 반대로 생각했다. 두 지역 간에 논쟁이 벌어졌다. 이 논쟁은 두 세기 이상 계속되면서 처음에는 이탈리아에서, 그 뒤에는 프랑스 및 다른 유럽 지역에서 예술가와 철학자들을 격화시켰다.

소묘 지지자들은 수없이 많은 논쟁에 뛰어들었다. 그들은 채색화는 소묘와 달리 영혼의 창조물이 아니라 안료와 재료가 만들어낸 생산물에 불과하므로 소묘보다 고상함이 부족하다고 판단했다. 그들은 소묘가 생각의 연장이고 지성에 호소한다고 주장했다. 반면 채색화는 감각에 호소할 뿐이라고, 정보를 주는 것이 목적이 아니라 유혹하는 것이 목적이라고 보았다. 그러면서 때때로 시선을 교란하고 윤곽을 식별해내고 모양을 알아보는 것을 방해한다는 것이다. 그러므로 채색화는 비난받아 마땅했다. 진실과 선에서 멀어지게 만들기 때문이다. 간단히 말해 채색화는 겉치레, 허위, 거짓, 배신일 뿐이었다. 이것은 이미 12세기에 성 베르나르가[1] 발전시킨 개념들로서 신교도 종교 개혁가들이 다시 문제 삼고, 1550년에서 1700년 사이에 채색화에 대한 소묘의 우위를 지지하던 사람들이 다시 문제 삼았다. 이 오래된 비난에 색은 통제할 수 없기 때문에 위험하다는 생각이 때때로 덧붙여졌다. 색은 언어로 파악할 수 없으며(색조들에 이름을 붙이는 것은 모호한 작업이었다.) 모든 일반화와 분석에서 벗어난다는 것이다. 색은 반역자였고, 그러므로 경계해야 했다.

반대로 채색화를 지지하는 사람들은 색이 배제된 소묘는 진정으로 사물을 구현하는 데 성공할 수 없다고 주장했다. 비단 그림의 정서적 차원에서만이 아니라 단순하게는 일정한 영역과 면, 형상, 그 울림과 대응을 구별할 때도 그렇다는 것이다. 색은 감각적이고 음악적이기만 한 것이 아니라 동물학, 식물학, 지도 제작, 의학 등 학문들을 교육할 때도 필수 불가결한 역할을 했다. 그럼에도 불구하고 색을 열렬히 지지하는 사람들은 다른 측면에서 색의 우월함을 설파했다. 오직 색만이 육체를 가진 존재들에게 생명력을 부여한다는 것이다. 오직 색만이 살아 있는 존재들을 그림으로 표현할 수 있으므로 채색화만이 진정한 그림이라는 것이다. 이것은 계몽의 시대를 넘어 전파된 강력한 생각이었다. 레오나르도 다 빈치나 미켈란젤로를 모방할 것이 아니라 베네치아파의 거장들을 모방해야 했다. 그 맨 앞에 티치아노가 있었다.² 베네치아파는 육체와 혈색의 묘사에 탁월했다.

17세기 말에서 18세기 초의 주된 생각들은 이러했다. 이때부터 색은 과학이 마음대로 측정하고 통제하고 재생산할 수 있게 되었고 예측할 수 없거나 위험한 특성을 일정 부분 잃게 되었다. 뉴턴의 연구들이 새로운 발견, 새로운 분류, 새로운 쟁점들에 길을 열어주었다. 그렇다고 해서 오래된 논쟁이 완전히 끝난 것은 아니었다. 1830년에서 1860년대 사이에, 특히 프랑스에서 그런 논쟁이 오랜만에 재등장했다. 여러 번 되풀이된 앵그르 대 들라크루아Delacroix, 소묘 지지자 대 채색화 지지자의 논쟁이었다.

이 '논쟁'은 다른 형태를 통해 20세기까지 이어졌다. 이는 미술사가들만이 아니라 예술가들 자신에게도 영향을 미쳤다. 예를 들어 이브 클랭은³ 소묘에 대한 채색화의 우위를 격렬하게 주장했다. 다음은 그가 한 말이며, 내가 기꺼이 내 것으로 삼은 문장이기도 하다.

나에게 색은 살아 움직이는 존재, (……) 우주의 진정한 주민이다.
선은 지나가기만, 화폭을 가로질러 이동하기만 할 뿐이다.
선은 그저 통과만 할 뿐이다.

1 성 베르나르 Saint Bernard 1090-1153
  프랑스의 신비신학자이자 시토회 수도사. 스콜라 문화에 반대하여
  성서나 교부의 권위와 기도를 강조함으로써 수도원 문화를 대표했다.

2 티치아노 Vecellio Tiziano 1488?-1576
  이탈리아의 화가. 베네치아파의 회화적인 색채주의를 확립했으며,
  격정적인 바로크 양식의 선구자 역할을 했다. 〈천상과 세속의 사랑〉
  〈성모승천〉 등의 작품을 남겼다.

3 이브 클랭 Yves Klein 1928-1962
  프랑스의 화가. 혁명적 예술 활동을 지향한 기행으로 유명하다.
  나신의 여성에 페인트를 칠해 캔버스에 굴리기도 하고, 이층집에서
  뛰어내려 '허공의 극장'을 연출하기도 했다. 현대 행위예술과 팝아트,
  미니멀리즘에 영향을 주었다.

시간의 작업

처음 색의 역사에 관해 연구하면서 나는 그런 주제와 대면하는 것이 얼마나 까다로운 작업인지를 곧 느꼈다. 몇 달이 지나자 이 분야의 선배들이 왜 없는지를 깨달았다. 그런 역사를 체계화하고 수립하려고 시도하는 것은 거의 불가능한 작업이었던 것이다. 복식사가와 미술사가들은 오랜 세월 동안 색에 대해 침묵할 수밖에 없었던 정당한 핑곗거리를 갖고 있었다. 실행하는 것이 너무 힘들었던 것이다. 방법과 문제 제기와 관련된 측면뿐만이 아니라 참고자료와 관련된 단순한 측면에서도 그랬다.

세기를 넘어 우리에게 전달되는 유물이나 예술작품에서 우리가 실제로 보는 색은 원상태의 색이 아니라 시간이 만들어낸 색이다. 이런 격차가 때로는 상당히 크다. 이러한 '시간의 작업'은 재료의 화학적 변화와 사람의 행위에 기인하거나 수세기 동안 칠해지고, 다시 칠해지고, 수정되고, 청소되고, 이런저런 방식으로 장식되고 삭제되는 데 기인하는 것으로, 그 자체로서 역사의 참고자료이다. 그렇다면 어떻게 해야 할까? 아주 정밀하고 기술적인 방법들을 동원해 색을 '복원'하고 원상태로 돌려놓으려고 시도해야 할까? 이것은 내가 보기에는 위험하고 역사학자의 임무에 반대되는 것으로 여겨지는 실증주의적 사고이다. '시간의 작업'도 역사학자가 연구해야 할 부분이다. 왜 그것을 부인하고 지우고 파괴하는가? 게다가 위대한 화가들은 자신이 사용하는 안료가 변하리라는 것을, 그림의 색깔이 변하리라는 것을 잘 알고 있다. 그들은 그 사실을 예측하고 그림을 그리며, 그들이 후대에게 바라는 것은 그림의 최초 상태가 아니라 그들 자신은 볼 수 없는 차후의 상태이다. 그러니 우리가 어떤 그림이나 예술작품을 최초의 상태로 돌려놓으려 할 때 우리는 그것을 만든 예술가의 의지에 반하게 될 수도 있는 것이다. 역사적 현실은 최초의 상태에만 존재하는 것이 아니라 시간이 만들어내기도 한다. 그러나 시간이 작품을 만들도록 언제까지 내버려둘 수 있을까?

    참고자료와 관련된 어려움도 존재한다. 오늘날 우리는 20세기 이전의 사람들이 사용했던 조명과는 매우 다른 조명 아래에서 과거의 예술작품들을 본다. 횃불, 등유 램프, 양초는 오늘날 전기가 만들어내는 빛과는 다른 종류의 빛을 만들어냈다. 이것은 자명한 사실이다. 하지만 어떤 역사학자가, 미술관이나 전시회를 방문하는 어떤 관람객이, 어떤 고미술 애호가가 이런 사실을 고려하겠는가? 아무도 고려하지 않는다. 망각은 때때로 부조리로 이어진다. 최근에 공을 들여 복원한 시스티나성당의 천장화를 예로 들어보자. 복원 관계자들은 '미켈란젤로가

제시한 색들의 원래의 신선함과 순수함을 되찾기 위한 것'이라고
홍보함으로써 기술적인 측면은 물론 미디어적 측면에도 많은
신경을 썼다. 이런 작업은 조금 짜증을 유발하기도 하지만 확실히
호기심을 불러일으킨다. 그러나 이렇게 해서 얻어낸 색들을
전기 조명에 비춰본다면, 그것은 전적으로 무익하고 시대착오적인
일이 되어버린다. 미켈란젤로와 그 제자들의 색을 우리가 사용하는
현대의 조명에 비추어보면 무엇이 보이겠는가? 이때 왜곡은
16세기 이후 시간의 작업이 천천히 행한 왜곡보다 더 크지 않을까?
현대인들의 호기심 때문에 파괴되고 훼손된 라스코 동굴 벽화나
다른 선사시대 유적들을 생각하면 더욱 염려스럽다. 그렇다고
시스티나성당 안에 양초나 등유 램프를 설치한다는 것은
불가능하고 터무니없다. 그렇다면 도대체 어떻게 해야 할까?

    과거의 조명은 모두 불길을 기본으로 만들어졌다. 불길은
그림의 형태와 색을 움직이게 한다. 불길은 그것들을 생동하게 하고
진동하게 하고, 심지어 운동하게 한다(횃불이나 양초 불빛에서 보는
바외Bayeux의 자수품 같은 참고자료들을 생각해보라). 반대로 오늘날
우리가 사용하는 전기 조명은 비교적 정태적이다. 전기 조명은
형태도 색도 움직이게 하지 않는다. 우리의 시선과 우리 조상들의
시선 사이의 격차는 무엇에 기인할까? 원하든 원하지 않든
우리는 절대 그들처럼 참고자료나 예술작품을 지각하지 못할
것이다. 고대, 중세 그리고 근대 사람들의 눈에 비친 색은 항상
움직였다. 아리스토텔레스는 모든 색이 얼마나 유동적인지

강조한 바 있다. 오늘날을 사는 사람들의 눈에는 색들이 움직이지 않는다. 혹은 거의 움직이지 않는다. 색은 부동으로 보인다. 지각의 차이가 엄청나다.

우리는 대형 슈퍼마켓에 일률적인 방법으로 불을 밝히는 데 아무런 어려움도 느끼지 않는다. 오늘날의 미술관에서는 3×5미터짜리 그림이라고 해서 작은 그림들보다 조명을 덜 받지 않는다. 점점 더 완벽해지는 간접조명과 인공조명 덕분에 화폭 전체가 빠짐없이 완벽한 조명을 받는다. 그러나 과거에는 그런 것이 불가능했다. 그림이 그려진 방식과 특성이 어떠하든 간에 불길에 기반을 둔 과거의 조명은 오늘날처럼 그림 표면을 균등하게 밝히지 못했으며, 조명을 잘 받는 부분과 그늘지는 부분이 늘 존재했다. 과거의 화가들과 대중은 이런 명암 효과의 유희에 너무나 민감했다. 그러나 전기가 발명되면서 예술작품, 이미지, 더 나아가 색과 관객의 관계는 완전히 변해버렸다.

역사학자들이 색에 대해 침묵한 또 다른 이유는 16세기 이후 그들이 흑백으로 된 자료로 작업하는 데 익숙해졌다는 것이다. 판화에서 출발하여 19세기 이후의 사진까지 4세기에 가까운 세월 동안 '흑백으로 된' 참고자료는 그림을 포함하여 형태를 지닌 과거의 유물들을 복제하고 연구하고 알릴 수 있는 유일한 수단이었다. 그러다 보니 역사학자들의 사고방식과 감수성 역시 흑백 기반으로 고정되었다. 판화, 책 그리고 흑백사진에 의지한 역사학자들(특히 미술사가들)은 최근까지도 과거가 회색, 검은색,

흰색으로 이루어진 세상이라고, 완전한 무색의 세계라고 생각하고 연구했다.

컬러사진에 대한 최근의 선호가 이런 상황을 많이 변화시키지는 않았다. 지난 30-40년 동안 기술이 발전하고 참고자료에도 변화가 있었지만 아직까지는 아니다. 사고방식과 감수성이란 너무도 깊이 뿌리박힌 것이라서 한두 세대 안에는 변모할 수가 없다. 또한 컬러사진으로 된 자료는 오랫동안 도달하기 힘든 호사로 여겨졌다. 최근까지도 대학생, 젊은 학자, 심지어 공인받은 석학들에게조차 미술관이나 도서관, 전시회에서 간단한 컬러 슬라이드를 만드는 것은 힘들고 금지된 작업이었다. 그런 작업 의욕을 꺾기 위한 혹은 그 작업에서 폭리를 취하기 위한 제도들이 사방에 생겨났다. 학술 잡지사나 출판사 담당자들도 재정적인 이유로 컬러 도판들을 배제할 수밖에 없었다. 연구할 때 시각적 자료들이 필요한 다른 학문 분야, 이를테면 천체물리학이나 X레이, 초음파 등 의료 사진이 필요한 의학과 과거로부터 내려온 형태 기반의 참고자료들을 연구하는 학문 분야에도 수많은 기술적, 재정적, 제도적 장애물이 존재했다. 이 장애물들은 오늘날에도 완전히 사라지지 않았고, 불행하게도 이전 세대들이 경험한 기술적, 재정적 어려움에 이제는 말도 안 되는 법률상의 속박까지 덧붙여졌다. 역사학자가 되려면 이미지보다는 글에 기반을 두고 작업하는 게 더 나을 정도이다!

그러므로 컬러사진은 여전히 불충분한 기술이다. 예를 들어

금을 사진으로 제대로 찍는 것은 불가능하다. 중세 전문가인 나는 매일 그런 경험을 한다. 금은 물질이고 빛인 동시에 색이다. 이 세 가지 특성을 다 나타내려면 세 가지 촬영법이 필요하다. 하나의 피사체 혹은 하나의 예술작품으로서 금은 조명을 반사하고 움직이게 하고 조명으로 하여금 '이야기를 하게' 한다. 그러나 사진은 순간을 멈추게 하여 정지된 역할 속에 금을 가둘 수 있을 뿐이다. 금의 색을 포착하려고 하는 것은 공상일 뿐이다. 사진으로 찍은 금은 늘 지나치게 노랗거나 지나치게 빨갛다. 그렇지 않으면 회색이나 초록색을 띤다. 스테인드글라스의 경우도 비슷하다. 사진은 한순간을 고정하지만, 스테인드글라스는 태양의 운행, 계절의 순환과 함께 살아 움직이도록 만들어졌다. 스테인드글라스의 색들은 늘 움직인다. 따라서 사진 자료에 기반을 두고 스테인드글라스를 연구하는 것은 별로 의미가 없다.

지난 30년 동안 기술이 많이 발전했는데도, 데이터뱅크의 수가 점점 더 많아지고 성능이 좋아지는데도, 디지털화 덕분에 수백만, 아니, 수십억 개의 이미지들을 멀리서도 참조할 수 있는데도, 내가 보기에 미래는 사람들이 말하는 것처럼 찬란하고 화려할 것 같지는 않다. 한쪽 측면에서 얻는 것이 있으면 다른 측면에서는 잃는 것이 있는 법이다. 공공 수집품을 관리하는 사람들, 이미지들에 대한 권리를 소유한 사람들, 그리고 새로운 기술을 찬미하는 과격한 사도들은 때때로 순진하게도 컴퓨터 모니터를 통해 옛날의 예술작품이나 참고자료를 봄으로써 원본과 접촉할 수 있다고 생각한다. 그들은 그런 자료들이 이제는 디지털화되었고 그것들을 복제하는 것은 여건이 마련되었을 때만 가능하다는 핑계를 대며 직접적인 접근에 한계를 부여하고 직접적인 조사를 금한다. 색의 문제(그리고 다른 문제들도)와 관련해서 이것은 심각한 사안이다. 유물이나 예술작품의 쟁점과 특징들을 컴퓨터 모니터에만 의지하여 연구할 수는 없다. 간단한 예로 광택 없는 것과 반짝이는 것을 어떻게 구별하겠는가. 수세기 동안 유럽 화가들은 입체적 공간과 면을 구별하기 위해, 감각을 창조하거나 미적 효과를 야기하기 위해 그런 구별을 이용했다. 그러므로 관객에게, 그리고 특히 미술사가에게 광택 없는 색과 반짝이는 색을 구별하는 것은 필수적이다. 컴퓨터 모니터에서 광택 있는 색과 광택 없는 색을 어떻게 구별하겠는가?

스포츠 분야   sur les terrains de sport

골키퍼와 심판

"뚱보, 너, 골대로 가!" 체육 선생님이 위협적인 어조로 내뱉은 이 말이 1957년 가을의 내 스포츠 활동을 결정해버렸다. 그때 나는 열 살내기, 제2제정 때 건설된 파리 남쪽 교외 방브에 있는 미슐레고등학교 6학년 학생이었고, 다른 친구들처럼 일주일에 두 번 오후에 넓은 공원의 평평한 지대에 자리 잡은 멋진 스포츠 시설에서 스포츠 활동을 하는 혜택을 누렸다. 나는 그때까지 한 번도 축구를 해본 적이 없었지만 골키퍼 역할이 곧 마음에 들었다. 몇 달이 지나자 나는 학교에서 제일가는 팀이 눈독을 들이는 골키퍼가 되었고, 5년 동안 그런 위치를 유지했다. 처음에는 제일 어린 팀인 11-12세 팀에서 뛰었고, 나중에는 13-14세 팀, 그 후에는 14-16세 팀에서 뛰었다. 솔직히 말해 우리 팀의 성적은 그다지 뛰어나지 않았다. 미슐레고등학교에서 주력하는 스포츠는 축구보다는 럭비, 핸드볼, 수영이었다. 골키퍼를 하는 5년 동안 나는 상당한 득점을 허용했다. 아마 1,000골 이상 먹었을 것이다. 그 시절 학교 대항 축구 경기에서는 6 대 4, 7 대 2, 10 대 0 등 높은 스코어가 나오는 일이 빈번했다. 그렇기는 했지만 점심 휴식 시간에 운동장에서 즉흥적으로 벌어지는 축구 경기에 비하면 높은 스코어도 아니었다. 그런 경기에서는 20분 동안 23 대 15, 32 대 26 혹은 그 이상의 천문학적 스코어에 다다르는 일도 드물지 않았다. 우리는 시멘트 바닥에서 껍질이 벗겨진 회색 테니스공으로 축구를 했다. 낡고 엉망이 된 책가방 두 개가 골대의 말뚝 역할을 했다. 책가방으로 우스꽝스러운 짓을 하지 않겠다고 부모님에게 약속을 했는데도 말이다.

진짜 축구장에서 우리 '검은 짐승' 팀이 라카날드소학교로부터 몇 번 잊기 힘든 모욕을 받았음에도 불구하고 나는 골키퍼 역할을 정말로 좋아했다. 골대 앞에서 나는 내가 입은 운동셔츠가 보여주듯 예외적으로 활기찼다. 내가 입은 운동셔츠의 색은 우리 팀 다른 선수들의 운동셔츠 색과 달랐다. 다른 선수들은 매주 목요일 미슐레고등학교를 대표하는 모든 운동선수들처럼 깃과 소매 부분이 하얀색인 검은 셔츠에 검은색 반바지를 받쳐 입어야 했다. 하지만 나는 거의 주황색에 가까운 빨간색 바탕에 하얀 테가 둘린 운동셔츠와 잿빛이 도는 초록색 운동셔츠 둘 중에서 선택을 할 수 있었다. 둘 모두 등판에 큰 글씨로 '1'이라고 찍혀 있었다. 그 옷을 입은 내 모습은 정말이지 멋졌다. 파리 지역의 모든 스포츠 경기장에서 볼 수 있었던 기괴한 검은색 옷을 입은 다른 아이들은 그렇지 못했다. 아마 그 아이들도 다른 색을 더 좋아했을 것이다. 그러나 그 색은 처음부터, 어쨌든 1920년대부터 학교를 대표하는 색이었다. 아무도 그 색을 바꾸거나 그 색이 학교에 다니는 어린아이들에게 어울리지 않는다고 지적할 생각을 하지 않은 것 같다. 왜냐하면 나는 1965년 학교를 졸업할 때까지 학교 스포츠 팀 학생들이 올 블랙으로 옷을 입은 모습을 계속 보았으니까. 지금도 여전히 그럴까?

그 시절에는 검은색 운동셔츠를 심판들의 옷과 혼동할 위험은 거의 없었다. 학교 대항 경기에서 심판은 대개의 경우 체육 선생님들이 맡았고, 체육 선생님들은 자기 직업을 나타내는 옷을 입었으니 말이다. 그 옷은 1950년대 중반에 나타나 그 후 20여 년 동안 사용된 보기 흉한 밝은 파란색 운동복이었다. 그렇게 보기 싫은 옷은 별로 본 적이 없다. 다리 부분이 스키처럼 방추 모양으로 되어 있고, 색은 볼품없게 반짝이고 반들반들 광택까지 났으니 말이다.

검은색 유니폼을 입은 심판들은 국가 대항이나 지역 대항의 중요한 시합에서만 볼 수 있었다. 학교 대항 경기에서는 볼 수 없었다. 공인 축구 심판들이 언제부터 검은 옷을 정식으로 착용하게 되었는지 정확히 가늠하기는 어렵다. 아마도 1920년에서 1925년 사이였을 것이다. 제1차 세계 대전 전에 심판들은 단색보다 더 강력한 시각적 효과를 내는 검은색과 흰색으로 된 세로줄무늬 셔츠를 자주 입었다. 권투, 야구, 농구, 아이스하키 등의 스포츠에서, 특히 미국과 캐나다에서 심판들은 오랫동안 줄무늬 셔츠를 입었다. 1970년대부터 럭비 심판들은 줄무늬나 민무늬 검은색 셔츠 대신

강렬한 색의 셔츠를 입기 시작했다. 축구에서는 좀 더 시간이 흐른 뒤에 그렇게 되었다.

유럽에서 검은색은 수세기 동안 경찰과 사법기관의 기능을 대표하는 권위의 색이었다. 이런 이유로 심판들도 판사나 헌병처럼 검은색 옷을 입게 되었고, 운동선수와 관객들이 강한 인상을 받았다. 검은 옷을 입은 사람은 두려움을 불러일으키며 존경심을 유발한다. 그런 옷차림에 호각(경찰의 제일가는 표장)과 스포츠 경기장에서 흔히 사용되는 군대식 몸신호가 덧붙여지자 더욱 그렇게 되었다.

그 뒤 헌병, 경찰, 세관원, 그 밖에 많은 사람들의 제복이 검은색에서 감색으로 바뀌었지만 축구 심판들의 유니폼은 감색으로 바뀌지 않았다. 이들은 판사들처럼 오랫동안 '검은 옷을 입은 사람들'로 머물렀다. 하지만 1980년대에서 1990년대에 텔레비전 스포츠 중계방송이 점점 더 많아지면서 이들도 점차 검은색 셔츠를 입지 않고 경기장에서 뛰는 선수들의 유니폼과 대조를 이루는 강렬한 색의 셔츠를 입게 되었다. 매력적인 색이지만 존경심을 유발하지는 않는 노란색, 초록색, 분홍색, 심지어 흰색 옷을 입은 심판들이 축구장에 출현했다. 심판들은 검은색을 버리면서 권위를 많이 잃었다. 또한 현대 축구가 발전함에 따라 '비디오 판정'의 도입과 함께 심판의 판정에 대한 이의 제기와 논쟁이 증가했다.

노란 자전거

앞에서 이야기한 감색 블레이저에 얽힌 울적한 기억이 내가 최초로 부린 '색에 대한 변덕'은 아니다. 이렇게 표현한 사람은 나에게는 제2의 어머니와 다름없는 리즈 이모이다. 일명 '노란 자전거 사건'이 일어나기 몇 주 전의 일이었다.

비교적 응석받이 아이였던 나는 이미 자전거가 여러 대 있었다. 모두 초록색이었고 알랑송의 아믈랭 자전거 상점에서 산 것들이었다. 그 상점에서 나는 특별한 냄새는 나를 황홀하게 했다. 접착제, 고무, 기름 그리고 무엇인지 알 수 없는 수수께끼의 냄새가 한데 섞인 것이었다. 아버지는 내 열세 살 생일을 기념해 앞으로는 내 몸이 별로 자라지 않을 테고 새 자전거를 마련하면 오랫동안 타리라는 기대로 성인용 자전거를 한 대 사주겠다고 약속했다. 그러나 아버지는 알랑송의 아믈랭 상점에 가지 않고 최근에 다시 만난 어린 시절의 친구가 운영하는 자전거 상점, 즉 마옌 북부의 생 피에르 데 니 마을에 있는 리포 자전거 상점으로 갔다. 그 자전거 상점은 수수했고, 아믈랭 자전거 상점보다

작았고, 냄새도 달랐다.

    1960년 7월의 어느 날이었다. 아버지의 친구는 우리를 따뜻하게 맞아주었다. 그는 우리가 올 것에 대비해 경주용 핸들이 있는 예쁜 성인용 자전거를 진열장에 내다놓았다. 그는 그것을 내가 살 자전거로 점찍어두었고, 그렇게 함으로써 내 마음을 끌려고 생각했던 것이다. 예전에 내가 타던 자전거들 중에는 멘과 노르망디 지방의 길에서 허세를 부릴 수 있는 끝이 구부러진 경주용 핸들이 달린 것이 하나도 없었다. 아버지의 친구는 나를 평범한 청소년으로 취급했다. 내가 그런 핸들에 전혀 관심을 갖지 않으리라고는, 극단적인 경우 그것을 우스꽝스럽게 여길 거라고는 꿈에도 생각하지 못했다. 자전거를 고를 때 나에게 가장 중요한 요소가 형태도 아니고 액세서리도 아니고 색일 거라고는 상상조차 하지 못했다. 나에게는 색이 결정적인 기준이었다. 그런데 그가 점찍어둔 자전거는 노란색이었다. 내가 예상했던 초록색이 아니고 노란색이었다. 그것도 아주 강렬한 노란색! 그런 색의 자전거 위에 앉는다는 것은 말도 안 되었다. 그 자전거는 그야말로 '작은 여왕' 같았다.

    토론, 거부, 논쟁, 위협이 이어졌다. 나는 평소대로 '색에 대한 변덕'을 부렸다. 결국 나는 자전거를 사지 못하고 걸어서 자전거 상점을 나왔다. 아버지의 친구는 어리둥절해했다. 그가 자전거를 판매할 기회를 잃은 것은 나 때문만은 아니었다. 내가 그 노란색 자전거를 좋아하게 만들려고 그가 한 말들이 왜 나를 설득하지 못했는지 그가 이해하지 못했기 때문이었다. 그의 말에 따르면, 그 노란색은 투르 드 프랑스의 노란 셔츠에 필적할 만하다는 것이었다. 그러니 내가 그 자전거를 타면 모든 사람들이 나를 보고 경탄할 것이고, 나를 챔피언으로 여길 것이고, 자기들도 그 자전거를 타고 싶어할 것이라고 했다. 그는 노란 셔츠의 역사를 상기시키고 투르 드 프랑스의 우승자 몇 명을 언급하고, 자크 앙크틸의 재능을 찬양했다. 그러나 나로서는 전혀 감탄할 수 없는 이야기였다.

그런 궤변들은 내게 효과가 없었다. 그는 누구에게든 자전거를 빌려줄 수 있지만 뒷자리에는 내가 무척 좋아했던 사촌누이의 친구만 태우고 싶었던 내 마음을 파악하지 못했다. 노란 셔츠의 역사와 투르 드 프랑스의 챔피언 목록이라면 일간지 「레퀴프L'Équipe」를 1년 넘게 구독했으므로(50년이 지난 지금도 마찬가지이다.) 줄줄 외울 정도로 잘 알고 있었다. 내가 좋아하는 스포츠는 사이클이 아니라 육상이지만, 나는 1903년 이후 투르 드 프랑스 우승자들의 이름과 공식 랭킹 1위에서 5위까지의 선수 이름을 주저 없이 외울 수 있다. 게다가 나는 내 또래의 청소년들이 많이들 그랬을 테지만, 그 노란 셔츠가 1919년 투르 드 프랑스가 열리는 도로에서 선두를 달리는 선수를 구별하기 위해 고안되었다는 사실을 알고 있었다. 노란 셔츠를 처음 입은 선수는 그 유명한 외젠 크리스토프이다. 하지만 그는 투르 드 프랑스에서 한 번도 우승하지 못했다.

게다가 나는 그 셔츠에 별로 호감을 갖고 있지 않았다. 색이 노란색이어서 아니라(노란색은 내가 좋아하는 초록색이 아니지만 내가 싫어하는 보라색도 아니었다.) 우승자가 입는 셔츠였기 때문이다. 나는 스포츠 경기 '우승자들'에게 큰 경탄을 느낀 적이 별로 없다. 전쟁이나 일상생활의 경쟁에서도 마찬가지이다. 이긴다는 것 자체가 부적절하거나 이기적이거나 하찮은 일은 아니지만, 이긴 것을 자랑스러워하는 일은 좀 그런 것 같다.

1위를 나타내기 위해 왜 하필 노란색을 선택했을까? 1910년대에서 1920년대에 행해진 색 선호도에 대한 모든 여론조사 결과를 보면 노란색은 여섯 가지 기본색 중 맨 꼴찌였다. 프랑스를 포함한 유럽 전체에서 1880년에서 오늘날까지 기술의 변화와 사회의 변화에도 불구하고 이 결과는 변함이 없다. 순위는 파란색, 초록색, 빨간색, 흰색, 검은색, 노란색순이다. 남녀노소와 직업에 상관없이 말이다.

유럽에서 노란색의 역사는 길고 긴 가치절하의 역사이다. 고대 그리스와 로마에서 노란색은 사회생활과 종교의식에서 중요한 역할을 하고 높이 평가받는 색이었다. 그러나 중세에 오자, 노란색은 그 가치가 내려갔다. 노란색은 거짓의 색, 비겁함의 색, 불충과 치욕의 색이 되었다. 노란색은 무훈시(『롤랑의 노래』에 나오는 배신자 가늘롱)나 원탁의 기사 이야기(펠론 기사들)에서 반역의 색으로 등장한다. 또 유대인, 이단, 나병환자, 유죄선고를 받은 죄인 등 추방당한 자와 버림받은 사람들에게 부여되는 불명예스러운 표시나 휘장의 색이었다. 종국에 노란색은 초록색과 합쳐지거나 결부되어 무질서와 광기의 색이 되었다. 중세의 감수성 속에서 선한 노란색은 금 단 하나뿐이었다. 근대에 와서 노란색은 이런 부정적인 특성들을 잃지 않은 채 정반대로 질병(때로는 죽음)의 색이 되었고 질투하는 남편이나 배신당한 남편의 색이 되었다. 19세기의 정치적 상징에서 노란색은 밀고나 배신의 개념과 결부되었다. 특히 중류 계급 노동자들에게 노란색은 그들이 속한 계층을 배반하는 사람들, 즉 파업 방해자, 권리 행사에 참여하기를 거부하는 노동자를 뜻하는 색, 사용자 조합을 뜻하는 괴상한 색, 혁신적인 행위를 지지하는 붉은 조합에 대립하는 색이었다. 제1차 세계 대전 직후에도 노란색은 일반대중에게 좋은 평판을 얻지 못했다.

그런데 1919년 투르 드 프랑스에서 수위를 달리는 사람을 표시하는 데 왜 하필 노란색을 선택했을까? 그것은 아주 간단하다. 투르 드 프랑스의 주최사인 일간지 「로토 L'Auto」의 종이 색이 노란색이었기 때문이다. 당시 사람들이 싼값으로 종이에 물을 들일 때 사용한 일회용 또는 대량 소비용으로 쓰인 그 엷고 흐릿한 노란색 말이다. 한마디로 말해 그리 높은 가치를 부여받지 못한 노란색이었다. 그러나 이런 광고 활동은 상당한 성과를 가져와 투르 드 프랑스에 마법을 일으켰다. 1930년대가 되자 노란 셔츠는 맹목적 숭배의 대상, 거의 신화적인 대상이 되었다. '노란 셔츠'라는 유명한 어구도 탄생했다. 이 어구는 스포츠 분야를 넘어 널리 퍼져나갔다. 당시 금융계, 경제계, 정치계에 노란 셔츠들이 있었고 지금도 있다. '노란 셔츠를 입는 것'은 한 세기에 가까운 세월 동안 어떤 방식과 유형의 경쟁에서든 '선두에 서는 것'을 의미했다. 프랑스에서만 그런 것이 아니라 이탈리아를 포함한 이웃 나라들에서도 마찬가지였다. 하지만 이탈리아의 '지로 디탈리아'에서는 1923년 이후 우승자에게 분홍 셔츠를 입혔다. 아무튼 노란 셔츠는 그때껏 사랑받지 못한 노란색에 새로운 가치를 부여하는 데, 노란색을 승리의 색으로, 때로는 탁월한 색으로 만드는 데 기여했다. 일간지 「로토」를 인쇄하는 종이의 생기 없는 노란색이 아니라 환하게 빛나는 일종의 새로운 금 같은 노란색이 된 것이다.

하지만 1960년 여름 초록색 자전거를 열렬히 갈망하던 한 고집 센 소년에게 노란 자전거를 사게 할 정도는 아니었다.

1 투르 드 프랑스(Tour de France)에서 선수들이 입는 셔츠는
   색상별로 의미가 다르다. 노란색 셔츠는 시간 기록 1위, 초록색 셔츠는
   구간별 포인트 합산 1위, 물방울무늬 셔츠는 산악코스 1위,
   흰색 셔츠는 25세 이하 선수 중 가장 잘 달린 선수들에게 주어진다.
   각 구간이 끝날 때마다 성적을 집계하여 셔츠의 색상을 정해주면
   다음날 그 색상의 셔츠를 입고 경기를 한다. 끝까지 노란 셔츠를 입고
   달리는 선수가 우승자가 되며 이것은 투르 드 프랑스의 상징이자
   최고의 명예이다.

2 자크 앙크틸 Jacques Anquetil 1934-1987
   프랑스의 사이클 선수. 투르 드 프랑스 역사상 최초로 다섯 번 우승했다.

3 외젠 크리스토프 Eugène Christophe 1885-1970
   프랑스의 사이클 선수. 1913년 대회에서 경기 도중
   자전거 바퀴가 부러지자 자전거를 둘러메고 피레네 산맥을 넘었다.
   도중에 곰을 만나기도 하는 등 시련을 극복하고 다른 선수들과
   합류하는 초인적인 용기를 보여준 것으로 유명하다.

4 지로 디탈리아 Giro d'Italia
   1909년에 시작된 이탈리아 일주 자전거 경기 대회.
   3주간에 걸쳐 약 4,000킬로미터의 코스를 주파한다.

바르탈리와 이탈리아 국기

시대를 통틀어 스포츠 분야의 가장 위대한 업적은 무엇일까? 1935년 5월 25일 앤아버대학 육상대회에서 제시 오언스Jesse Owens가 한 시간 남짓한 시간 동안 세운 여섯 개의 세계 신기록 및 타이 기록일까? 1968년 10월 18일 멕시코올림픽에서 밥 비먼 Bob Beamon이 세운 8.90미터라는 놀라운 멀리뛰기 기록일까? 1980년 알파인스키남녀월드컵에서 리히텐슈타인의 안드레아스 벤첼Andreas Wenzel과 그의 누나 한니 벤첼Hanni Wenzel 남매가 나란히 거둔 전 종목 석권일까? 나의 경우 호주의 테니스 선수 켄 로즈월Ken Rosewall이 1954년과 1974년 윔블던대회에서 치른 20년이나 시차를 둔 두 번의 결승전에 감탄을 느낀다. 불행하게도 두 경기 모두 패했지만 말이다.

    이상한 일이지만 스포츠사를 연구하는 학자들도(그들은 스포츠사를 정치사, 사회사 혹은 문화사에서 분리하지 않으며, 최근 몇 년간을 별로 중시하지도 않는다.) 이 부분에는 동의하는 듯하다. 우승자 목록, 시대, 다양한 세대를 비교해야 하는 어려움이 있는데도 말이다. 그들 중 많은 이들이 시대를 통틀어 스포츠 분야의 가장 위대한 업적은 지노 바르탈리가 1938년과 1948년 투르 드 프랑스에서 거둔 승리라고 생각한다. 그 시절 유럽 및 전 세계에서 일어난 일들을 고려하면 이 두 번의 승리는 엄청난 중요성을 지닌다.

나는 항상 지노 바르탈리에게 감탄했다. 어렸을 때 나는 그보다 다섯 살 연하였던 라이벌 파우스토 코피와의 경쟁에서 그를 응원했다. 어른이 되자 그 두 사람의 경쟁이 일종의 상징성을 갖고 있었음을 깨달았다. 두 사람은 종전 직후 전쟁의 피해를 복구하던 이탈리아의 얼굴을 대표했던 것이다. 바르탈리는 가톨릭 신자에 전통주의자였고, 코피는 현대성을 상징했다. 얼마 전 바르탈리가 사망하자, 그에 대한 참고자료들이 출판되어 전쟁 기간 동안 그가 했던 모범적 행적들이 세상에 알려졌다. 그는 유대인과 레지스탕스들을 구하는 데 헌신했다. 그것은 정의를 구현하는 일이었다.

그는 '정직한' 챔피언이기도 했다. 그런 점에서는 위대한 사이클 선수들 가운데 마지막 선수였을 것이다. 그의 경력은 길고 화려하다. 1935년에 프로 선수 생활을 시작해 1954년에야 마감했다. 그 동안 세운 기록들도 비범하다. 전쟁 때문에 5년 이상 스포츠 경기들이 중단되지 않았다면 훨씬 더 많은 기록을 세웠을 것이다.

지노 바르탈리는 기자들에게도 사랑을 받았다. 오랫동안

「레퀴프」를 이끌었던 자크 고데는 그에게 숭배를 표한 바 있다. 다른 언론인들도 때로는 부루퉁한 어조로, 때로는 빈정대는 어조로, 그러나 타당하게 자크 고데의 발언을 인용했다. 바르탈리는 놀랍게도 색에 관심을 보였다. 1952년 서른여덟의 나이에 도로 경기 종목에서 이탈리아 챔피언이 되었을 때, 바르탈리는 시상대에 올라가 이탈리아 국기가 게양되는 모습을 바라보고 초록색, 흰색, 빨간색으로 된 새 셔츠를 받았다. 그때 그는 그 자리에 있던 기자들에게 국기와 새 셔츠의 초록색이 "옛날보다 더 밝아졌다."고 말했다. 1935년 그가 처음으로 이탈리아 챔피언이 되었을 때는 초록색이 더 짙었고 심지어 잿빛이 조금 돌기까지 했다. 1940년 두 번째, 세 번째로 우승했을 때는 초록색이 조금 밝아져 중간 정도의 색조를 띠었다. 그러나 1952년에는 아주 밝은 초록색이어서 거의 빛이 날 정도였다.

위대한 이탈리아 챔피언의 이런 지적은 절대 하찮은 것이 아니다. 이 지적은 유럽의 다른 국가들에도 적용될 수 있었고 색에 대한 감수성의 보편적 변화를 뜻했다. 이를테면 프랑스 국기의 파란색에서도 비슷한 변화를 확인할 수 있었다. 프랑스 국기의 파란색은 제1차 세계 대전과 제2차 세계 대전 사이에는 줄곧 진한 색이었고, 내가 어렸을 때인 1950년대에는 감색이었으며, 그 20년 뒤에는 조금 연해졌다. 그리고 오늘날에는 완전한 감청색이 되었다. 발레리 지스카르 데스탱 대통령은 7년 임기의 초기였던 1974년 프랑스 국기의 파란색이 밝아졌으면 하는 바람을 공개적으로 표명했다. 이것은 정치적 언급이 아니라 말 그대로 개인적, 미적 관찰이었다.

대통령의 그런 언급에 충격을 받았던 것이 기억난다. 그가 대통령이어서가 아니라 지금도 그렇지만 나는 연한 파란색보다 진한 파란색을 더 좋아했기 때문이다. 표장을 연구하는 역사학자들이 지적했듯이 국기의 색은 추상적·관념적 특성, 문장으로서의 특성을 지녀야 한다. 사실 색은 별로 중요하지 않다. 프랑스 국기의 파란색은 옛날 왕가의 문장 같은 쪽빛이 도는 감색, 중간 색조의 파란색, 하늘색, 초록색이나 보라색이 약간 도는 파란색이 될 수 있다. 그렇지만 이런 것은 전혀 중요하지 않고 의미도 없다. 중요한 것은 파란색, 흰색, 빨간색이 지닌 개념이다. 헌법의 그 어느 조항도 이 세 가지 색에 대해 언급하지 않는다. 국기가 바깥에서 나부낄 때, 악천후에 노출될 때 국기의 색조는 변한다. 그러나 이것은 프랑스 국기가 국가의 표장이자 공화국의 자유의 상징으로 남는 것을 전혀 방해하지 않는다.

유럽 및 전 세계의 국기들도 마찬가지이다. 국기의 색을 색견본에 나온 특정한 색으로 지정하는 나라들은 그리 많지 않다(우루과이, 이스라엘, 카타르, 바레인 그리고 몇몇 나라들이 있다). 그런 나라들은 대개 개발도상에 있는 나라이거나 최근에 독립을 쟁취한 나라들이다. 색을 이렇게 정확히 지정하는 것은 표장에 관련된 전통에는 존재하지 않는다. 표장에 관련된 전통에서는 색의 물질성이나 색조보다 색의 개념이 더 중요하다. 프랑스의

파란색처럼 이탈리아의 초록색도 시대에 따라 염료, 천의 소재,
기후 조건에 따라 다양한 색조를 띨 수 있다. 모범적인
챔피언이었던 지노 바르탈리는 수십 년 동안 사이클 경기에서
승리를 거두면서 자기 나라 국기의 초록색이 밝아지는 것을
보았고, 그것은 자체로서 역사적 참고자료인 것이다.

1 지노 바르탈리 Gino Bartali 1914-2000
   '토스카나의 철인'으로 불린 이탈리아의 사이클 선수.
   투르 드 프랑스 및 이탈리아, 스위스 투어, 밀라노 산레모대회 등
   20년의 선수 생활 동안 180회 이상 우승을 차지했다.

2 파우스토 코피 Fausto Coppi 1919-1960
   1940-1950년대에 활동한 이탈리아의 전설적인 사이클 선수.
   지노 바르탈리와 여러 대회에서 선의의 경쟁을 벌였다.

3 자크 고데 Jacques Goddet 1905-2000
   프랑스의 스포츠맨이자 언론인. 1936년부터 1987년까지
   투르 드 프랑스 주최를 맡았다.

4 발레리 지스카르 데스탱 Valéry Giscard d'Estaing 1926-
   프랑스의 정치가. 1956년 하원의원이 되었으며,
   1962년 36세의 젊은 나이로 드 골 정부의 재무장관으로 발탁되었다.
   그 후 퐁피두 대통령 밑에서 다시 재무장관에 취임했고
   퐁피두 대통령 사망 뒤 대통령 선거에 출마하여 미테랑을 누르고
   대통령으로 당선되었다.

투르 드 웨스트

나는 스무 살 즈음이었던 1960년대 말에야 투르 드 프랑스 경주를 참관했다. 경주는 프랑스 가장 깊숙한 곳에 자리 잡았고 프랑스에서 가장 아름다운 시골 마을 중 한 곳인 마옌 북부에서 열렸다. 나는 그 경주에서 크게 감동적이거나 뚜렷이 구별되는 추억을 간직하지는 못했다. 혼란스러운 색조와 괴로운 소음에 대한 인상이 남았을 뿐이다. 선수들은 미친 듯한 속도로 내 앞을 지나갔고(선수들이 입은 셔츠를 구분한다는 것은 아예 불가능했다.) 광고 문구가 잔뜩 적힌 캠핑 트레일러들이 손님을 끄는 떠들썩한 소리는 견딜 수 있는 한계 수준에 다다라 있었다. 기다림은 길었고, 즐거움은 없었다. 121번 지방도로 길가에서 사이클에 대한 내 어린 시절의 몽상은 일부 꺼져버렸다.

반면 지금은 없어진 '투르 드 웨스트'에 대해서는 비교적 좋은 기억을 갖고 있다. 투르 드 웨스트는 가을에 열렸던 경기로 브르타뉴, 방데, 멘, 서부 노르망디 지방을 가로질렀으며, 1960년에 폐지되었다. 투르 드 웨스트는 일류 프로 선수들을 위한 경기는 아니었다. 아마추어와 세미프로 선수들 그리고 투르 드 프랑스에 참가하는 선수들보다 더 대담하고 무모한 선수들이 많이 참가했다. 탈주자들도 많았고 각각의 코스에서 이변이 무수히 일어났다. 지방 일간지 「웨스트 프랑스Ouest-France」는 경기 다음 날 여러 측면에서 경기 결과를 분석한 완벽하고 상세한 기사를 실었다. 갓 열 살이 되었을 때 나는 희열을 느끼며 그 신문을 읽었다. 지방 신문의 초라한 지면에 끝없이 긴 순위표가 인쇄되어 있었고, 그 순위표는 어린 나에게 리스트에 대한 취미를 선사했다. 그 취미는 없어지지 않고 여전히 계속되고 있다.

내가 기억하는 가장 오래된 경기는 1957년의 경기이다. 나는 그해에 며칠 동안 선두를 달린, 잊을 수 없는 음조의 이름을 가진 두 선수 비우에와 비아니크를 잊을 수 없다. 이듬해 그 두 선수는 랑발에서 열린 투르 드 웨스트 이후의 선발 경기에 참가했다. 에두아르 비우에Édouard Bihouée는 초록색과 흰색이 들어간 셔츠를 입었고, 아르튀르 비아니크Arthur Bihannic는 빨간색과 흰색이 들어간 셔츠를 입었다.

1950년대 말의 사이클 경기들에 대한 내 기억은 주로 순위표와 셔츠에 관한 것이다. 그때 선수들이 입은 셔츠는 거침없는 선명한 색이었고, 광고 문구는 거의 적혀 있지 않았다. 팀 이름만 적혀 있거나 줄표와 함께 스폰서들의 이름이 함께 적힌 정도였고 비교적 소박했다. 그때 선수들이 입었던 운동셔츠들은 퍽 쉽게 알아볼 수 있어서, 혼란스럽고 갖가지 색으로 얼룩덜룩하고

광고 문구가 잔뜩 적힌 오늘날의 운동셔츠들에 비해 팀을
구분해주는 기능이 더 뛰어났다. 프로 스포츠 선수들은 그런 식으로
모욕받는 것을, 울긋불긋한 어릿광대 복장을 하는 것을, 브랜드와
제품에 가치를 부여하기 위해 살아 있는 광고판 역할을 하는 것을
어떻게 받아들일까? 그들은 자기 자신에 대해 어떤 이미지를
가질까? 이욕이 위엄을 모두 죽여버리는 것일까? 돈 잘 버는
프로 스포츠 선수들은 최저 임금 노동자들이 1000년 동안
일해야 벌 수 있는 돈을 1년 만에 번다! 옛날에, 스포츠가 아직
스포츠였을 때 그리고 운동셔츠의 색이 지시적 역할(누가 어느
팀인지), 미적 역할, 매혹하는 역할을 했을 때 사용되던 점잖고
검소한 운동셔츠들은 다 어디로 갔을까?

 그 운동셔츠들은 대부분 두 가지 색으로 되어 있었다.
흰색과 다른 기본색인 빨강, 파랑, 초록, 노랑 중 하나였다.
주황색과 보라색은 드물었고 분홍색, 회색, 갈색은 더 드물었다.
어떤 운동셔츠들은 단색이었지만, 검은색 바지나 흰색 반바지와
한 벌을 구성하여 두 가지 색의 유니폼을 이루었다. 운동셔츠에
네댓 가지 색이 아직 쓰이지 않았고, 오늘날 자주 볼 수 있는
끔찍이도 광택이 도는 합성섬유도 아직 나타나지 않은 행복한
시대였다. 그 시대에는 모든 색이 광택 없고 숨김없고 단색이었다.

'감법에 의한' 색

1950년대 중후반에 프랑스 유제품 상점과 식료품점에 출현한 최초의 향 나는 요구르트의 색을 기억하는 사람이 있을까? 나는 그 요구르트들에 관해 비교적 정확한 기억을 갖고 있다. 다논Danone 제품으로 유리병에 담아 팔았는데, 처음에는 딸기, 바나나, 바닐라 세 가지 향만 있었다. 나무딸기, 레몬, 살구 향은 좀 더 시간이 흐른 뒤에 나왔다. 딸기 향 요구르트는 진한 분홍색이었고 빨간색 알루미늄 뚜껑이 덮여 있었다. 바나나 향 요구르트는 노르스름한 색이었고 뚜껑은 예쁜 황금색이었다. 바닐라 향 요구르트는 플레인 요구르트처럼 흰색이었지만 파란 뚜껑이 덮여 있었다. 왜 파란색이었을까? 실제 재료의 색과 관련되는 빨간색과 노란색 뚜껑을 덮은 딸기 향, 바나나 향 요구르트와 달리 바닐라 향 요구르트는 재료와는 거의 관련이 없는 파란색을 뚜껑으로 썼다. 사실 갈색이나 검은색이 더 잘 어울렸을 것이다. 그 뜻밖의 선택은 무엇에 기인했을까?

그 선택은 자연이 아니라 문화에 기인한 선택, 즉 '감법에 의한' 선택이었다. 밤색 뚜껑을 덮은 바닐라 향 요구르트는 별로 매력적이지 않았을 테고, 아마도 팔기도 힘들었을 것이다. 안타깝게도 1950년대에는 옛날부터 줄곧 선호되던 원색을 사용하는 것이 더 나았던 것이다. 대량 생산, 대량 소비가 동반되는 제품 디자인보다 진보한 예술적 창조 분야에서도 마찬가지였다. 빨간색과 노란색은 딸기 향과 바나나 향 요구르트에 이미 사용되었고, 바닐라 향 요구르트에 쓸 수 있는 색으로는 파란색만 남아 있었다. 일은 그렇게 되었던 것이다. 바닐라 향 요구르트의 뚜껑은 그렇게 관습에 의해 파란색이 되었다.

요구르트 병 디자인에 적용된 이러한 색 분류는 무의미한 것이 아니었다. 그것은 '감법에 의한' 선택, 색에 관한 모든 규범과 실행 어디에나 존재하는 본질적인 개념을 보여주었다. 이 개념은 개인적인 동시에 집단적이며, 일상생활뿐만 아니라 오래전부터 존재해온 기호와 상징의 세계에까지 결부된다. 다시 말해 이 개념은 우리의 선호도, 우리의 믿음, 우리의 감수성의 일부를 조건 짓는다.

다른 경우이기는 하지만 좀 더 오래된 올림픽 경기 휘장의 예를 들어보자. 올림픽 경기의 오륜 휘장은 1912년에서 1914년 사이에 공식적으로 확정되었다. 그러나 상황을 고려하여 1920년 앙베르대회에서야 어엿한 올림픽기로, 그래픽과 색채 면에서 멋진 깃발로 나부낄 수 있었다. 각각의 고리들은 다섯 개의 대륙을 나타냈고 고유한 색을 갖고 있었다. 빨간색 고리는 아메리카, 노란색 고리는 아시아, 검은색 고리는 아프리카, 파란색 고리는 유럽, 초록색 고리는 오세아니아 대륙을 나타냈다. 빨간색, 노란색, 검은색 고리는 민족적인(그리고 아마도 조금은 인종적인) 고려를 통해 선택한 것 같다(누가?). '아메리카 인디언'의 대륙에는 빨간색, 황인종의 대륙에는 노란색, 흑인종의 대륙에는 검은색을 선택했으니 말이다. 나머지 두 가지 색은 해석하기가 좀 미묘하다. 유럽 대륙을 위해 파란색을 선택한 것은 오래된 문화적 유산 때문인 듯 보인다. 파란색은 18세기 이래 유럽인들이 가장 좋아하는 색이었고, 다른 문화권에서 유럽인들에게 상징적으로 부여하는 색이기도 했다. 게다가 1912년에서 1914년 사이에 흰색은 유럽을 나타내는 색으로 사용할 수 없었다. 올림픽기의 바탕색으로 이미 채택되었기 때문이다. 그러므로 유럽 대륙을 위해서는 파란색을 쓸 수밖에 없었다. 하지만 오세아니아 대륙을 나타내는 색으로 초록색을 쓴 이유는 무엇일까? 왜 그런 선택이 이루어졌을까? 그런 결합을 통해 무엇을 나타내고자 했던 것일까? 오세아니아 대륙은 초록색과 특별한 관련이 없고 자연적 특성이나 문화적 특성에서도 그 색과 관련이 없다. 오세아니아 대륙에 푸른 숲이 많은 것도 아니고, 전통 면에서 볼 때도 처음에는 원주민들이 살다가 나중에는 식민지가 되었다. 초록색이 특별히 강조된 적은 없었다. 물론 나중에 오세아니아 대륙과 초록색의 결합을 다양한 방법을 통해 합리적으로 설명해보려고 시도했다. 그러나 귀납적인 모든 설명이 그렇듯이 이 설명들도 허술하고 설득력이 없었다.

이 선택 역시 '감법에 의한' 선택이었기 때문이다. 여섯 가지 기본색 중 다섯 개가 이미 사용되었고(네 가지 색은 첫 네 개의 고리에, 흰색은 깃발의 바탕색에), 다섯째 고리에 사용할 수 있는 색은 초록색뿐이었다. 그래서 오세아니아 대륙을 나타내는 색은 초록색이 되었고, 그 대륙에 발을 디뎌본 적이 없고 그럴 의향도 없었을 존경할 만한 유럽 신사들은 오세아니아 대륙을 위해 선택한 이 색을 차츰 수긍하게 되었던 것 같다. 바깥에서부터 부과된 색인 초록색은 오세아니아 대륙에서도 무리 없이 받아들여졌고, 마침내는 스포츠 경기장에서 자랑스럽게 전시되었다. 오스트레일리아는 아마 세상에서 가장 스포츠를 좋아하는 나라일 것이다. 초록색이 그들의 국기에 들어가지 않았지만 그들은 초록색 운동셔츠나 초록색이 들어간 운동셔츠를 입고 자주 스포츠 경기를 했다.

이렇듯 19세기와 20세기에는 색에 관한 규범들이 많이 탄생했다. 그 규범들 중 어떤 것은 뚜렷한 자연적, 문화적 특성들 혹은 적어도 그렇게 보이는 특성들과 관련되었고, 어떤 규범들은 인위적으로 만들어지기도 했다. 인위적 규범들은 '감법'에 의한 선택인 경우가 많았다. 그런 선택이 언어학자들이 '기호의 자의성'이라고 부르는 특성에서 나왔다고 볼 수도 있을까? 언뜻 보기에는 그럴 수 있을 것 같다. 아무튼 '감법', 즉 안 되는 것들을 삭제하는 방법에 의한 선택은 실은 상당히 근거가 있는 선택이 아닐까?

쉬운 색과 어려운 색

스포츠 경기장은 거리, 지하철, 해변, 학교 운동장, 슈퍼마켓처럼 색을 연구하는 역사학자에게 유용한 관찰의 장이다. 스포츠 경기장 곳곳에 색이 존재한다. 잔디밭과 선수들의 유니폼뿐만 아니라 관람석에, 휘장에, 깃발에, 서포터들이 흔드는 스카프와 플래카드에 색이 존재한다. 그 색들은 내막을 잘 아는 사람이 거의 없긴 하지만 아주 긴 역사를 지니고 있다. 예를 들어 밀라노의 유명한 두 축구 클럽의 색(인테르의 파란색과 검은색, A.C. 밀란의 빨간색과 검은색)은 15세기 말 밀라노의 두 구역을 나타내는 기旗의 색이었다. 하지만 누가 이 사실을 알겠는가? 아무도 모를 것이다. 아무튼 그 색들은 여러 세기를 건너 이탈리아는 물론 유럽 전체의 축구 경기장을 휩쓸었다.

    스포츠 경기장이나 체육관에 등장하는 색들은 단지 문장을 나타내거나 상징하는 것만은 아니다. 경기 진행에 관련된 규범을 상징하기도 한다. 스키와 유도가 좋은 예이다.

    나는 유도를 해본 적이 없다. 반면 스키는 아주 어릴 때 프랑스 알프스, 므제브에서 멀지 않은 사부아 지방의 노트르 담 드 벨콩브에서 배웠다. 당시에는 별로 알려지지 않은 곳이었지만 지금은 사람들이 많이 찾는 겨울 휴양지이다. 1950년대에 스키를 탈 수 있는 곳은 오늘날처럼 많지 않았다. 그러나 그때 이미 스키 코스의 난이도를 색으로 구분했다. 가장 쉬운 코스는 초록색, 중급 코스는 파란색, 어려운 코스는 빨간색, 가장 어려운 코스는 검은색이었다. 나는 가장 어려운 코스에서는 한 번도 타지 못했지만.

나는 그런 규범이 언제 어디서 생겨났는지 그리고 그 규범이 어떤 기준에 근거를 두는지 알지 못한다. 조사를 해봤지만 언제 누가 어떤 동기로 그 색들을 선택하고 그런 식으로 분류했는지 명확하게 알려주는 참고자료를 찾을 수 없었다. 그 분야에 대한 정보들은 서로 모순되는 경우가 많았다. 확실한 것은 그 규범이 1930년대 말 오스트리아의 스키장에서, 그리고 1940년대 초 스위스에서 사용되었다는 것이다. 프랑스와 이탈리아에서는 조금 늦게 사용되었다. 오늘날에는 전 세계의 스키장에서 두루 사용된다. 여기에는 어떤 상징적 논리가 존재할까? 그것은 모든 비교와 설명을 벗어나는 것 같다.

검은색이 가장 어려운 코스를 나타내는 색으로 선택된 이상 검은색의 정반대인 흰색을 가장 쉬운 코스를 나타내는 색으로 선택해야 했을 것이다. 그러나 흰색은 눈 속에서 잘 알아볼 수 없다는 위험성이 있었다. 그래서 다른 색을 선택해야 했다.

하지만 하필이면 왜 초록색이었을까? 사람들이 기대한 것은 오히려 파란색이었을 것이다. 파란색이 '쉬운' 색, 유연하고 합의가 성립되어 있고 거슬리지 않고 아무도 껄끄러워하지 않는 색이어서만이 아니라 초록색이 오래전부터 유럽인의 감수성 속에서 매우 강하고 과감하고, 때로는 반항적이고 위험한 색이었기 때문이다. 왜 이런 사실을 고려하지 않았을까? 가장 쉬운 코스를 파란색으로 할 경우 초록색과 빨간색이 지나치게 가까워진다는 점이, 그러면 원색과 보색에 대한 이론(초록색을 빨간색의 보색, 즉 빨간색에서 가장 먼 색으로 보는 이론)을 위반할 수도 있다는 점이 거슬렸던 것일까? 상징적 전통보다는 과학적 공상에 우선권을 부여했던 것일까?

어떤 스키장들은 이 네 가지 색 외에 흰색과 노란색을 추가로 사용하기도 한다. 흰색은 어린 아이들이 타는 코스에 주로 쓰이지만, 많이 찾아볼 수는 없다. 노란색은 파란색과 빨간색 사이의 난이도에 사용된다. 노란색의 이러한 위상은 매우 이상하다. 노란색이 파란색과 빨간색 사이에서 무슨 역할을 한단 말인가?

더욱 이상한 것은 유도에서의 색의 규범이다. 그러나 이것에 대해 이야기하려면 유럽의 전통에서 벗어나 일본의 전통에 접근해야 한다! 유도는 맨발로 하며, 특별한 복장이 필요하다. 유도 선수들은 바지와 품이 큰 흰색 상의를 입고 허리에 띠를 두 번 두른 뒤 한 번 매듭을 짓는다. 이 허리띠의 색이 유도 선수의 등급을 나타낸다. 초보자를 뜻하는 흰색 띠에서 시작하여 노란색,

주황색, 초록색, 파란색, 밤색, 검은색 띠가 있다. 가장 높은 단계를 나타내는 검은 띠는 다시 '단'이라고 불리는 10등급으로 나뉜다. 일본에서 검은 띠 6, 7, 8단은 흰색과 빨간색이 섞인 띠로 대체된다. 9단과 10단은 빨간색 띠로 대체된다. 색들의 이런 등급은 일본 문화의 산물이다. 독자들은 이 문화가 언제로 거슬러 올라가는지 알고 싶을 것이다. 아무튼 모든 유도 단체들이 차츰 이런 문화를 채택했고, 그 후에는 1952년에 창설된 국제유도연맹이 이 문화를 채택했다. 그 결과 색의 등급 체계는 전 세계 유도 선수들에게 똑같이 적용된다. 그러나 적용 범위에는 어느 정도 자유가 허용되는데(유럽에서 탄생한 색의 과학적 분류를 고려하여), 서구에서의 색의 상징을 고려해보면 더욱 그렇다(서구에서 색의 상징은 적용 범위는 전혀 고려하지 않는다). 하지만 이런 격차는 우리가 생각하는 것보다는 작다. 양 극단은 공히 흰색과 검은색이다. 노란색은 반 흰색과 반, 반 검은색으로 기능한다. 이 부분에 대해서는 유럽인들도 놀라지 않는다. 반면 주황색은 노란색과 초록색 사이, 초록색과 밤색 사이인 파란색의 자리를 차지하므로 좀 더 이국적이다. 가장 두드러지는 것은 검은색의 과장된 역할, 즉 '슈퍼 검은색'의 역할을 하는 빨간색의 위치이다. 서구에서는 검은색을 넘어서는 것이 존재하지 않는다. 그러나 좀 더 섬세하고 창의성이 풍부한 일본에서는 그 너머에 절대색인 빨간색이 위치한다.

 스키 코스에서 색의 등급과 유도에서 색의 등급은 서로 다르다.

모든 전통과 모든 문화를 함께 섞어 갈아버리는 끔찍한 장치인 텔레비전과 세계화가 이 두 가지를 한데 녹여버리지 않기를, 정보처리기술이라는 하찮은 연금술의 산물인 변질된 규범이 그것들을 대체하지 않기를 바라자.

분홍색과 주황색

앞에서 나는 실제의 색과 색의 명칭 사이에 존재할 수 있는 격차에 대해 이야기했다. 우리는 그런 격차를 도처에서 볼 수 있다. 심지어 스포츠 경기장에서도 말이다. 럭비를 예로 들어보자. 명망 높은 스타드 프랑세 파리 팀은 2005-2006년 시즌의 첫 경기에서 한 세기 이상 입어온 단색 파란색 혹은 파란색과 빨간색이 섞인(파리 시를 상징하는 근대적인 색들) 유니폼을 버리고 분홍색 바탕에 로고와 이미지를 넣고 깃과 소매 부분에는 파란색과 검은색을 쓴 유치하고 통속적인 디자인의 유니폼을 선보였다. 그것은 프로페셔널리즘을 강조하고(그러나 내가 볼 때는 럭비를 변질시키고 왜곡한) 광고 효과를 배가하려는 목적하에 이루어진 변화였다. 그때까지 스포츠 경기장에서 분홍색은 보기 힘들었다. 럭비 경기장에서는 더욱 그랬다. 그러므로 분홍색 유니폼을 입고 경기를 하는 팀은 눈에 띨 수밖에 없었으며, 말할 것도 없이 실력이 좋은 팀이었다. 그러나 그것은 도발이고 허세였다. 스타드 프랑세의 새로운 리더들은 그런 유형의 행동을 함으로써 그들이 볼 때 지나치게 전통적이라고 생각되는 관습들을 뒤흔들려고 애쓰는 듯했다. 그러나 나는 그런 태도가 공감을 이끌어낸다고도, 그런 태도가 그리 효과적이라고도 생각하지 않는다. 스포츠에서 새로움은 신화를 죽인다. 그리고 신화가 없으면 진정한 스포츠도 없다. 한 스포츠 클럽의 100년이나 된 유니폼 색을 바꾼다는 것은 실수이며, 때로는 자살 행위가 되기도 한다. 아니면 적어도 그 클럽의 이해관계에 반한다.

그럼에도 불구하고 내 눈에 가장 놀라운 것은 그것이 아니었다. 가장 놀라운 것은 스타드 프랑세의 후원사인 오랑주 전화회사의 정체성이었다. 모든 선수들의 유니폼에 이 회사의 이름이 새겨졌다. '놀라운'은 적절한 단어가 아니다. '익살맞다'는 표현이 더 적절할 것이다. 선수들이 입은 유니폼은 분홍색인데, 가슴과 등에 커다란 글씨로 'ORANGE 오랑주'라고 적혀 있었다. 지하철 티켓처럼 이 유니폼도 한 세기 뒤 우리 시대의 관습을 연구하게 될 고고학자들의 관심을 끌게 될 것이다. 그들은 '오랑주주황색'이라고 명명된 이 분홍색 유니폼을 보고 당황할 것이다. 나는 이런 격차 앞에서 당황하면서도 코믹하다고 느끼지만, 다른 사람들은 아무도 웃지 않을 것 같다. 우리는 이런 본의 아니고 비상식적인 색의 분리 앞에서 웃음을 터뜨리기에는 지나치게 진지하거나 지나치게 탐욕스러운 것일까? 아니면 스포츠 마케팅이 가진 최상의 술책으로 얼간이들의 관심을 끌어내고 스포츠의 가치를 짓밟기 위해 일부러 그런 것일까? 그런 의도라면 효과는 탁월했다.

신화와 상징　　mythes et symboles

빨간 두건 이야기

나는 파리고문서학교 학생 시절 동물들에 관련된 논문 「중세의 문장에 등장하는 동물 Le Bestiaire héraldique au Moyen Âge」을 쓰기 훨씬 전부터 동물들에게 관심이 많았다. 아주 어릴 때부터 그랬는데, 어른들이 읽으라고 준 책 중에 동물이 주인공인 책들이 많아서이기도 했다. 아마도 그 책들이 나중에 내가 하게 된 동물의 상징에 관한 연구의 근원일 것이다. 또한 색에 대한 내 끌림의 근원이기도 하다. 색채 이미지들이 오늘날보다 드물었던 시절에 어린이용 책은 색들의 무궁무진한 보고寶庫였다. 책에 나오는 그림에만 색이 등장하는 것이 아니었다. 제목에도 색이 등장하는 경우가 많았다. '파란 토끼' '주황색 암소' '노란 오리' '귀여운 갈색 곰' '상냥한 초록색 용'처럼 동물의 이름과 색이 결합된 제목들이 넘쳐났다. 그것은 어린이나 그 부모들의 주의를 끌고 책을 파는 매혹적인 전략이었다. 문장학은 이런 제목들과 그다지 멀지 않은 지점에 위치한다.

    그런데 제목에 색을 등장시킨 이런 동화와 우화들 속에

색에 대한 묘사는 상대적으로 드물다. 색에 대한 묘사를 찾아내려면 많이 읽어야 한다. 색에 대한 묘사들은 드물지만 매우 강렬하고, 오래전부터 전해 내려온 유산을 구성한다. 이 유산은 검은색-흰색-빨간색이라는 원초적 트리오 주변에서 구성된다. 이 세 가지 색은 여러 세기 동안 다른 색들보다 강력한 상징적 역할을 했다. 그 뚜렷한 예는 의심의 여지없이『빨간 두건』이다.

이 유명한 동화에 제기되는 본질적 질문은 색에 관한 질문이다. 왜 빨간색일까? 왜 빨간 두건일까? 그러나 이런 질문을 제기하는 연구자들은 별로 없다. 그들이 문제삼는 것은 우리들 대부분이 속속들이 알고 있는 내용들뿐이다. 이 동화의 기원은 1000년경 리에주 지방에 전해지던 '빨간 가운 이야기'라는 것이 이미 고증되었다. 그러나 왜 빨간색인지 하는 색의 문제는 아직 모호하게 남아 있다. 우리는 비교적 간단하고 진부한 설명으로 빨간색이 늑대의 잔인함과 할머니가 살해당하는 것을 상징한다는 설명을 곧바로 제시할 수 있다. 어떤 사람들은 심지어 늑대가 악마라고 주장하기도 한다. 반대로 빨간 두건이 마법의 머리쓰개, 소녀를 늑대의 잔인함에서 보호해줄 마법의 외투라는 주장도 있다. 일리가 없지는 않다. 그러나 이런 추측은 근거가 충분하지 못하다. 우리는 약간 시대착오적인 입장을 취하면서 좀 더 정신분석적인 해석을 시도할 수도 있을 것이다. 빨간 두건의 빨간색은 섹슈얼리티를 상징한다고 말이다. 사실 소녀는 사춘기의 초입에서 늑대와 함께 잠자리에 들고 싶은 강한 욕망을 느꼈을 것이다. 이것은 몇몇

주석가들이 행한 현대적인 해석이다. 특히 브루노[1] 베텔하임은
유명한 저서『동화의 정신분석La Psychanalyes des contes de fées』에서
이런 해석을 표명했다. 베텔하임은 샤를 페로나 그림 형제의
문명화된 판본이 아닌 구전 방식으로 전해 내려온 중세의 세 가지
판본에 근거해 이 이야기의 야만적이고 성적인 측면을 강조했다.
늑대는 자신이 방금 목을 딴 할머니의 살을 함께 먹고 피를 함께
마시자고 소녀에게 제안한다. 그런 다음 소녀를 침대 속으로
들어가게 하고 소녀와의 성교를 시도한다. 혹은 사냥꾼이 늑대를
죽인 뒤 소녀와 성교한다. 베텔하임의 설명에 따르면, 빨간색은
식인食人과 성性이라는 이중의 측면을 상징한다. 그런데 중세의
색의 상징 속에서 빨간색은 정말 성적 암시를 내포했을까? 나는
그렇다고 확신하지 못한다. 게다가 정신분석학은 우리 시대
사람들을 위해 만들어진 도구로 과거에 그대로 적용하기는 힘들다.

    역사적 유형의 설명들은 좀 더 견고한 근거를 가진 것처럼
보인다. 그러나 이런 설명들도 우리를 갈증 속에 남겨둘 뿐이다.
어린아이에게 빨간 옷을 입히는 것은 오래전의 관습이다. 특히
농민 계층에 그런 관습이 있었다. 소녀는 할머니 집에 갈 때
예쁜 옷을 차려입지 말아야 했다. 중세의 여성들이 그랬듯이
빨간 옷을 입지 말아야 했던 것이다. 빨간 옷은 특별한 날에만,
1년 중 큰 기독교 축일 중 하나인 성신강림 축일에만 입는
옷이었다. 이날 사람들은 성령을 기리고 교회 안과 밖을 성령을
상징하는 색인 빨간색으로 장식했다. 이 동화의 가장 오래된 판본은

1000년경의 것으로, 성신강림 축일에 그런 일이 있었다는 것에
대해서는 언급하지 않고, 소녀가 성신강림 축일에 태어났다고만
말한다. 그런데 성신강림 축일은 빨간색으로 상징되는 날인 것이다.

학자들에게는 이 마지막 설명이 바람직하게 여겨질 것이다.
그러나 이 설명도 조금 실망스럽다는 것을 인정해야 한다.
이 설명을 채택하면 동화의 구조와 원초적인 세 가지 색에 의지한
기호학적 측면만 남는다. 사실 빨간색은 홀로 고려할 것이 아니라
다른 색들과의 관계 속에서 고려해야 한다. 빨간 옷을 입은 소녀는
검은 옷을 입은 할머니에게 하얀 버터 단지를 가져다준다(침대 속의
할머니가 늑대로 대체되는 것은 색의 배치에 아무런 변화도 가져오지
않는다). 우리는 여기서 중세 문화의 세 가지 색을 발견한다. 색을
연출하는 대부분의 동화와 우화들이 이 세 가지 색을 사용한다.
이를테면 까마귀와 여우의 우화에서는 검은 까마귀가 하얀 치즈를
놓치고 빨간 여우가 그것을 훔쳐간다. 『백설공주』에서는 검은
마녀가 눈처럼 하얀 아가씨에게 독이 묻은 빨간 사과를 권한다.
색들의 배치는 다양하다. 그러나 등장하는 색은 항상 원초적
세 가지 색인 흰색, 빨간색, 검은색이다. 이 문제를 좀 더
다루어보자.

---

1 브루노 베텔하임 Bruno Bettelheim 1903-1990
  오스트리아 출신의 미국 심리학자. 어린이 양육과 관련된
  정신분석학적 원리들을 사회 문제에 적용하는 데 특히 노력을 기울였다.
  『꿈꾸는 아이들』『옛이야기의 매력』등의 저서를 남겼다.

학교에서 라틴어가 번영하길

1957년 10월 1일 나는 미슐레고등학교 6학년에 올라갔다. 미슐레고등학교는 제2제정 때 설립된 파리 남쪽 근교의 큰 공립학교였고, 앞에서 이미 이야기한 멋진 공원이 가까이 있었다. 그 시절에는 오늘날처럼 중학교와 고등학교가 구분되지 않았다. 둘을 합쳐 고등학교라고 불렀고, 6학년에서 마지막 학년인 1학년까지 있었다. 그리고 유치원과 초등학교까지 포함해 새 학년이 시작되는 날은 모두 10월 1일이었다.

그날 나는 나들이옷 혹은 나들이옷을 대신하는 옷차림으로 어쩔 줄 모를 강렬한 감정들에 사로잡혀 6학년을 시작했다. 다행히 그 강제적인 통과의례에서 어머니가 내 곁을 지켜주었다. 어머니는 대부분의 부모들처럼 내 이름이 불릴 때까지 곁에 있어주었다. 그렇게 나는 6학년 'A/3' 그룹에 합류하게 되었다. 알파벳과 숫자로 이루어진 이 불가사의한 기호는 내가 선택한, 아니, 내 부모님이 나를 위해 선택한 언어에 따른 분류 기호였다. 6학년 A/3 그룹은 '고전반'으로, 그 반에서는 라틴어와 독일어를 배웠다.

선생님이 내 이름을 불렀고 나는 하루 종일 잘 간직해야 하는 이상야릇한 파란 마분지 조각을 받았다. 파란색은 내가 '고전반'임을 표시해주었다. '현대반' 아이들, 다시 말해 6학년이 되자마자 라틴어 배우기를 포기한 아이들은 다소간 불명예스러운 것으로 인식되는 빨간 마분지 조각을 받았다. 당시 빨간 표시는 스포츠 분야에서는 아직 존재하지도 않았다. 그 시절, 즉 1950년대 말에는 공부 잘하는 모범생들만 라틴어를 배운 것이 아니라 '고전반'을 선택한 모든 학생들이 6학년부터 마지막 학년까지 라틴어를 필수 과목으로 배워야 했다. 어떤 독자들은 불과 반세기 전까지 라틴어가 프랑스 공립 고등학교에서 필수 과목이었다는 사실을 믿기 힘들어할 것이다. 또한 그 시절에, 그리고 그 후 10년 동안에도 모든 과목에서 선두를 달리는 훌륭한 학생들이 이과보다는 문과를 더 많이 선택했다는 사실을 받아들이기 어려울 것이다. 하지만 그것은 사실이었다. 그때는 고등사범학교 문과가 파리이공과대학보다 더 큰 명성을 구가했다.

아무튼 이런 문제는 나와는 큰 상관이 없었다. 나는 문과와 이과 사이에서 고민해야 했던 적이 한 번도 없었고, 라틴어가 고등학교 과정의 필수 과목이라는 사실을 불평한 적도 없었다. 라틴어는 내가 잘하던 과목이자 내가 좋아하는 과목이었다. 나는 라틴어를 포기한 적이 결코 없었고, 1957년 10월 1일부터 재미로 혹은 필요에 의해 매일 라틴어를 읽고 번역했다. 시간이 흐른 뒤 나는 향후 수십 년 동안의 내 운명을 결정지은 그 파란 마분지 조각에 대해 다시 생각해보았다. 그 사건은 나뿐만 아니라 당시의 모든 6학년 학생들에게 중요했다. 파란색은 고등학교 교육의 잘 정돈된 영역 속에 존재했고, 빨간색은 다른 영역 속에 존재했다. 이것은 고등학교 6년 동안 지속되었다. 고전반과 현대반은 서로 만날 일이 별로 없었다. 서로 다른 교실에서 공부했고 다른 복도를 사용했다. 심지어 운동장도 따로 썼다. 사실은 마지막 학년을 마칠 때까지 현대반 학생들을 만날 일은 전혀 없었다. 사실 그러는 편이 나았다. 고전반 학생들과 현대반 학생들은 매년 벌어지는 고전반 대 현대반 럭비 시합에서 볼 수 있듯이 서로 좋아하지 않았기 때문이다. 비와 진창 속에서 벌어진 럭비 시합은 끝내 주먹다짐으로 변질되곤 했다.

오늘날 내가 제기하는 주된 질문은 파란색은 고전적, 빨간색은 현대적이라는 개념이 어디서 왔는가 하는 것이다. 누가 어떤 기준으로 그렇게 정했을까? 조사를 통해 나는 그런 분류가 미슐레고등학교에서만 있었던 일이 아니라 뷔퐁에몽테뉴고등학교 같은 파리 지역의 다른 공립 고등학교에서도 있었던 일임을 알게 되었다. 정부에서 그렇게 하라고 지시하거나 권고했을까? 하지만 정부의 누가 빨간색에서 현대성을 보고, 파란색에서 고전성을 보았을까? 누군가 계시를 받았을까? 혹시 색맹자가? 아마추어 화가가? 아니면 색의 천재가?

문장학의 발견

고등학교 시절 많은 선생님들이 내 적성과 호기심을 일깨우는 데, 그리고 고등학교 과정을 마친 뒤 내가 진로를 선택하는 데 중요한 역할을 했다. 일단은 라틴어 선생님들이 그랬다. 그 선생님들은 나로 하여금 이후 세대의 고등학교 교육에서는 사라져버린 그 죽은 언어를 사랑하게 만들었다. 고등학교 교육에서 라틴어가 사라진 이유는 무엇일까? 라틴어 교육이 행정가들에게 방해라도 된 것일까? 아니면 질투나 원한, 어리석음 때문이었을까? 그것도 아니면 학생들을 교양 있는 남자와 여자로 키우기보다는 경제적 주체로 만들고 일찍부터 효율성과 이익에 대한 개념을 부여하려고 생각했기 때문일까? 사실 라틴어는 그런 인간을 만드는 데 별 도움이 되지 않았을 것이다. 하지만 나에게 라틴어는 큰 기쁨을 주었고, 중세를 연구하는 역사학자라는 미래의 직업으로 나를 이끌어주었다. 그것은 대단한 일이다.

그러나 고등학교 시절 몇 년 동안 더 중요한 역할을 한 선생님은 미술 선생님이었다. 당시 나는 열두 살이었고 4학년이었다. 그해에 우리를 가르친 미술 선생님은 지루하지도 야단스럽지도 않았다. 사실 그 미술 선생님은 권위적인 사람이었지만, 학생들의 관심을 끌어낼 줄 알았다. 그 선생님과는 채 여섯 달도 함께 공부하지 못했지만, 하얀 도화지에 소묘용 연필로 감베타 석고 흉상을 모사하는 수업을 했던 것이 기억에 남는다. 감베타 석고 흉상 모사는 그 시절 프랑스 고등학교의 미술 수업에서 필수 과정이었다. 익살스러운 상급생들은 그 석고 흉상을 빨간색으로 그리기도 했다. 감베타를 그리는 훈련이 요즘 사람들에게는 놀라울지도 모르지만, 나는 고등학교에 다니는 동안 감베타를 세 번이나 그려야 했다. 5학년 때, 2학년 때 그리고 바칼로레아대학입학자격시험의 선택 과목이었던 미술 시험 때. 타고난 재능이 그저 그런 어린 예술가들에게는 혹독한 시대였다.

    4학년 때는 그런 수업이 없었다. 4학년 때 미술 담당이었던 M 선생님(부끄럽게도 나는 그 선생님의 이름을 잊어버렸다.)은 색을 좋아했고, 학생들을 다양한 회화 예술에 눈뜨게 하려고 애썼다. 4학년이 끝날 때, 그 선생님은 문장紋章을 그려넣은 화려한 스테인드글라스를 사진으로 크게 찍어와서는 고무수채화법으로 모사하자고 했다. 15세기 말 혹은 16세기 초의 스테인드글라스였다. 아마도 스위스 것인 듯했는데, 노란 바탕에 파란색의 커다란 돌고래 한 마리가 장식되어 있었다. 동물 그림이 강렬하게 도안되어 있어서 꽤나 요란한 인상을 주었다. 선명한 색채와 간략한 형태가 내 마음에 무척 들었다. 반면 내 옆에 앉은 프랑수아는 나보다

재능이 더 뛰어난데도 그것에는 별 관심이 없어서 모눈종이에
낙하산 부대원들을 그리는 데 대부분의 수업 시간을 할애했다.
나는 그 매혹적인 자료를 정성 들여 모사하려고 노력했다. 그때
그린 대수롭지 않은 그림을 간직하면서도 나는 문장에 관한 것을
알지 못했고, 나중에야 그 문장을 전체 속에서 설명할 수 있었다.
그것은 은으로 된 다섯 잎짜리 꽃잎 장식 세 개가 있는 모래 주형에
꼬리에 칠보 장식이 있고, 입 주위에 수염이 난 쪽빛과 금빛의
돌고래가 둥글게 몸을 웅크린 모습으로 묘사된 스테인드글라스였다.
진정 그것은 짤막한 산문시였다. 이후에 쏟은 모든 노력에도
불구하고 나는 교회나 박물관 또는 공공건물에서 그런
스테인드글라스를 한 번도 발견하지 못했다.

    하지만 그런 사실을 그다지 중요하지 않다. 중요한 것은
돌고래 그림이 있는 그 문장이 나에게 흥미를 불러일으켰다는
사실이다. 그 스테인드글라스를 모사하는 작업을 마치기도 전에
나는 문장이 무엇인지, 문장을 이루는 형태와 색은 어떠한지,
문장을 만들 때 지켜야 할 규칙들은 무엇인지 알고 싶어졌다.
간단히 말해 문장학에 입문하고 싶어졌다. 그 분야의 내 첫 선생님은
그 미술 선생님이었다. 그 선생님은 문장학에 대한 지식을 갖고
있었다. 그 선생님은 다양한 기초이론 외에도 그 분야에 관련된
책들을 많이 읽으라고 조언해주었고 책 두 권을 빌려주기도 했다.
그 책들에는 컬러 그림이 없었고, 나에게는 매우 근엄하게 여겨졌다.
알아둬야 할 문장학 용어들도 엄청나게 많았다. 천 개도 넘었다!

나는 지나치게 난해한 그 책들을 뒤적거리기만 했다. 대신 아버지의 서재에 있던 다양한 사전과 백과사전들에서 내 눈과 호기심을 만족시키는 것을 찾아냈다. 짧고 이해하기 쉬운 설명이 곁들여진 컬러 도판들이었다. 앙리4세고등학교의 역사 선생님이었던 내 삼촌의 동료 한 분이 문장학을 더 공부할 수 있도록 나에게 도움을 주었다.

얼마 지나지 않아 나는 중고 책방에서 용돈으로 내 첫 문장학 개론서를 살 수 있었다. 아마도 그 책은 그 분야에 관한 가장 훌륭한 개론서일 것이다. 1946년 로장에서 출간된 도널드 린제이 갈브레스Donald Lindsay Galbreath의 『문장 개론서Manuel du blason』였다. 파리 클레망 거리의 사프루아 서점에서 그 책을 찾아냈고 35프랑을 지불했던 것으로 기억한다. 이미 귀해진 책치고 가격은 비교적 저렴한 편이었지만, 서점 주인이 내 이모의 친구였다. 그 책은 내용이 매우 명확했고 삽화도 풍부했으며, 그로부터 3년이 지난 뒤 내가 미술 시간에 친구들 앞에서 발표할 수 있도록 도움을 주었다. 다행히 아이들이 소란을 피우지는 않았다. 서투름과 수줍음에도 불구하고 나는 미술 선생님과의 공모로 몇몇 아이들의 흥미를 끌 수 있었고 내 첫 문장학 강의를 하는 데 성공했다. 특히 문장에는 여섯 가지 기본색만 사용된다는 것과 문장이 두 그룹으로 분류된다는 것, 그리고 문장에는 강제적 규범이 적용된다는 것을 설명했다. 이것에 대해서는 나중에 다시 이야기할 것이다.

1960년의 그 봄에 문장학에 대한 내 열정이 탄생했다. 그 열정은 이후 나를 떠나지 않고 더 높은 차원의 연구로 방향을 틀었으며, 내 미래를 결정짓고 나를 색에 대한 연구와 맺어주었다.

검은 고양이

내 부모님은 고양이를 좋아했다. 그래서 고양이를 여러 마리
키웠는데, 그중에 디미트리라고 불리던 뚱뚱한 검은 고양이가
있었다. 디미트리는 17년을 살았다. 나는 디미트리만큼 다정하고
상냥한 고양이를 만나본 적이 없다. 여름휴가철이 되면 우리 가족은
프랑스에서 가장 아름다운 마을 중 한 곳이자 아버지가 제1차
세계 대전 동안 어린 시절을 보낸 곳인 생 세네리 르 제레에서
그리 멀지 않은 노르망디 알랑송 지역의 여름 별장으로 디미트리를
데려가곤 했다. 그 별장은 두 개의 농장에 둘러싸여 있었는데,
도시 아이들인 나와 내 누이동생은 그 농장들에서 동물들과
어울리는 법을 배웠다. '아래쪽' 농장 주인은 호감 가는 사람이었지만
마치 다른 시대의 사람 같았다. 1925년경에 태어난 그는 그의
집에서 100킬로미터도 안 되는 곳에 바다가 있는데도 평생 바다를
보지 못하고 예순 살 무렵 세상을 떠났다. 사실 그 시절 그 지역은
큰 간선도로에서 멀리 떨어진 오른과 마옌의 경계에 위치해 있었고,
그때까지도 20세기 초처럼 살고 있었다. 어떤 농장들은 갓 전기가

연결된 상태였고 어떤 농장들은 수도 설비가 되어 있지 않았으며, 다른 농장들은 아직도 방 하나에서 온 가족이 개, 가금류, 돼지와 함께 살았다. 1910년이나 1920년경이 아니라 1960년대 초반이었는데도 말이다!

아래쪽 농장 주인은 비교적 잘살았지만, 시대에 뒤떨어진 방식으로 행동하는 일이 잦았다. 이를테면 그는 하루에도 몇 차례씩 우리 고양이 디미트리와 마주쳤는데, 그때마다 성호를 긋고는 디미트리를 피해 우리 별장의 뜰을 가로질러 자신의 곳간으로 되돌아갔다. 고양이들 중에서도 유순하고 한가한 고양이인 디미트리는 그 뜰에서 햇볕을 쬐거나 잡지도 않을 들쥐를 나른하게 기다리고 있었다. 그러나 디미트리는 털빛이 검은색이었고, 그 시절 노르망디의 궁벽한 시골에서는 아직도 검은 고양이를 악마의 피조물로 여겼다. 농장 주인이 디미트리와 마주칠 때마다 성호를 그은 것은 그런 까닭이었다. 그는 우리 별장의 부엌에 들어왔다가 디미트리가 의자 위나 불 옆에서 자고 있는 것을 보면 성호를 그었다. 성호를 긋는 것은 불길한 동물 안에 사는 악마를 쫓는 행위였다. 흰색, 회색, 갈색, 적갈색 고양이는 그런 편견의 희생양이 아니었다. 반면 줄무늬 고양이는 그런 편견의 희생양이었고, 검은 고양이와 마찬가지로 성호를 긋게 만들었다. 사악한 세계에서 줄무늬와 검은색은 자주 관련되었다. 1960년경 브르타뉴 지방에서 선원이 자기가 탈 배에 갔으면서도 출항을 하지 못했다면, 그것은 배가 가는 도중에 검은 고양이나 줄무늬 고양이를 만났기 때문이었다.

브르타뉴와 노르망디 지방에만 그런 미신들이 있었던 것은 아니다. 프랑스의 많은 지역에 그런 미신들이 존재했고, 지금도 그런 미신들이 완전히 사라지지는 않았다. 사실 그런 미신들은 유래가 오래되었다(고대 이집트는 그런 미신과 관련이 없다. 고대 이집트에서는 고양이를 숭배했으니까). 중세에 관한 많은 자료에서 그런 증거를 찾을 수 있다. 예를 들어 봉건시대에 악마와 사탄들은 지옥의 심연에서 튀어나온 것처럼 보이는 진한 색의 털이나 깃털이 있는 동물들과 함께 등장했다. 그 동물들은 괴물이나 잡종들이었지만, 곰이나 늑대, 올빼미, 까마귀, 염소, 고양이 같은 진짜 동물들인 경우도 많았다. 중세에 고양이는 오늘날 우리가 아는 친숙한 동물이 아니었다. 중세의 동물우화집에 따르면, 고양이는 교활하고 불가사의하고 음흉하고 예측할 수 없는 동물이었다. 고양이는 집이나 수도원 주변을 배회하고 밤에 주로 활동했으며, 성실한 사람들을 두렵게 했다. 특히 털빛이 검은 경우에는 더 그랬다. 고양이는 악마의 피조물이었고 사람들은 고양이를 만나면 성호를 긋고 달아났다. 쥐나 생쥐를 잡아야 할 때는 고양이보다는 로마시대 이후 다소간 인간에게 길들여진 족제비를 더 선호했다.

세월이 흐르자 고양이의 위상은 달라졌다. 고양이는 집 안에 들어와 불가에서 불을 쬐었고 인간의 충실한 친구가 되었다. 그러나 검은 고양이에 대한 두려움은 계속되었다. 대대적으로 마녀사냥이 행해지던 시절, 사람들은 검은 고양이를 마녀집회와 연관지었다. 검은 고양이들이 중요한 관계자로 마녀집회에 참가한다는 것이었다. 혹은 검은 고양이들이 마녀들에게 자기들의 외양을 빌려주어 참석하게 한다고 여기기도 했다. 그래서 18세기 파리에서 고양이를 희생 제물로 삼거나 화형에 처하는 일이 일어났던 것이다. 검은 고양이들이 마녀집회에 참석하지 못하도록 꼬리를 자르는 잔인한 관습이 궁벽한 시골에서 아직도 완전히 사라지지 않고 있는 것도 그런 이유 때문이다.

검은 고양이는 우리 시대에도 암흑과 죽음의 상징으로 남아 있다. 검은 고양이의 꼬리, 발톱, 털은 여전히 두려움이나 비합리적인 반감을 불러일으킨다. 때로는 진짜로 알레르기 반응을 일으키기도 한다. 검은 고양이가 어둠 속에서도 잘 본다고 생각해 검은 고양이가 인간이나 다른 동물들이 결코 알지 못하는 비밀을 알고 있다고 여기기도 한다.

초록색에 관한 미신

그러나 검은색이 가장 많은 미신을 야기하는 색은 아니다. 이 방면에서는 초록색이 검은색을 앞지른다. 이를테면 어떤 사람들은 무슨 일이 있어도 초록색 옷을 입지 않는다. 어떤 사람들은 에메랄드를 몸에 지니는 것을 거부한다. 에메랄드를 불행을 가져다주는 보석으로 여기기 때문이다. 어떤 사람들은 선체가 초록색인 배에는 절대 타지 않으려고 한다. 일부분이 초록색으로 칠해진 배에도 타지 않으려 한다. 초록색과 관련된 공포증은 여러 가지가 있다. 이를테면 루부아 후작의 아버지이자 정무차관을 지냈고 후에 수상이 된, 아마도 콜베르 이전 프랑스에서 가장 힘 있는 인물이었던 미셸 르 텔리에Michel Le Tellier의 공포증이 있다. 그는 초록색에 대한 두려움이 대단해서 집 안에서 초록색을 완전히 금했고 원래 초록색 도마뱀이었던 문장의 색도 바꾸었다. 또한 루이 14세의 병사들이 초록색 옷을 착용하는 것을 금했다. 여기에는 외국인 용병들도 포함되었다. 그러나 가장 잘 알려진 초록색 공포증은 웬만한 사람들이 다 아는 슈베르트의 공포증이다. 이 위대한 음악가는 "그 저주받은 색을 피하기 위해서라면 세상 끝까지 갈 준비가 되어 있다."고 단언했다. 슈베르트는 1828년 31세의 나이로 세상을 떠났는데, 그 짧은 인생은 슬픔과 실패, 고통의 연속이었다. 그렇다면 그가 완전히 피할 수 없었을 초록색에 대한 두려움이 정당화될 수 있는 것은 아닌지 궁금해지기도 한다.

나는 1970년대 초 브르타뉴 지방의 시골에서 열린 어느 결혼식 때 초록색에 대한 미신을 접했다. 신부는 고전적인 하얀 드레스를 입었고 신랑은 검은색과 회색으로 된 검소한 턱시도를 입었다. 신랑의 어머니는 덩치가 큰 여자였는데, 색색의 꽃으로 장식한 짙은 자줏빛 모자를 썼다. 하지만 위험한 것은 그 요란한 모자가 아니라 신부의 사촌이나 친구이고 아마도 사냥꾼인 듯한 어느 아버지와 아들의 옷차림이었다. 그들은 초록색 상의와 회색 바지를 입고 있었다. 전통적 가치에 집착하는 팡티에브르 소귀족 계층의 관습을 나보다 잘 알고 있는 친구 녀석 하나가 '우아하지만 불길한' 옷차림이라고 지적했다. 친구의 지적에 호기심을 느낀 나는 초록색 옷이 어째서 불길하냐고 물었다. 그러자 친구는 올바른 관습에 따르면 결혼식 때 그런 색의 옷을 입어서는 안 된다고 설명했다. 그런 색의 옷은 젊은 부부나 그 후손들에게 해를 끼친다는 것이었다. 심지어 그 친구는 결혼식 식사 때 초록색 채소를 쓰면 안 된다고(행운의 상징이며 최음제로 여겨지는 아티초크를 제외하고), 초록색을 암시하는 재료는 어떻게 해서든 쓰면 안 된다고 잘라 말했다. 나는 그 말을 듣고 어리둥절했다. 내가 좋아하는 색인 초록색이 그런 부정적인 평판을 갖고 있다는 사실을 알게 되었기 때문만이 아니라 나와 동년배이며, 배를 잘 몰고, 테니스도 잘 치고, 물고기도 잘 잡는 친구가 그런 미신을 알고 있고 그것을 믿기까지 한다는 것을 확인했기 때문이었다.

그 초록색 상의 두 벌이 그날 결혼식을 올린 부부에게 정말로 해를 끼쳤는지 나는 알지 못한다. 하지만 초록색에 대한 두려움이 얼마나 널리 퍼져 있는지 확인하게 되었다. 이를테면 진초록색 스웨터를 찾아다녔지만, 남성복 상점들이 그런 품목을 갖춰놓는 일이 드물어 실패로 끝나는 경우가 많았다. 판매원들은 프랑스에는 그런 색의 옷을 사라고 권할 만한 금발의 남자들이 별로 많지 않다고 설명했다. 그러고 보면 북유럽 국가 남자들은 그런 옷을 더 많이 입는다. 그 나라들에는 금발의 남자들이 더 많기 때문이다. 우리가 익히 잘 아는 1960년대에 유행한 셰틀랜드 스웨터의 '영국 초록색'을, 혹은 독일이나 오스트리아의 큰 상점들에서 쉽게 찾을 수 있는 초록색 카메오를 생각해보자. 프랑스와 독일 사이의 이런 차이는 최근의 일이 아니다. 1566년 프랑크푸르트 전시회에서 돌아온 신교도 대석학 앙리 에스티엔의 섬세한 관찰은 그런 차이가 16세기에도 존재했다는 것을 잘 보여준다. 그 시대에 독일에서 초록색은 신사다운 색이었던 반면 프랑스에서는 하인과 광대들이 입는 색이었다.

독일에서는 초록색 옷을 입은 남자를 보면 그 남자가 덕스럽다고
느끼는 반면, 프랑스에서 상류 계층의 남자가 초록색 옷을 입으면,
사람들은 그 남자가 상당히 자유분방하다고 생각할 것이다.

『헤로도토스를 위한 변명Apologie pour Hérodote』 중에서
(P. 리스텔위버출판사P. Ristelhuber, 1879, 파리)

오늘날에도 프랑스의 옷가게들은 초록색 옷을 별로 제안하지
않는다. 머리색 때문만은 아니다. 초록색 옷은 초록색을 둘러싼
미신 때문에 팔기 힘들기 때문이다. 남자들에게도 그렇지만
특히 여자들의 경우 이 색은 불행을 가져다주는 것으로 여겨졌다.
많은 여성복 상점 판매원들이 나에게 초록색 옷이 "판매가 시원치
않다."고 말했다. 그들 중 파리의 큰 상점에서 일하는 한 사람은
심지어 어떤 손님들은 "초록색 옷을 마녀의 옷으로 본다."고
설명하기도 했다. 기성복 상점에서 나온 이 지적에 보석상들의
증언을 덧붙일 수 있다. 보석상들은 에메랄드가 부인할 수 없는
아름다움에도 불구하고 잘 팔리지 않는 보석이라고 증언한다.

나는 20년 전에 초록색을 둘러싼 미신들에 대한 자료를
모으는 데 나름대로 공헌했고, 극장에서 일어나는 초록색의 저주에
관해서도 연구했다. 연극배우들은 초록색이 연극에 해를 끼칠
거라는 생각 또는 그들 자신에게 해를 끼칠 거라는 생각 때문에
초록색 의상을 입기를 꺼려했다. 출판계에도 비슷한 미신이
존재했다. 출판 관계자들은 책 표지가 초록색이면 잘 팔리지

않는다고 믿었다. 이 문제에 관심을 가지고 그 유래를 찾아내려고 했던 몇몇 역사학자들은 대부분 낭만주의 시대까지 거슬러 올라가야 했다. 그 시대의 조명은 아직 전기 조명은 아니었지만, 이전 시대의 조명과도 달랐다. 그 조명을 받으면 초록색들은 희끄무레하고 이상한 색으로 변했다. 무대에서 초록색이 이렇게 가치 절하된 현상은 무엇에 근거할까? 내 생각에는 더 오래전으로 거슬러 올라가야 할 것 같다. 이미 17세기 중반에 연극계에 초록색에 대한 두려움이 존재했다. 심지어 몰리에르가 초록색 옷을 입고 죽었을 것이라는 근거 없는 소문이 나돌기도 했다.

연극계에 퍼졌던 초록색에 대한 두려움은 아마도 염색 문제에 기인했을 것이다. 바로크 연극에서는 각각의 등장인물들이 서로 다른 색의 의상을 입었고, 의상의 색으로 연극의 주역을 구별하는 것이 관례였다. 그런데 17세기에는 천을 초록색으로 염색하는 것이 힘들었다. 초록색을 만들기 위해 파란색과 노란색을 섞지 않았기 때문이다. 염색업은 매우 엄격히 분할되고 규제되었다. 어떤 사람이 파란색 염색업자라면 그 사람은 노란색으로 염색할 수 있는 권한이 없었고, 그 반대도 마찬가지였다. 따라서 파란 염색통과 노란 염색통은 같은 작업장 안에 놓일 수 없었고, 어떤 직물을 우선 파란 염색통에 담근 뒤 노란 염색통에 다시 담그는 것도 불가능했다. 달리 말해 식물성 염료를 통해서만 초록색을 얻어낼 수 있었다. 그 시절 초록색은 흐릿하고 창백하고 엷은 색조를 띠었다. 그러나 그리 중요한 일은 아니었다. 초록색은

유행색이 아니었고, 역할의 특성상 초록색 옷을 입어야 하는
배역을 제외하면 별로 필요하지 않았기 때문이다.

흐릿하고 창백한 색조의 초록색 의상을 입고 무대에 서자
연극의 효과가 반감되었고, 연극계 사람들은 선명하고 환한
초록색 의상을 입기 위해 영국과 스페인 화가들이 사용하는 색을
도입하고자 했다. 영국과 스페인 화가들이 사용한 초록색은
독성이 있는 안료인 녹청에서 얻은 것으로, 구리판 위에 식초나
산을 뿌려 만들었다. 이후 연극계 사람들은 연극의 의상과
몇몇 무대장식에 이 안료를 썼다. 1600년대에서 1630년대까지
많은 배우들이 그 안료에 중독되어 죽음을 맞았다. 그러나
의상에 쓰인 초록색 안료가 죽음의 원인이라는 것을 아는 사람은
아무도 없었다. 그저 초록색은 죽음을 불러오는 저주받은
색이라는 생각만 널리 퍼졌고, 사람들은 연극에서 초록색을
추방하기 시작했다.

19세기에 초록색의 저주는 당면한 현안이었다. 그러나
그 저주의 원인인 구리와 식초에 기반을 둔 녹청은 비소를 기반으로
한 염료만큼 많이 쓰이지 않았다. 사람들은 장식물, 가구, 옷,
일상용품에 쓸 초록색 염료와 물감을 만들기 위해 간단한 물질인
비소를 주로 사용했다. 그런데 비소는 냄새와 맛이 없는 경우가
많았고 무척 위험했다. 습기의 작용으로 비소가 증발하는 경향이
있었기 때문이다. 이로 인해 많은 사고가 일어났고 초록색에 대한
두려움이 더욱 확산되었다. 나폴레옹이 세인트 헬레나 섬에서

비소 때문에 죽었다는 설도 일리가 없지는 않다. 진지한 역사학자들 중에는 나폴레옹이 자발적으로 중독되었다고 믿는 사람이 아무도 없지만, 많은 연구자들이 그가 살았던 집의 방들에 그가 좋아하던 색인 초록색 벽지가 도배되어 있었다는 사실을 강조한다. 1814년 비소에 구리 찌꺼기를 용해시켜 만든 위험한 '슈바인푸르트 초록색' 말이다. 사망한 황제의 머리카락과 손톱 밑에서 비소의 흔적이 발견되었다는 사실이 이 같은 설을 뒷받침해준다는 것이다.

 1860년대부터 초록색에 대한 불신과 두려움은 공포증으로 확대되었다. 예를 들어 영국의 빅토리아 여왕은 초록색을 혐오하여 왕궁 전체에서, 특히 버킹엄 궁에서 초록색을 추방했다. 사람들에게 들은 바에 따르면, 빅토리아 여왕은 그 후에도 초록색을 다시 사용하지 못하게 했다고 한다.

1 루부아 후작 Marquis Louvois(François Michel Le Tellier) 1641-1691
   프랑스의 행정가. 탁월한 군제 개혁을 통해 루이 14세의 군대를
   강화하는 데 기여했다.

2 카메오
   마노나 접시조개 껍데기에 양각으로 조각한 장신구.

3 앙리 에스티엔 Henri Estienne 1531-1598
   프랑스의 인문주의자이자 르네상스기의 대표적 출판업자이다.
   『프랑스어의 우수성에 대하여』『프랑스어와 그리스어의
   근사성에 대하여』 등의 저작으로 프랑스어 옹호에 힘썼고,
   『헤로도토스를 위한 변명』을 통해 가톨릭 사회의 부패상을 비판했다.

운명의 색

역사학자들은 초록색이 오래전부터 불길한 명성을 갖고 있었음을 잘 안다. 그 명성은 고대 로마시대부터 있었고, 중세 중반에 강화되었던 듯하다. 봉건시대에 초록색은 악마와 그의 피조물들이 검은색이나 빨간색보다 훨씬 더 좋아하는 색이었다. 그럼에도 불구하고 서구 사회에서 초록색의 상징적 역사를 자세히 살펴보고 종합적으로 평가해보면, 초록색이 그다지 악마의 색이나 불운한 색은 아니었음을 확인할 수 있다. 다른 모든 색들처럼 초록색도 양면성을 지녔다. 초록색은 행복의 색인 동시에 불행의 색이고, 행운의 색인 동시에 불운의 색이고, 희망의 색인 동시에 절망의 색이다. 초록색과 관련된 관습과 의례에는 우연이 작용하고 승부가 서로 다툰다. 예를 들어 16세기 이래 게임 테이블은 초록색이다. 카드놀이, 주사위 게임, 당구 등이 초록색 테이블 위에서 이루어진다. 그렇게 시간이 흐르자 초록색은 게임을 하는 사람들, 그들이 자주 찾는 장소, 그들이 다루는 물건, 그들이 하는 말을 상징하는 색이 되었다. 17세기 전반기에 프랑스의 선술집과

도박장에서는 langue verte랑그 베르트, 직역하면 '초록색 말를'이라는 표현이 통용되었다. 이것은 카드놀이와 주사위 게임의 기술을 가리키는 은어였다. 시간이 좀 더 흘러 루이 14세 시대가 되자, 게임하는 사람들의 초록색 양탄자는 하층민의 세계를 떠나 좀 더 귀족적인 도박장에, 심지어 궁정과 왕족들의 저택에까지 진입했다. 모든 곳에서 초록색 양탄자 위에서 주사위 게임을 하고 카드놀이를 하고 당구를 쳤다. 우리 시대에도 호화로운 건물의 카지노이든 평범한 카페이든 게임 테이블의 색은 모두 초록색이다.

중세에 승부를 가르는 여러 가지 시합은 물론 결투 및 피고인의 운명을 결정짓는 신명재판이 벌어진 곳이 초록색이었던 것처럼 오늘날에도 대부분의 스포츠 경기장들이 초록색이다. 잔디의 색이 초록색이어서만은 아니다. 어떤 스포츠들은 야외에서 하지 않고 나무, 양탄자, 리놀륨 등으로 된 실내에서 한다. 그런데 이런 재질들도 초록색인 경우가 많다. 잔디가 다양한 성질의 재료들로 대체된 것이다. 탁구대도 거의 항상 초록색이다. 이것은 스포츠 경기장과 게임 테이블 사이의 상징적 관계를 잘 보여주는 예이다. 결투장, 룰렛이나 브리지 테이블, 축구나 럭비 경기장, 탁구대는 모두 초록색이다. 이 초록색 위에서 사람들의 운명이 결정된다. 마찬가지로 임금 노동자들의 운명도 이사회의 '초록색 테이블' 위에서 결정된다. 초록색 위에서 '게임들이 행해지고' 때때로 막대한 판돈이 오고 간다.

이런 상징의 이유와 기원은 무엇일까? 왜 초록색은 그토록

밀접하게 오랫동안 우연, 운명, 불운과 관련되었을까? 왜 초록색은
불안정한 것, 쉽게 변하는 것, 사람들이 열렬히 원하지만 요행에
좌우되는 것, 일시적이거나 도달할 수 없는 것, 사랑이나 돈과
결부되는 것들을 상징할까?(이 대목에서 우리는 'billet vert비에 베르',
직역하면 '초록색 돈'을 생각해볼 수 있다.) 이 질문에 대답하려면
색의 화학적 특성과 상징 사이의 관계를 살펴보아야 한다.
유럽에서 초록색은 오랫동안 화학적으로 가장 불안정한 색이었다.
수세기 동안 초록색 염료와 물감은 정착 과정에서 어려움을 겪었다.
염료를 만들 때가 아니라 그 색을 다른 물건에 정착시킬 때 말이다.
화학적으로 불안정한 이 색은 변하기 쉽거나 일시적인 모든 것,
즉 젊음, 사랑, 행운, 운수, 미래에 대한 희망과 결부되었다.
그렇다면 색의 상징체계는 염료와 물감의 화학적 특성에서
나왔단 말인가?

국기 접기

앞에서 나는 1961년 겨울 어느 여고생 두 명이 입은 빨간 바지가
정학을 초래했던 사건을 이야기했다. 그로부터 몇 년 뒤, 나는
그 사건과는 다른 맥락에서 빨간색에 대한 거부감 혹은 경계심 같은
것을 경험했다. 드라귀냥의 19포병연대에서 군 복무를 할 때의
일이다. 힘든 5주였다. 병영에서의 생활 때문에 힘든 것은 아니었다.
병영 생활은 비교적 느슨했다. 내가 힘이 들었던 것은 1974년 8월
프로방스 지방을 짓누르던 혹서 때문이었다. 소집된 병사들에게
부여된 많은 임무 중에는 국기를 올리고 내리는 일이 있었다.
그 일에는 세 사람이 필요했다. 나는 첫 주에 곧바로 그 임무에
동원되었다. 아마 내가 병영에 들어온 지 얼마 안 되는 '지식인'
그룹에서 가장 나이가 많았기 때문일 것이다. 내가 문장과 색에
관심이 있다는 것을, 그리고 최근에 문장에 관한 논문을 썼다는
것을 아무도 알 리 없었다. 그런데 나는 깃발에 대해 무지했다.
다행히 선임의 조언을 들을 수 있었다. 선임은 어떻게 국기를
올리고 내리는지 나에게 설명해주었다. 하지만 불행하게도

국기를 어떻게 접는지에 대해서는 알려주지 않았다. 첫날 저녁 나는 최선을 다했지만 그것은 어림짐작으로 서툴게 행한 최선이었고, 프랑스의 국기로서는 모욕을 받은 것이나 다름없었다. 한 까다로운 중사가 나를 비난했다. "삼색기를 보이스카우트 스카프나 에르메스 스카프처럼 접으면 안 되지."

며칠 뒤 젊은 중위가 나를 가만히 관찰하더니 국기를 어떻게 접는지 가르쳐주었다. 나는 그의 가르침을 잘 듣고 명심했다. 국기 접는 일이 내 임무였기 때문만이 아니라 힘든 임무이기는 하지만 국기를 깔끔하고 멋지게 접고 공처럼 둥글게 마는 일이 그다지 지겹지 않았기 때문이다. 국기를 다 접고 나면 겉에서는 파란색만 보이고 하얀색과 빨간색은 파란색 안쪽으로 들어가 보이지 않아야 했다. 부득이한 경우, 즉 국기의 크기가 그리 크지 않을 때는 접힌 부분 가장자리로 하얀색이 조금 보여도 무방했지만, 빨간색은 절대 보여서는 안 되었다. 다시 말해 국기를 다 접은 뒤 빨간색은 국기에서 사라져야 했다.

이런 풍습이 어디서 온 것인지는 모르지만, 아마도 오랫동안 이어져 내려온 빨간색의 정치적·군사적 상징 때문인 듯하다. 프랑스 국기는 프랑스 대혁명 동안 사용된 삼색휘장에서 유래했으며, 바스티유 감옥 함락 며칠 뒤 생겨났다. 라파예트의 회고록을 통해 국기에 관한 전설에 살이 붙었다. 라파예트는 삼색휘장이 왕의 색인 하얀색 그리고 파리의 색인 파란색과 빨간색을 결합한 것이라고 말한다. 매우 단순한 설명이다. 사실

18세기 말에 하얀색은 군대에서만 왕의 색이었고, 파리의 색은 파란색과 빨간색이 아니라 빨간색과 갈색이었다. 많은 자료들이 그것을 증명한다. 아마도 우리는 미국인들에게서 파란색-흰색-빨간색으로 이루어진 삼색기의 근원을 찾아야 할 것이다. 새로운 이념에 대한 신봉과 진행 중인 대혁명의 상징으로서 말이다. 하지만 프랑스 국기의 기원을 명확히 밝히려고 집착할 필요는 없을 것이다. 기원이 신비에 싸여 있지 않은 국기는 그 상징적 힘을 일부 잃어버린 것이나 다름없으니 말이다.

아무튼 삼색기는 1794년 프랑스 해군을 위해 만들어졌고, 1812년이 되어서야 우리가 알고 있는 모습으로 육군에 채택되었다. 그리고 7월 왕정하에서야 비로소 프랑스의 상징이 되었다. 그 뒤부터 파란색이 깃대 바로 옆에 자리했고(그 전에는 빨간색이 깃대 옆에 자리했다.) 수십 년 동안 하얀색이 다른 두 색깔보다 더 넓은 면적을 차지했다. 이것은 국기를 접을 때 하얀색이 겉으로 나와야 한다는 의미일까? 만약 그렇다면 언제부터 파란색이 하얀색의 역할을 대신하게 된 것일까? 그리고 어떤 이유로 그렇게 되었을까? 오늘날 프랑스 국기에서는 대개 세 가지 색깔이 같은 면적을 차지한다. 하지만 이따금 파란색의 면적이 흰색이나 빨간색의 면적보다 더 넓은 경우도 있다. 프랑스는 삼색기를 국기로 사용한다. 하지만 프랑스의 진정한 색은 파란색이다. 이것을 증명하는 다양한 풍습들이 있다. 특히 스포츠 분야에서 그렇다. 프랑스 응원단은 '레 블뢰les Bleus'라고 불린다.

빨간색은 어찌 보면 가장 사려 깊은 색이다. 빨간색은 국기가 바람에 나부낄 때 그리고 삼색기가 수평으로 활짝 펼쳐질 정도로 바람이 강할 때만 눈에 띈다. 그 외에 경우에는 잘 보이지 않는다. 삼색기가 접힐 때도 보이지 않는다. 오직 파란색만 보인다. 때로는 파란색과 하얀색 약간이 보인다. 프랑스는 국기에 들어간 빨간색을 싫어하는 것일까?

두려움을 유발하는 주제

국기 이야기를 좀 더 해보자. 나는 연구 활동을 하면서 국기들과 자주 마주쳤다. 그러나 국기에 관해 본격적으로 연구한 적은 한 번도 없었다. 색과 문장을 연구하는 역사학자로서 국기들에 무엇보다도 흥미를 느꼈는데도 말이다. 사실을 말하자면 국기는 나에게 두려움을 유발하는 주제이다. 그리고 나는 비겁하게도 줄곧 그것을 외면했다. 나 혼자만 그런 것은 아니었다. 국기에 관한 진지한 연구가 극히 드물었다. 왜일까? 많은 국기들이 피 속에서 탄생했기 때문일까? 국기들에 연결되는 군대의 의식이나 국가주의적 의식들이 염려스럽고 위험해 보이기 때문일까? 국가를 상징하는 다른 문장이나 표장들과 달리 국기는 역사적 연구의 손길이 많이 닿지 않았다. 국기는 어느 정도 거리를 두고 그 관습과 기능을 분석하기가 거의 불가능하기 때문에, 즉 동시대 속에 너무나 단단하게 닻을 내리고 있기 때문에 두려움을 유발하는 것 같다. 그렇다. 국기는 두려움을 유발한다. 특히 최근에 심심찮게 볼 수 있듯이 국기에 애착을 지닌 몇몇 사람들이 그 지나친 열정 때문에 다양한 형태의 일탈 행위를 저지르곤 하기 때문에. 그런 일탈 행위들의 저변에는 우리가 떠올릴 수 있는 다양한 정치적·이데올로기적·사회적 요인들이 일상적으로 존재한다. 그러므로 국기에 대해서는 되도록 덜 이야기하는 편이 낫다.

사실 서부 유럽에서는 그리고 인문학에서는 국기에 대해 별로 언급하지 않는다. 그런데 나는 그런 현상을 유감스럽게 생각해야 하는 것인지 아닌지 확신하지 못한다. 그래픽의 역사를 살펴볼 때 전체주의 체제 및 국가의 상징체계 그리고 국가의 정체성에 관한 요소들 사이에는 명백한 관련성이 존재한다. 그러나 유럽 민주주의가 이런 문제들에 대해 보여준 무관심은 오히려 나를 안심시켰다. 똑같은 이유로 나는 최근에 이런 문제들에 몇몇 정치인들이 보여준 관심을 반갑게 여겨야 할지 어떨지 확신하지 못한다. 그런 관심은 중립적인 것도, 순진한 것도, 우발적인 것도 아니기 때문이다.

아무튼 국기들의 역사에 대해서는 언급해야 할 것들이 많이 남아 있다. 국기의 여러 특성들의 역사가 아니라 전체 속에서 차지하는, 그리고 특별한 기호들의 체계를 구성하는 국기들의 역사 말이다. 이런 상황은 국기에 적용되는 규율(기장학旗章學)이 왜 아무 곳에서도 과학적 위상을 부여받지 못하는지 설명해준다. 그 규율은 군수품 수집가와 휘장 수집가들에게 넘겨진 듯하다. 휘장 수집가들은 그 규율에 관해 전문적 저술, 정기 간행물, 일람표를 작성했다. 그러나 이런 출판물들은 연구자들이 활용할 만한 것들은 아니었다. 누락된 것이 많고, 정보들이 모순적이고, 엄밀성이 결여된 경우가 많았기 때문이다. 박학하긴 하지만 순진한 측면이 많고, 특히 국기를 완전한 사회적 사실로 고려하려는 차원에서 진정한 문제제기를 하지 못했기 때문이다. 기장학은 아직 어엿한 학문이 아니다.

하지만 국기는 다양한 측면에서 풍부한 연구 주제를 제공한다. 상징적인 이미지인 동시에 상징의 대상인 국기는 강제적인 규범에 복종하며, 국가적 전례 한가운데에 위치하는 특별한 의식들에 사용된다. 하지만 모든 시대에 그랬던 것도 아니고 모든 문화에서 그랬던 것도 아니다. 그것은 서구 문화에 제한되어 일어난 현상이다. 이 현상에 관해 오랫동안 일련의 질문들이 제기되었지만, 아직도 진정한 조사가 이루어지지 못했다.

이를테면 인간은 언제부터 색과 도안으로 스스로를 상징했을까? 그렇게 하기 위해 언제부터 깃대에 천 조각을 매달았을까? 처음에는 다소 경험적이었던 그런 관습이 언제, 어디서, 어떻게 어엿한 규범으로 변모했을까? 이 규범들을 구성하기 위해, 그리고 그것에 힘을 부여하기 위해 어떤 형태, 어떤 모양, 어떤 색, 어떤 조합들이 이루어졌을까? 특히 언제, 어떻게 바람에 나부끼고 멀리서도 잘 보이도록 만든 천 재질에서 천 재질은 아니지만 똑같은 상징적·이데올로기적 메시지를 표현하는 다른 물리적 매체로 이행했을까? 어떤 물리적·이데올로기적·사회적 변동들이 물리적 대상으로서의 국기에서 관념적 이미지로서의 국기로의 이행을 초래했을까?

개별적으로 고려한 각각의 국기에서 우리는 어떤 색 혹은 색들의 조합을 선택한 것일까? 우리는 그것이 무엇을 의미하기를 원했던 것일까? 누가, 어떤 맥락에서, 왜, 어떻게 선택한 것일까? 그리고 그 선택의 지속성, 전파, 변화는 어떤 양상을 띨까? 모든 국기는 역사를 지니고 있다. 그런데 그 역사는 부동적인 경우가 드물다. 국기를 보는 사람은 누구일까? 누가 자기 나라의 국기를, 이웃나라의 국기를, 먼 나라들의 국기를 알고 알아볼까? 누가 그 국기들을 재현하고 대상에서 이미지로, 이미지에서 상징으로 이행시킬까? 이 외에도 질문들이 많이 있지만, 내가 보기에는 이 정도의 질문들도 지금껏 제기된 적이 없는 것 같다.

체스 게임

동독을 처음 여행했을 때 경험한 침울한 색채에 대해서는 이미 이야기했다. 그때 나는 이름이 기억나지 않는 베를린의 어느 공원에서 나이가 많고 옷차림이 초라한 남자들이 간단한 체스판을 앞에 놓고 체스를 두는 것을 보았다. 모눈이 그럭저럭 그려진 보잘것없는 나무 체스판이었다. 체스판에는 규정에 맞는 예순네 개의 칸을 이루는 줄들만 그어져 있었다. 말들은 낡아빠진 것들로 평범한 흰색과 검은색이었다. 그런데 체스판의 칸들이 일반적으로 볼 수 있는 두 가지 색이 아니라 단색이었고, 각각의 칸들이 마치 연필로 서툴게 선을 그은 것처럼 단순하게 그려져 있었다. 나는 호기심이 생겨서 그 남자들이 체스 두는 모습을 오랫동안 관찰했다. 그리고 신기하게도 그들이 수직적 방법으로 체스를 둘 뿐 아니라(이상한 것은 게임 초반부터 비숍보다 루크를 더 자주 이동시켰다는 점이다.) 말을 옮길 때마다 상당히 오랫동안 생각을 한다는 점을 확인했다. 실제 경기였다면 금세 강력한 타임트러블의 희생양이 되었을 것이다.

나도 예전에 체스를 두긴 했지만, 고백하건대 친선 게임이든 진짜 경기이든, 그런 체스판과 비슷한 것으로 체스를 두어본 적은 한 번도 없었다. 그래서 그런 체스판으로 체스를 둘 때 어떤 일이 일어나는지 알지 못했다. 그러나 관찰을 하는 동안 그럭저럭 적응이 되었다. 체스판의 네모칸들에 번갈아 나타나는 2색 구조가 항상 존재했던 것은 아님을 알고 있었기 때문이었다. 인도와 페르시아의 미니 체스판과 중세 유럽의 체스판을 보면, 가로선과 세로선이 교차하는 것만으로 이루어진 체스판들이 많이 있었음을 알 수 있다. 이 선들은 한 가지 색이고(빨간색인 경우가 가장 많다.) 네모칸들은 다른 색이다(흰색이나 노란색). 사실 체스판의 예순네 개 네모칸에 두 가지 색이 번갈아가며 나타나는 것은 의무사항도 아니고 꼭 필요한 것도 아니다. 2색 구조는 체스판에 말을 놓을 때 칸들이 더 잘 보이도록 해주고, 대각선 방향의 전술을 더 쉽게 구사하도록 도와준다. 네모칸들이 2색 구조가 아닌 경우 베를린 공원의 두 남자처럼 대부분의 사람들은 극도의 집중력과 기하학적 시각을 동원해야 한다. 베를린의 두 남자가 말을 옮길 때마다 오랫동안 생각을 한 것도 체스판이 단색이어서 구별되지 않고 모두 똑같게 보이는 네모칸들 위에 상상의 색들을 교대로 투사해야 했기 때문이었을 것이다.

    아무튼 서양의 체스판에 오늘날 우리가 흔히 볼 수 있는 것처럼 두드러진 대비를 이루는 흰색과 검은색이 늘 나타났던 것은 아니다. 체스의 말들 또한 언제나 하얀 진영과 검은 진영으로 대립되었던 것도 아니다. 체스판은 오랫동안 오늘날과는 다른 2색 구조를 지녔다. 6세기 초 북인도에서 체스 게임이 처음 생겨났을 때에는 빨간 진영과 검은 진영이 있었다. 8세기 이슬람 문화는 체스 게임을 도입하면서 빨간색과 검은색으로 이루어진 이 구조를 보존했다. 반면 서기 1000년 직전 유럽에 도입될 때 구조에 변화가 일어났다. 말들의 성질과 진행 방법뿐만 아니라 빨간색 대 검은색이라는 색의 조합도 재고해야 했다. 빨간색과 검은색의 조합은 기독교 봉건정신에서 의미하는 바가 아무것도 없었기 때문이다. 검은색을 흰색으로 바꾸어 빨간 진영과 하얀 진영이 대립하게 했다. 당시 서구에서 빨간색과 흰색은 가장 강렬한 대비를 이루는 조합이었다.

중세 기독교는 오래전부터 흰색, 검은색, 빨간색의 세 가지 색 주변에, 즉 흰색과 흰색의 두 반대색 주변에 색의 체계를 구성했다. 아시아에서 통용되던 것과 반대로 이 두 반대색은 서로 아무런 관련이 없었고 대립되지도 않았고 결합되지도 않았다. 1000년경의 사람들은 체스 게임의 말로 흰색과 빨간색을 택했고, 이 조합은 색에 관련된 상징과 관습 속에서 가장 많이 사용되었다. 그러나 3세기 뒤에 이 선택은 의심을 받게 되었다. 사람들의 생각이 조금씩 달라졌고, 13세기 말과 14세기에는 흰색과 검은색의 조합이 흰색과 빨간색의 조합보다 더 효율적인 것이 되었다. 그동안 검은색은 악마, 죽음, 죄악의 색에서 겸손과 절제의 색으로 괄목할 만한 승급을 했다. 그리하여 검은색이 뜻하는 이 두 미덕이 널리 전파되었다.

다른 한편으로 색들의 분류에 대한 아리스토텔레스의 이론이
널리 확산되었고, 흰색과 검은색은 색의 상징체계 속에서 대립하는
두 극단이 되었다. 이때부터 흰색과 검은색의 대립이 흰색과
빨간색의 대립보다 더 강렬하고 의미가 풍부한 것으로 여겨졌다.

    사색적, 철학적 게임인 체스는 이런 사고체계의 변동을 그저
겪어낼 뿐이었다. 체스판에서 빨간 말들은 점차로 검은 말들에게
자리를 내주었고, 빨간 네모칸도 검은 네모칸으로 바뀌었다.
체스 게임은 근대 유럽 문화를 특징짓는 검은색과 흰색의
세계 속으로 들어갈 채비를 마쳤다. 체스 게임은 인쇄술의 발달,
종교개혁과 함께 검은색과 흰색으로 이루어진 세계와 그 미학적
가치들을 정착시키는 데 공헌했다. 오늘날에도 '검은색과 흰색'의
대조를 체스판보다 더 잘 보여주는 것은 없다.

비트겐슈타인과 문장의 색

루트비히 비트겐슈타인은 20세기의 위대한 철학자 중 한 사람이다.
우리는 그가 사망한 뒤에야 그 사실을 깨달았다. 그의 많은 연구들이
그의 사후에야 책으로 출간되었기 때문이다. 그가 말년에 했던
색과 언어 사이의 관계에 대한 연구도 마찬가지였다. 그가 이 연구를
하며 남긴 메모들은 1979년 프랑크푸르트에서 'Bemerkungen
über die Farben'이라는 제목으로 처음 간행되었다. 프랑스어
번역본『색에 관한 고찰Remarques sur les couleurs』T.E.R.출판사은
1983년에 나왔다. 이 책 속에는 혼란스러운 문장과 요약들이
많이 있는데, 심지어 그중 어떤 것들은 미완성의 상태로 남아 있다.

거칠고 불완전한 저서이기는 하지만, 내게는 이 책에 소개된
비트겐슈타인의 성찰들 중 많은 것이 의미심장하게 여겨진다.
그 성찰들은 언어철학과 맞닿아 있다. 모든 성찰들이 우리가 색을
생각할 때 얼마나 언어에 붙잡혀 있는지를 강조한다. 반면 다른
성찰들은 내가 보기에는 논란의 여지가 많다. 특히 색의 물질성과
예술적 특성에 관련된 성찰들이 그렇다. '어떤 색에 흰색을

더하는 것은 그 색 고유의 색조를 제거하는 것이다.' '검은색은 다른 색에서 밝은 효과를 제거한다. 빛나는 검은색은 존재하지 않는다.' 같은 성찰들 말이다. 벨라스케스, 마네 혹은 술라주부터 시작하여 얼마나 많은 화가들이 환하게 빛나는 검은색들을 만들어냈는지 떠올려보자.

놀라움을 유발하는 다른 언급들도 있다. 이를테면 "왜 빛나는 검은색과 광택 없는 검은색이 다른 명칭을 가질 수 없단 말인가?"과 같은 언급이다. 비트겐슈타인은 라틴어가 인도유럽어족에, 그 최전방에 속한다는 사실을 몰랐던 것일까? 아니면 모르는 척한 것일까? 중세 라틴어와 마찬가지로 고전 라틴어에서도 niger 니제르는 빛나는 검은색을, ater 아테르는 광택 없는 검은색을 가리켰다. 라틴 문학 전문가들은 이 사실을 잘 안다(비트겐슈타인도 1900년대에 빈에서 라틴 문학을 연구했다). 영어에서도(그리고 대부분의 고대 게르만어에서도) 마찬가지이다. black 블랙은 빛나는 검은색을, 현대 독일어의 schwarz 슈바르츠와 가까운 swart 스바르트는 광택 없는 검은색을 가리킨다. 셰익스피어는 많은 희곡에서 이 두 용어를 구별해 사용했다.

가설의 성질을 띠는 비트겐슈타인의 또 다른 고찰이 특히 나에게 와 닿았다. 그 고찰은 다음과 같다.

만약 색들의 조화에 관한 이론이 존재한다면 그 이론은 색들을
다양한 그룹으로 분류하는 작업에서 시작할 것이고, 근접성이나 혼합을
금할 것이다. 반면 다른 것들은 허락할 것이다. 또한 조화라는 것이
그렇듯, 그 이론은 규칙들에 토대를 부여하지 않을 것이다.

『색에 관한 고찰』 중에서

비트겐슈타인은 제대로 이해하지 못한 채 혹은 이해하지 못한
척하면서 12세기 이래 문장에서의 색들의 사용 규칙을 있는 그대로
말한다. 빈에서 태어나 자랐고, 그 후에는 케임브리지에서 연구한
철학자가(빈과 케임브리지, 이 두 도시에서는 도처에 문장들이 보인다.)
문장의 색에 대해서도, 그 색들의 결합 규칙(강제적이지만 기원이
알려지지 않은 규칙)에 대해서도 의문을 제기하지 않은 것은
이상한 일이다.

   문장의 색에 관해 그가 한 말들 중 책으로 엮지 않은 것들은
우리로서 알 도리가 없을 것이다. 문장에는 오직 여섯 가지 색만
사용되며 특별한 프랑스어 명칭을 지닌다. or 오르, 노란색, argent
아르장, 흰색, gueules 겔, 빨간색, sable 사블, 검은색, azur 아쥐르, 파란색,
그리고 sinople 시노플, 초록색이다. 이 색들은 유럽 문화의 여섯 가지
기본색이기도 하다. 문장에 쓰이는 이 여섯 가지 색은 절대적 색,
개념적 색, 비물질적 색이다. 색은 중요하지 않다. 예를 들어
프랑스 왕의 문장 중에 파란azur 바탕에 노란or 백합꽃이 있는 것이
있다. 파란 바탕은 하늘색, 중간 색조의 파란색, 감색일 수 있고,

백합꽃은 레몬색, 주황빛이 도는 노란색 혹은 금색일 수 있다. 하지만 그런 것은 전혀 중요하지 않고 의미도 없다. 그것을 만드는 예술가가 자신이 작업하는 재료와 기법에 따라, 자신을 사로잡는 미학적 관심들에 따라 파란색azur과 노란색or을 자신이 이해하는 대로 자유롭게 표현할 수 있다. 따라서 시간이 흐르면서 같은 문장이 다른 색들로 재현될 수 있었고, 그럼에도 불구하고 똑같은 문장으로 인정받을 수 있었다.

하지만 이것이 문장에 쓰이는 여섯 가지 색의 유일한 독창성은 아니었다. 이 색들은 다시 두 그룹으로 나뉘었다. 첫째 그룹에는 흰색과 노란색, 둘째 그룹에는 빨간색, 검은색, 파란색 그리고 초록색이 있었다. 중요한 규칙은 의미 없는 세부들을 제외하고는 같은 그룹에 속하는 두 색을 나란히 쓰거나 겹쳐 쓰면 안 된다는 것이었다. 사자 모양의 방패 문장의 경우를 살펴보자. 그것의 바탕색이 빨간색gueules이라면 사자는 흰색argent이나 노란색or일 것이고, 파란색azur이나 검은색sable, 초록색sinople일 수는 없을 것이다. 파란색, 검은색, 초록색은 빨간색과 같은 그룹에 속하기 때문이다. 반대로 방패 문장의 바탕이 흰색이라면, 사자는 빨간색, 파란색, 검은색, 초록색 중 하나일 것이다. 노란색은 안 된다. 이 기본 규칙은 문장이 처음 생겨날 때부터 존재했고, 이후 지속적으로 지켜졌다(드물게 위반되는 경우도 있었지만 비율로 볼 때 1퍼센트를 넘는 경우는 드물었다). 우리는 이 규칙이 기旗에 관한 규칙에서 빌려온 것이라고(기에 관한 규칙들이 최초의 문장에 끼친 영향은 상당했다.) 그리고 그 규칙이 가시성의 문제와 관련이 있을 거라고 가정한다. 두 가지 색으로 이루어졌던 최초의 문장들은 실은 멀리서도 잘 보이도록 시각에 호소하는 신호들이었다. 멀리서 보면 빨간색은 파란색이나 검은색, 초록색 바탕에 있을 때보다 흰색이나 노란색 바탕에 있을 때 더 잘 눈에 띄었다. 하지만 가시성은 이 문제 전체를 온전히 설명하기에 충분하지 않다. 이 문제는 또한 봉건시대의 매우 풍부했던 색들의 상징체계, 변동 한복판에 있던 상징체계에서 비롯된다.

색들의 새로운 질서는 서기 1000년 직후 서부 유럽에 수립된 새로운 사회에 부합했다. 이 사회에서 흰색, 빨간색 그리고 검은색은 고대와 중세 초기에 그랬던 것처럼 유일한 기본색이 아니었다. 파란색, 초록색 그리고 노란색이 사회생활과 그것에 결부되는 모든 사회적 규범에서 같은 등급으로 승급되었다.

문장에서의 색들의 사용 규칙은 세월이 지남에 따라 다른 신호 체계, 즉 국기, 군대나 스포츠의 휘장, 표지판, 특히 도로 표지판에 영향을 주었다. 문장에서 색들의 사용 규칙은 한마디로 말하면 진정한 '조화'였다. 그것은 문법적이고 회화적인 동시에 음악적이었다. 많은 분야에 그토록 박식했던 위대한 철학자가 어떻게 그것을 몰랐을까?

1 루트비히 비트겐슈타인 Ludwig Wittgenstein 1889-1951
오스트리아 출신의 영국 철학자. 1920년대에 오스트리아 학파에 많은 영향을 주었으며 이후 일상 언어 분석에서 철학의 의의를 발견했다. 영국 분석철학에 큰 영향을 미쳤다. 저서로『논리철학론』『철학적 탐구』등이 있다.

취향과 색   des goûts et des couleurs

미국에서 온 선물

내가 받아본 가장 멋진 선물은 내 할머니의 언니, 즉 알린 이모할머니가 준 것이다. 알린 이모할머니는 제1차 세계 대전 전에 인기 있었던 초상화가이자 에드몽 로스탕의 친구였던 앙리 카로 들바유Henry Caro-Delvaille의 미망인이었다. 앙리 카로 들바유는 에드몽 로스탕의 캄보 저택을 장식해주었고, 그 후 미국에서 인기 있는 화가가 되었으며, 1928년에 세상을 떠났다.
알린 이모할머니는 로스앤젤레스에 살았고 간혹 자매들을 만나러 유럽에 오곤 했다. 할머니의 자매들은 전부 합쳐 다섯 명이었고, 모두 1876년에서 1884년 사이에 부르주아 가정에서 태어났다. 할머니들의 부모님은 딸들을 태어난 순서에 따라 교육시켰다. 자매들 중 가장 맏이인 알린 이모할머니는 고등사범학교를 졸업했고, 프랑스에서 최초로 고전문학 교수 자격증을 딴 여성들 가운데 한 명이었다. 알린 이모할머니는 소설도 여러 권 썼는데, 그중 한 권인『매력적인 타데 스벤코Ce charmant Thaddée Svenko』는 1920년대 베스트셀러였다. 둘째인 뤼시 이모할머니는 영어 학사학위 소지자였는데, 당시 여든다섯 살가량되었으며 몸이 좋지 않아 침대 신세를 지고 있었다. 뤼시 이모할머니는 현대 수학에 열정이 있었고, 그 분야에 깊은 지식을 갖고 있었다. 나는 뤼시 이모할머니를 잘 알았고, 뤼시 이모할머니가 파란색을 싫어했던 것을 기억하고 있다. 셋째인 엘렌 이모할머니는 대학입학자격시험을 통과하기도 전에 산에서 사고를 당해 일찍 세상을 떠났다. 내 할머니인 루이즈 할머니는 넷째였다. 루이즈 할머니는 전문학교 과정에서 학업을 중단했지만 기억력이 비상했고, 덕분에 나이가 든 뒤에도 프랑스의 군청 소재지 454곳의 이름을 줄줄이 외고 그 위치들을 지도상에서 정확히 짚어낼 수 있었다. 루이즈 할머니의 동생인 막내 엠마 이모할머니는 학위는 없었지만 다섯 자매 중 가장 교양 있고 세련된 분이었다. 나는 엠마 이모할머니를 무척 좋아했다. 엠마 이모할머니는 나에게는 제2의 할머니나 마찬가지였다. 엘렌 이모할머니를 제외하고 다른 이모할머니들은 모두 96세에서 100세 사이에 세상을 떠났다.

 1953년 봄, 알린 이모할머니는 여동생들과 그 가족들을 만나러 생애 마지막에서 두 번째로 여행을 했다. 알린 이모할머니는 퀸 매리 호를 타고 대서양을 건넜고, 짐 가방 속에 선물을 많이 넣어왔다. 그 선물들 중 하나가 내 것이었는데, 다름 아니라 그때 프랑스에는 없었던 4색 샤프펜슬이었다. 내 사촌누이 카트린도 같은 것을 받았다. 우리는 둘 다 여섯 살이었고, 그 선물에 경탄했다.

우리는 그렇게 신기한 물건을 손에 쥐어본 적이 없었다. 그 물건은 거의 마술 지팡이나 다름없었다. 몸체는 은색 금속이었고 네 개의 홈이 파여 있었으며, 그 홈들을 건드리면 빨간색, 파란색, 초록색, 검은색 심이 마음대로 나왔다. 조금만 압력을 가해도 샤프펜슬의 몸체에서 심이 튀어나왔다. 로스앤젤레스에서 그 샤프펜슬의 가격은 겨우 몇 달러였을 것이다. 그러나 파리에서는 값을 매길 수 없었다. 그런 물건이 우리의 차지가 된 것이다. 그 행복감은 말로 표현할 수 없었다. 우리는 몇 달 동안 그 샤프펜슬을 갖고 놀았다. 나중에 다른 사촌들인 피에르와 로랑도 같은 선물을 받았다는 것을 알고 조금 실망하기는 했지만.

내가 가장 먼저 그 샤프펜슬을 망가뜨렸다. 갖고 놀다 보니 심이 아주 약했고 구조는 더 약했다. 카트린은 샤프펜슬을 몇 년 더 보존했다. 사실 그 샤프펜슬은 지프워터맨Jif-Waterman사에서 만들어 1960년대 초 유럽에 선보인 최초의 4색 볼펜과 비교하기에는 좀 모자랐다. 그러나 지프워터맨사의 4색 볼펜은 1953년에 내가 선물로 받은 샤프펜슬과 똑같은 매혹을 발휘하지 못했고 똑같이 완벽해 보이지도 않았다. 그 후에 접한 필기구와 색칠용 도구들 중 그 샤프펜슬만큼 재미있는 것을 한 번도 보지 못했다.

꿈처럼 아름다운 그 물건은 미국이라는 세계와 나의 최초의 구체적 접촉이었다. 그 경험은 색을 향한 나의 이끌림에 중요한 역할을 했지만, 미국을 향한 끌림을 선사하지는 않았다. 나는

그때로부터 25년이 지난 뒤 처음으로 미국을 방문했는데,
그곳에 대해 좋은 기억을 간직하지는 못했다. 그때는 12월이었고
날씨가 무척 추웠다. 케네디공항에 발을 디디자마자 내가 한
첫 번째 행동은 아주 촌스러운 빨간색의 챙 없는 모자를 산 것이었다.
첫 단추가 잘못 끼워졌다. 그 여행 때 그리고 그 이후에도 내가
그 나라를 여행하면서 가장 놀란 점은 초현대적일 거라 믿었던
그 나라가 생각보다 뒤처져 있다는 점이었다. 무슨 말인고 하니,
도로, 고속도로, 호텔, 주차장, 쇼핑센터, 공항 등에 신호체계가
존재하지 않았다. 신호가 거의 없었다. 방향 표시판도, 색으로
방향을 지정해주는 표지도 없었다. 누군가에게 길을 묻지 않고는
자신이 있는 위치를 가늠하거나 나아갈 방향을 잡는 것이
불가능했다. 수줍음이 많은 사람도, 화술에 재능이 없는 사람도
길을 잃지 않고 모든 방향으로 갈 수 있는 서부 유럽과는 전혀
달랐다. 온갖 종류의 신호, 표지, 색이 도심부터 궁벽한 시골까지
여행자를 안내해주는 늙은 유럽 말이다. 소심하고 말주변이
별로 없는 여행자에 속하는 나로서는 이렇게 외치지 않을 수
없었다. "늙은 유럽 만세!"

1 에드몽 로스탕 Edmond Rostand 1868-1918
  프랑스의 극작가이자 시인.
  「시라노 드 베르주라크」「로마네스크」 등의 작품을 남겼다.

세월에 따른 선탠에 대한 의식 변화

어릴 때 나는 브르타뉴 북부 해안 르 발 앙드레 해수욕장에서 긴 여름휴가를 보냈다. 그곳의 해변은 프랑스 서부에서 가장 아름다운 해변 중 한 곳이었는데, 당시 나에게는 무척 넓어 보였고 나와 내 친구들이 놀 수 있는 광대하고 무궁무진한 놀이터였다. 위험 요소는 전혀 없었다. 우리는 모래사장은 물론 물속과 바위 위에서 마음껏 놀 수 있었다. 그런데 우리 중 두 아이에게 금지된 활동이 하나 있었다. 그 두 아이 말고 다른 아이들은 마음대로 할 수 있는 활동이었다. 바로 해변에 누워 햇볕에 몸을 그을리는 일이었다. 늘 회색 옷을 입는 엄격한 할머니가 그 일을 위험한 일, 우스꽝스러운 일, 내가 완벽하게 기억하는 그 할머니의 표현을 그대로 빌려 말하자면 '몰상식하고 상스러운' 일로 여겼기 때문이다. 그 할머니에게 선탠은 혐오스러운 행동이었다. 몸이 햇볕에 살짝 그을리는 것이든, 억지로 몸을 태우는 것이든 말이다. 그 할머니에게는 그 기괴하고 품위 없고 외설적이고 부도덕한 행동을 지칭할 수식어가 충분치 않을 정도였다.

자라면서 나는 내가 오랫동안 믿었던 것과는 반대로 나이가 그리 많지 않은 다른 사람들도 그 까다로운 할머니와 같은 의견을 갖고 있다는 것을 깨달았다. 심지어 우리가 여름을 보내던 해변 한구석 피에귀 낭떠러지 발치에는 선탠을 반대하는 사람들의 수가 늘어갔다. 예전에는 꼼짝 않고 드러누워 자유롭게 햇볕을 쬐던 친구들이 더 이상 그렇게 하지 않았다. 그때의 '세련된 외양'은 피부가 아스피린 정제처럼 하얀 것이었다(그 시절 브르타뉴 사람들은 "탈지면처럼 하얗다."고 말했다). 좀 더 시간이 흐르자 조금 그을린 피부가 좋은 것으로 간주되었다.

    1950년대 중반과 1960년대 초반 사이에 그 해변에서 왜 그런 의식 변화가 일어났던 것일까? 햇볕에 몸을 노출하는 것이 위험하다는 정보가 다른 곳보다 더 많았던 것일까? 그 작은 공동체 속에 언론이 떠들어대는 것보다 더 많은 것을 아는 의식이 깨인 의사들이 있어서 몸을 지나치게 그을리는 것의 위험성을 일찍이 강조했던 것일까? 절대 아니다! 그것은 건강상의 문제가 아니라 사회적 문제, 더 나아가 속물근성의 문제였다. 그러나 나는 나중에, 청년기가 끝나갈 무렵에야 그것을 알았다. 우리가 주로 놀던 구역은 유복한 가정들이 자주 찾는 곳이었고, 선탠을 추종하던 좀 더 검소한 가정들은 해변의 다른 구역에서 시간을 보낸다는 것을 깨달았다. 더 많은 시간이 흐른 뒤 역사학자가 되어 색의 역사에 관심을 갖기 시작했을 때, 나는 어린 시절 그 해변에서 일어났던 일이 특별한 사건이 아니라 꽤나 일반적이고 지속성 있는 현상임을 알게 되었다. 수십 년, 수백 년을 주기로 피부색에 대한 '상류계급' 사람들의 태도 변화가 되풀이되었던 것이다.

좀 더 자세히 이야기해보자.

앙시앵 레짐에서 그리고 19세기 전반까지도 프랑스 및 서부 유럽에서 귀족이나 부르주아 계급에 속한 사람들은 농부들과 구별되기 위해 되도록 희고 윤기 나는 피부를 가져야 했다. 농부들은 야외에서 햇볕을 그대로 받으며 일하므로 구릿빛 피부나 점과 주근깨가 난 불그스레한 피부를 가질 수밖에 없었다. 그것은 귀족이나 부르주아들에게 그것은 끔찍한 일이었다! 하얗고 윤기 나고 주근깨나 점이 없어야 했다. 다시 말해 하얗고 투명한 피부 밑으로 정맥이 비쳐 보일 정도가 되어야 했다. 그러나 19세기 후반이 되자 이런 가치에 변화가 일어났다. '상류 사회' 사람들이 여가를 즐기러 바닷가를 방문하기 시작하고, 나중에는 산을 자주 방문하게 되자, 햇볕에 그을린 피부나 갈색 피부를 갖는 것이 세련된 일로 간주되었다. 이제는 시골에서 농사를 지으며 사는 농부들과 구별되어야 하는 것이 아니라 점점 수가 많아지는 도시 노동자들과 구별되어야 했다. 그들은 도시에 살면서 실내에서 일을 했다. 그러므로 하얀 피부, 희미한 낯빛, 창백하거나 희끄무레한 얼굴을 갖고 있었다. 상류 사회 사람들에게 그것은 불쾌한 일이었다. 농부보다 더 보잘것없는 도시 노동자들과 닮아 보여서는 안 되었다. 그리하여 햇볕에 몸을 노출하는 것이 세련된 일로 간주되었다. 이런 경향은 1920년대에서 1960년대에

절정에 다다랐던 것 같다. 세련되어 보이려면 피부를 그을려야
했고 선탠은 대유행이 되었다.

    그러나 이 유행이 그리 오래 지속되지는 않았다. 1960년대
중반에 이르자 바닷가에서 여름휴가를 보내거나 겨울 스포츠
활동을 하는 것이 중산 계층, 다시 말해 좀 더 검소한 계층에까지
확산되었다. 그러자 선탠은 웬만한 사람들이 모두 할 수 있는 일이
되었고, '상류 사회' 사람들은 점차 선탠에 등을 돌렸다. 반면
'유급 휴가'를 나온 노동자들은 선탠에 열심이었다. 상류 사회
사람들 눈에 그것은 불쾌하거나 기괴했다! 그리하여 다시 선탠을
하지 않는 것이 대유행이 되었다. 특히 바다에 다녀올 때 말이다.
속물근성에서 나온 이런 태도는 조금씩 세력을 넓혀갔다. 그러나
이번에는 건강상의 이유 때문이었다. 장시간 햇볕에 피부를
노출한 데 따른 피부암 및 기타 질병들의 증가가 중산층 사람들로
하여금 선탠을 피하게 만들었다. 피부를 그을리는 것은 더 이상
가치 있는 행동이 아니었다. 가치체계의 역사가 대개 그러하듯이
시계추가 다시 다른 방향으로 움직인 것이다. 그것이 과연 얼마나
오랫동안 지속될까?

    오늘날에는 벼락부자, 젊은 여배우 등 특별한 사람들만
선탠을 한다. 그러나 옛날처럼 해변에 드러누워 선탠을 하지 않고
스튜디오의 인공 햇볕 밑에 드러누워서 한다. 이것은 퍽 재미있는
현상이다. 내 두 친구의 할머니가 했던 표현을 다시 빌려 말하자면
'몰상식하고 상스럽고 부도덕한' 행동이다.

1 앙시앵 레짐 Ancien Régime
프랑스 대혁명 이전의 제도

1950년대의 블링블링

금과 금색에 대한, 좀 더 일반적으로 말해 반짝이는 모든 색에 대한 내 반감은 언제부터 시작되었을까? 아마 어릴 때부터 그랬을 것이다. 우리 집에는 일상용품과 장식품은 물론 보석이나 액세서리에도 금색이 전혀 없었다. 남자들은 보석을 전혀 지니지 않았고, 여자들도 '요란한' 보석을 몸에 달지 않았다. 내 부모님과 삼촌, 이모와 고모들이 가난해서 그랬던 것이 아니라 우리 가족들의 관습이나 가치체계 속에서 '보석'이 큰 위치를 차지하지 않았기 때문이다. 우리 가족들은 옷과 장식품, 액세서리 등에 큰 중요성을 부여하는 것을 정숙하지 못하고 상스러운 행동, 다시 말해 우스꽝스러운 행동으로 간주했다. 어른이 된 뒤 나는 그런 관점을 거부할 수도 있었고, 일부러 정반대로 행동할 수도 있었다. 하지만 그런 일은 일어나지 않았다. 나 역시 내 부모님처럼, 내 삼촌과 이모, 고모들처럼 옷차림에 무관심했고 몸에 액세서리를 전혀 걸치지 않았다. 심지어 손목시계도 차지 않았다. 반짝이는 물건이나 지나치게 시선을 끄는 물건을 보면 위협받는 느낌이

들었다. 금은 특히 싫었다.

그런 반감은 나이를 먹어가면서 거의 공포증이 되어버렸는데, 어린 시절의 추억을 돌이키다가 내가 그런 반감을 갖게 된 계기가 무엇인지 깨달았다. 나는 여덟 살부터 열두 살까지 보이스카우트 활동을 했다. 우리 가족은 몽마르트르언덕 꼭대기에 살았고, 내 친구들이 사는 구역은 대개 파리 8구, 9구, 18구였다. 생 라자르 역의 큰 홀이 우리가 만나고 헤어지는 장소였다. 이따금 일요일 하루 동안 다양한 보이스카우트 활동(창피스럽고 별로 생산적이지 못한 달력 파는 일 같은)을 할 때가 있었는데, 아버지도 어머니도 나를 데리러 오지 못하는 경우가 있었다. 그럴 때면 나는 클리시광장 근처에 있던 보이스카우트 선배 집으로 갔다. 거기서 겁을 집어먹은 채 불편한 마음으로 아버지가 데리러 오기를 기다리다가 아버지와 함께 언덕 꼭대기로, 나에게 친숙한 영토로 돌아왔다. 아버지가 오기를 기다리는 시간은 나에게 끝없이 길게 느껴졌고, 보이스카우트 선배의 아파트는 침울하게 느껴졌다. 그 아파트는 너무 크고, 너무 구불구불하고, 너무 어두웠다. 특히 조명이 우리 집보다 흐릿한 것 같았다. 전기요금을 절약하려는 의도 같았다. 하지만 내가 가장 불편했던 것은 그 아파트가 아니라 그 아파트 주인인 선배의 할머니였다. 그 할머니는 엄격한 과부로 비교적 젊은 편이었지만, 아이들을 그리 좋아하지는 않는 것 같았다. 그 할머니는 지금도 내 귀에 선한, 퍽이나 거슬리는 목소리로 끊임없이 우리를 나무라고 이런저런 지시를 했다. 언제나 갈색이나

검은색 옷을 입고 있던 그 신랄한 할머니는 기괴하게도 얼굴에
화장을 진하게 하고 몸을 온통 보석으로 치장했다. 금으로 된
보석들이었다(당시 나는 그렇다고 믿었다). 목, 귀, 손목, 손가락,
가슴팍에 보석이 주렁주렁 걸려 있었다. 나는 그 할머니를 보면서
동화에 나오는 왕의 두 번째 왕비를, 전처가 낳은 아이들을
미워하는 심술궂은 계모를 떠올렸다. 이를테면 『백설공주』에
나오는 계모 말이다. 그 할머니의 보석들은 광채가 번득였고
찰그랑거리는 소리도 났다. 한마디로 말해 불편하고 염려스러운
1950년대의 블링블링이었다.

나는 그 할머니와 그 침울한 아파트에서 처음으로 금에 대한
반감을 경험한 것이다. 시간이 좀 더 지난 뒤엔 나에게는 제2의
아버지나 다름없었던 앙리 삼촌의 영향도 있었음을 깨달았다.
앙리 삼촌은 금욕적인 칼뱅주의자로 역사학자였다. 앙리 삼촌은
나에게 아버지 역할과 선생님 역할을 두루 해주었는데, 옷은 죄악의
표시라고 말하곤 했다. 태초의 인간인 아담과 이브가 지상의 천국에
살 때는 벌거벗은 상태였는데, 금단의 열매를 먹고 추방당한 뒤
옷을 입게 되었다는 것이다. 그러므로 앙리 삼촌 및 대부분의
신교들에게 옷이나 액세서리로, 특히 보석으로 스스로를 눈에 띄게
만드는 것은 성실한 기독교도답지 않고 정직한 시민답지 않은
행동이었다. 그것은 허영인 동시에 타인에게 가하는 폭력이었다.

나는 그런 분위기에서 자랐고, 세월이 흐르면서 금은 나에게
고약한 재료이자 색이 되었다. 때로는 광채를 내지 않기도 하는

금보다 금도금이 훨씬 더 고약했다. 금도금은 내가 보기에는 상스러움의 절정이었다! 물론 나의 이런 감수성과 느낌은 별로 중요하지 않다. 그것은 역사적 자료도 아니고 주목할 만한 증거도 아니다. 그러나 일반적으로 생각하는 것과 달리 금을 나처럼 인식하는 사람들이 꽤 많았다.

좋아하는 색과 싫어하는 색에 대한 의견 조사를 해보면, 금색과 은색이 빨간색, 초록색, 파란색 등의 색과 동일한 차원으로 인식되는 경우가 종종 있다. 덕분에 19세기 말 이래 유럽에서 금색을 좋아하지 않는 사람이 많았다는 사실을 확인할 수 있었다. 물론 지리적 차이는 존재한다. 남쪽 나라 사람들은 금에 대해 존경심을 갖기도 하고 북쪽 나라 사람들이 느끼지 못하는 매력 같은 것을 느끼기도 한다. 그런데 이런 현상은 말 그대로 지리적인 것이라기보다는 문화적인 요인이 더 컸다. 그것은 햇빛이나 기후와 관련된 문제가 아니라 지중해의 전통과 종교에 관련된 문제이다. 이슬람 국가에서 그렇듯 가톨릭 국가에서 금은 존경받고 용납되었다. 하지만 개신교 국가에서는 금이 대체로 경시되었다. 지리적, 문화적 차이뿐만 아니라 사회적 차이도 존재한다. 일반적인 통념과는 달리 금에 매혹을 느끼는 계급은 귀족이나 대★부르주아가 아니라 프티 부르주아, 벼락부자 그리고 하류 계급이다. 이들에게 금은 강력한 신화적 특성을 가진 물건이다.

금에 대한 짧은 이야기

이런 글을 쓰다 보니 내가 친구들에게, 좀 더 간단히 말해 금과 금색, 금이라는 물질, 금의 광채를 좋아하는 동시대인들에게 부당한 입장을 취하는 것이 아닌가 하는 느낌이 든다. 중세를 연구하는 역사학자로서 연구와 강의 활동을 하면서 내가 자주 접했던 금 자체에도 부당한 입장을 취한다는 느낌이 든다. 이 대목에서 금의 역사가 지닌 몇몇 특성을 짧게 언급함으로써 금에 대한 정당한 태도를 수립해보자. 그 역사는 지엽적인 것이 아니며 색들과 밀접한 관계가 있다.

금은 반짝이고, 빛나고, 가단성可鍛性이 있고, 변질되지 않고, 쉽게 추출하고 작업할 수 있는 금속이다. 금은 세계 도처에 다양한 형태로 존재하며, 동서고금을 막론하고 사람들을 매혹했다. 일찍이 금은 권력과 부의 상징이 되었고, 경제적으로도 중요한 기능을 수행했다. 또한 금을 둘러싼 흥미로운 이야기들이 넘쳐나는데, 특히 '탐색'을 주제로 하는 이야기가 많다. 그리스 신화에 나오는 두 이야기가 좋은 예이다. 헤라클레스의 열한 번째 임무는

헤스페리데스의 정원의 황금사과를 찾는 것이었고, 이아손과 그리스 영웅들의 임무는 황금 양털을 찾는 것이었다. 그러나 게르만 신화의 니벨룽 전설은 황금을 찾는 줄거리가 아니다. 오늘날의 사람들은 다른 형태로 금을 획득한다. 우리 시대의 영웅들은 올림픽 경기나 세계 선수권 대회에서 메달 형태를 띤 금을 획득하는 것이다. 사실 금 외의 다른 어떤 금속도, 다른 어떤 재료도 그런 갈망을 유발하지 못하고 그런 신화를 만들어내지 못한다.

    금이 가진 이런 특성은 역사가 오래되었다. 금을 채취하는 광맥은 기원전 4000년부터 개발되었고 사람들은 이미 구석기시대에 하천 속 모래 입자들 속에서 금을 채취할 수 있다는 사실을 알았던 듯하다. 조개껍데기와 동물의 이빨은 별도로 하고, 번쩍거리는 사금과 천연 금괴가 인간이 생각해낸 최초의 장신구들 속에 한자리를 차지했다. 신석기시대에 금은 반지, 팔찌, 목걸이 등으로 쓰이는, 역사가 오랜 보석이었다. 특히 금의 가단성 덕분에 뜨거운 불에 달구지 않고도 망치로 단련할 수 있었다. 다른 금속들과 달리 금을 작업할 때는 열기가 필요하지 않다. 게다가 금은 1,200도 정도의 아주 높은 온도에서만 녹는다.

    금은 그 광채와 색은 물론 가단성, 가분성, 수거·추출· 운반·작업의 용이성 등 타고난 물질적 특성이 매력적이다. 이런 특성들이 일찍이 금에 다른 금속들에 대비되는 우월성을 부여해주었다. 사람들은 금의 상대적 희귀성과 놀랄 만한 불변성 때문에 금을 축재했고, 교역 활동에서 중개물로 사용했다. 기원전 2000년경 이집트에서는 메소포타미아에서처럼 금을 가루, 천연금괴, 주괴鑄塊, 공, 얇은 판, 고리, 보석, 그릇이나 귀중품의 형태로 보존했다. 아직 돈으로 쓰이지는 않았다. 무늬가 찍힌 최초의 금화는 기원전 7세기 그리스에서 만들어졌다. 그 시대에 금은 이미 공증된 신용을 지니고 있었고 경제에서 중요한 역할을 했다. 금괴와 검인이 찍힌 금판이 근동과 중동 지방 전체에 유통되었고 금과 관련된 규정들을 촉진시켰다. 금을 보유한 주요 열강이었던 이집트에서 특히 그랬다. 금은 더 이상 상품으로만 간주되지 않고 하나의 척도로 간주되었다. 심지어 금화가 아직 존재하지 않았던 기원전 2000년에도 금은 이미 중요한 자리를 차지하고 있었다. 이것은 오늘날에도 마찬가지이다.

 그러나 금은 가치척도나 안전증권 역할만 하지는 않았다. 금은 유통되고, 교환되고, 손에서 손으로 전해졌다. 금은 근접성이 좋고 역동적이다. 금은 사용되고, 다시 사용되고, 제공되고, 훔쳐지고, 가공되고, 변형된다. 물론 금은 불가해하고 위험한 금속과 야금술의 세계에 속한다. 또한 그 자체로서 하나의 세계를 이룬다. 금을 다루는 장인은 쇠와 불을 다루는 대장장이가 아닌 금은세공사이며, 대장장이와 달리 어두컴컴한 동굴에서 작업하지 않는다. 금은세공사는 장인 이상이다. 그 작업 방식이 기술만 요하는 것이 아니라 미학적이고 학술적이기까지 하다. 금은세공사는 마법사가 아니라 광채와 아름다움을 지닌 비할 데

없는 물건들을 창조하는 예술가이다. 중세에 금은 세공은 교회의 예술이었기 때문에 수도사들이 금은 세공 일을 했다. 근대에 와서는 재능과 교양을 갖춘 예술가들이 값비싼 재료들로 금은 세공을 했다. 그들은 왕과 왕족들의 내밀한 친구나 조언자 역할도 했다. 그들 중 가장 유명한 인물로는 누아용의 주교이자 메로빙거 왕조 클로테르 왕과 다고베르 왕의 '대신'이었던 성 엘루아Saint Éloi가 있다.

금은세공사와 달리 연금술사는 대장장이처럼 물질을 변형시키며, 그 지식이 많은 비밀들에 둘러싸여 있다. 하지만 연금술이 금을 얻는 것을 목적으로 하는 금속 변성 기술이라면, 금은 세공이 목적으로 하는 것은 물질이 가진 상징이나 비유 이상의 것이었다. 연금술의 작업은 화학을 넘어서는 신비롭고 비의적인 지식에 의지한다. 금은 값진 금속이지만 영적 지식을 뜻하는 은유이자 도달할 수 없는 대상에 대한 추구이기도 했다. 상징적으로 금은 생명, 열기, 빛의 근원인 태양에 속한다. 야금술과 연금술은 금속을 별들과 자주 결합한다. 금속과 결합한 별은 지하 세계의 별로, 흙 속에 묻히고 응결된 일종의 우주적 에너지로 간주되었다. 은은 달에 결부되고 금은 해(태양)에 결부된다. 따라서 금은 태양의 미덕을 모두 갖고 있었다.

금의 이런 다양한 특성과 장점들은 많은 사회에서 금속 및 값진 물건들이 차지하는 위계에 대한 문제를 제기했다. 금은 항상 1순위였을까? 항상 그런 것은 아니었다. 때로는 은, 심지어 동이 더 큰 부와 행운을 가져다주는 금속으로 여겨졌다. 하지만 이것은 아주 먼 옛날의 이야기이다. 기원전 2000년경 파라오가 다스리던 이집트는 물론 황제가 다스리던 중국에서도 금이 최고의 금속, 완벽한 금속, 사람들이 가장 많이 찾는 금속이었다. 시간이 흐른 뒤 서양에서는 경쟁이 벌어졌다. 다른 금속들과의 경쟁이 아니라 보석들과의 경쟁이었다. 중세에 교회가 소유한 보물들, 16세기와 17세기에 왕과 왕족들이 소유한 보물들 중에서 다른 보석들이 금을 앞질렀다. 에메랄드, 루비, 사파이어 그리고 특히 다이아몬드가 높이 평가받았다. 또한 그 시대 사람들은 무엇보다 진주에 감탄했다. 13-18세기 유럽에서 진주는 위계의 1순위를 차지했다. 금은 겨우 3순위였다. 다른 물건들에 비해 단연 높이 평가받기는 했다. 상아와 실크보다 귀하게 평가받았고, 흰 담비 모피와 검은 담비 모피보다도 귀했다. 그러나 진주와 보석들에는 뒤졌다.

하지만 금은 단순히 물건이 아니었다. 금은 빛이었다. 늘 빛을 추구했던 북유럽 사람들에게 그것은 중요한 미덕이었다. 금은 반짝인다. 금은 빛이 난다. 금은 어둠과 암흑으로부터 벗어나도록 도와준다. 금은 땅속에 묻힌 광물성의 빛을 구현한다. 켈트족과 게르만족에게 금을 추구하는 것은 빛을 추구하는 것, 중세 전설에 나오는 소중한 성배를 추구하는 것과 비슷했다. 사실 금을 추구하는 것과 성배를 추구하는 것은 그리 다르지 않다. 금과 성배는 모두 신성한 빛이고 우주의 에너지였다. 금은 태양과 결부되고, 성배는 그리스도의 피와 결부된다. 그것들은 모두 삶과 빛의 근원이다.

금은 희귀성이나 가격 이상으로 빛이 난다는 이유에서 성스러움과 결부되었다. 고대의 사원들과 신대륙의 사원들은 일찍이 금에 중요한 역할을 부여했다. 금은 신들에게 바치는 봉헌물이었고, 사원의 장식과 예배에 중요한 요소로 쓰였다. 반짝이는 금속이자 성스러운 빛인 금은 예배의 중요한 구성 요소였다. 기독교 교회와 마찬가지로 고대 사원들에서도 금은 암흑을 떨치고 빛을 밝히는, 신성의 현존을 실감하도록 도와주는 역할을 했다. 또한 강력한 반사 능력으로 이따금 주변의 색들을 전율하게 하고, 땅과 하늘 사이를 중재하는 에너지에 생명력을 불어넣는 거울 역할을 했다.

사원에서 금이 차지한 이런 대대적인 역할은 많은 논쟁을 유발했다. 성경에서 그런 일화들을 많이 찾아볼 수 있다. 선지자 이사야는 금에 대한 숭배에서 우상숭배와 신성모독을 보았다. 처음에는 로마시대에, 그 뒤에는 근세 초반에 이 주제에 대한 논쟁이 전면에 등장했다. 어떤 고위 성직자들은 금을 빛으로 간주했다. 그러므로 교회 안에 금이 풍부해야 했다. 금이 암흑을 떨치고 신성이 널리 퍼지도록 도와주기 때문이었다. 생 드니의 쉬저Suger 신부는 1130년에서 1140년 사이에 자신의 수도원 부속교회를 재건축하고 장식할 때 그런 입장을 취했다. 그는 칠보와 세공한 금은, 채색장식을 한 책들, 예배용 직물과 옷들에 중요한 역할을 부여했다. 그러나 같은 시대에 클레르보의

성 베르나르 신부 같은 사람은 금은 물질일 뿐이며, 신과의 접촉에 방해가 되는 불필요한 사치품이라고 생각했다. 그러므로 금을 외면해야 했고 성소에서 몰아내야 했다. 주로 시토수도회 계통의 교회들에서 그런 일이 벌어졌다. 시간이 흘러 16세기에는 신교도 종교개혁가들이 성 베르나르의 입장을 이어받아 사원에서 금을 추방하고자 했다. 칼빈에 따르면 금을 멸시해야 했다. 금은 진실이나 선과 거리가 멀었기 때문이다. 수십 년이 지난 뒤 가톨릭 반종교 개혁가들은 하느님의 집을 아무리 아름답게 장식해도 비난받을 일이 아니라고 주장했다. 그리하여 금과 색색의 장식, 예술작품, 값비싼 재료, 조명 등 눈길을 사로잡는 효과들이 대량으로 귀환했다. 바로크 예술은 교회를 신대륙의 광산처럼 금이 넘쳐나는 곳으로 만들었다. 가톨릭을 믿는 늙은 유럽은 전에는 상상도 못했던 규모의 귀금속을 신대륙에서 공급받았다.

금은 물질일까, 빛일까? 이것은 고대부터 너무나 자주 논의되던 문제이지만 아직 해결되지 못하고 있다. 금은 물질인 동시에 빛이다. 그러나 그 이상이다. 금은 또한 색이다. 모든 회화예술은 이것을 알고 있으며, 금색을 자기들의 색에 통합시킨다. 그럼으로써 자기들이 가진 다른 색과 똑같은 권리를 가진 색으로 만든다. 금은 하나의 색이다. 하지만 무슨 색일까? 오늘날 우리가 가진 감수성으로 볼 때 금은 무엇보다도 노란색이다. 어린아이들의 그림, 세속의 지식과 상징체계, 평범한 상상력은 줄곧 금을 노란 금속으로 보았다. 하지만 언제나 그랬던 것은 아니다. 자연 그대로의 상태에서 금은 흰색에서 시작해 노란색과 주황색, 분홍색, 베이지색, 갈색, 회색, 심지어 초록색을 거쳐 빨간색에 이르기까지 수많은 색을 가질 수 있다. 자연의 색은 무척이나 광대하다.

    색은 문화적 측면에서는 더 축소된다. 오랫동안 금은 노란색보다는 흰색과 더 많이 결부되었다. 금을 물질보다는 빛으로 보는 사람들이 특히 그랬다. 고대 사회에서 빛은 노란색이 아니라 흰색이었고, 때때로 금은 평범한 흰색을 넘어서서 '슈퍼 흰색superblanc'과 결부되었다. 중세의 미세화에서 그런 예를 볼 수 있다. 미세화의 금색 바탕은 다소 노란색으로 보인다 할지라도 노란색과는 관계가 없다(노란색은 거짓의 색이자 배신의 색이었으므로). 이 금색 바탕은 성스러운 빛을, 절대적인 밝음을 상징했다. 금색 바탕에 색을 배치하는 것은 화가에게는 흰색보다 더 하얀 바탕 위에 색을 배치하는 것과 같았다. 반면 빛나는 성질이 아니라 물질성을 우선시했을 때, 광채보다 무게나 능력을 더 중시했을 때 금은 빨간색과 결부된다. 물론 평범한 빨간색이 아니라 짙고 무겁고 풍부하고 위풍당당한 상징적 빨간색이다. 지중해 연안에서 보편적으로 볼 수 있는 이 빨간색은 자주색의 사촌 격이다.

초록의 신비로운 색조

나는 열네 살 즈음에 그전에는 한 번도 본 적 없는 새로운 초록색을 접했다. 이후에도 그 색을 다시 보지 못했던 것 같다. 아무튼 그런 기억이 나지 않는다. 초록색은 아주 어릴 때부터 내가 좋아하는 색이었는데, 사실을 말하자면 그 새로운 초록색을 내가 진짜로 본 것은 아니다. 글로 읽기만 했을 뿐이다. 여름방학을 조금 앞둔 무렵이었다. 학교는 이미 방학 분위기였고 수업 여러 개가 이미 종강되었다. 그래서 우리 3학년 학생들은 많은 시간을 오락으로 보냈고, 우리보다 나이가 조금 많은 자습감독들의 느슨한 감독을 받고 있었다. 오래된 테니스 공으로 축구를 하는 것도 지겨워지고 교과서를 뒤적거리는 것도 지쳐서 밖에 나가고만 싶었던 나는 할 일이 없었던 나머지 '고지 사항'이 적힌 광고판을 읽어보았다(내가 절대 하지 않던 일이었다). 어떤 사항들은 내가 이해하기 어려웠다. 특히 예산과 관련된 사항, 규칙상의 문제들 그리고 교장을 채용하는 새로운 방법이 그랬다. 반면 나와 직접적으로 관련이 있거나 10월 개학과 관련이 있는 사항은 잘 이해할 수 있었다.

'고지 사항'에 따르면 교실 수를 늘리기 위해 여름방학 동안 새 건물을 지을 것이고, 개학 뒤에는 여덟 개의 반이 더 생겨날 예정이라고 했다. '조립식 건물'이라는 단어는 사용되지 않았지만, 그 내용을 읽는 사람들(나 같은 청소년도 포함해)은 그것이 간단한 가건물이라는 것을 이해할 수 있었다. 건물 건축과 관련된 안전규정에 대한 내용이 많았고 새로 지을 건물의 규모와 부지에 대한 정보도 있었다. 특히 새로 지을 건물의 색에 대해 상세히 설명했다. 외벽은 흰색과 베이지색으로 할 예정이고 내부, 즉 복도와 교실들은 학생과 선생님들이 최고의 안락함을 누릴 수 있도록 '행정적인 초록색'으로 칠할 것이라고 했다. '행정적인 초록색'이라니!

나와 내 친구들은 그 표현을 읽고 웃음을 터뜨렸다. 그 표현을 생각하면 지금도 웃음이 나온다. '행정적인 초록색'이 도대체 무슨 색이란 말인가? 그것은 그 당시에도 아무도 몰랐고 지금도 아무도 모른다. 하지만 각자 그 색을 나름대로 상상해볼 수는 있을 것이다. 진하기보다는 연한 편인 초록색, 회색에 가깝고 첫날부터 이미 더러워 보이는, 공적 기능의 침울함으로 가득한 초록색. 그런데 잘 생각해보면 그 표현은 나름대로 시사하는 바가 있다. 팬턴 341, 먼셀 GY 9.47 등 기준이 되는 색견본을 참고하는 명칭들보다 더 정확할지도 모른다. 사실 컬러리스트가 직업이 아닌 한, 눈앞에 색견본을 놓지 않고 알파벳과 숫자들만 보고는 아무것도 추측하지 못할 것이다. 반면 '행정적인 초록색'은……

단어는 색에 무한한 힘을 행사한다. 색과 관련된 단어들은 그 색에 특별한 색조를 부여하며, 그 색을 학문이나 산업 분야의 색견본들보다 훨씬 더 몽환적인 색으로 만든다. 우리들 각자도 시인의 상상력과 화가의 감수성을 결합해 새로운 색을 창조할 수 있다. 반드시 형용사들에 제한될 필요도 없다. 너그러운 파란색, 보니파시오bonifatius 빨간색, 일요일의 흰색, 매서 노란색, 지렛대 회색, 생 폴 드 레옹 초록색, 앙리 3세 분홍색, 미테랑 베이지(책 앞부분 참조) 등 형용사 외에 고유명사와 보통명사도 자유롭게 쓰일 수 있다.

'행정적인 초록색'에 관한 이야기를 끝내기 전에 한 가지 밝혀둘 것이 있다. 1961년 가을 학기에 준공하기로 했던 그 조립식 건물이 결국 완성되지 못했다는 사실이다. 덕분에 선생님들도 학생들도 그 불확실한 색조가 선사하기로 예정되어 있던 최고의 안락함을 누리지 못했다.

여러분은 빨간색이 잘 보이나요

여러분은 색과 관련된 시력을 테스트해볼 기회를 별로 갖지 못했을 것이다. 안과의사나 안경사들도 그런 테스트에는 별로 흥미를 갖지 않는다. 항해나 비행 같은 특별한 직업에 종사할 사람들을 채용할 때만 그런 테스트를 한다. 그런 테스트에서 정확히 무엇을 기대하는 것일까? 잘 모르겠다. 나는 평생에 걸쳐 딱 한 번 그것과 비슷한 테스트를 받아봤다. 그러나 방식이 너무나 어설펐기 때문에 그 테스트 방법에 대해서도, 목적에 대해서도 자신 있게 말할 수가 없다.

나는 군 복무를 하러 떠나기 몇 달 전, 과거의 신체검사를 대체한 그 유명한 '사흘간의 신체검사'에서 그 테스트를 받았다. 과거의 신체검사처럼 '사흘간의 신체검사'도 소집병들을 선발하고 지도하고 배속하는 것이 목적이었다. 나와 같은 세대의 사람들이 대개 그렇듯이 그것은 꽤나 강렬한 경험이었다. 군대라는 낯선 세계와의 최초의 접촉이었다.

건강검진이 신속히 이루어졌고, 혹시 있을지 모를 근시를 찾아내기 위해 시력검사까지 마쳤다. 투표장의 기표소처럼 생긴 곳에 앉아 있던 낡은 제복을 입은 하사관 한 명이 나에게 색들을 잘 보느냐고 물었다. 나는 "예."라고 대답했다. 그는 다시 한 번 질문했고, 나는 다시 그렇다고 대답했다. 그러자 그는 미심쩍다는 표정으로 빨간색을 다른 색들과 명확하게 구분하느냐고 물었다. 나는 한 번 더 그렇다고 대답했다. "확신합니까?" "예." "이건 중요한 문제입니다. 이해하겠습니까?" "아주 잘 이해합니다. 저는 빨간색을 보는 데 아무런 문제가 없습니다." "좋습니다. 나가서 다음 사람 들어오라고 하십시오."

나는 영문을 알 수 없었다. 파란색도 아니고 초록색이나 노란색도 아닌 오직 빨간색에 대해서만 그런 질문을 하는 이유가 무엇인지 알 수 없었다. 프랑스 군대는 빨간색과 관련된 어떤 문제라도 안고 있었던 것일까? 우스꽝스러운 기표소 같은 곳에 앉아 있던 하사관을 군인들이 삼색기를 접을 때 빨간색에 보였던 태도와 비슷한 어떤 것 때문에 그런 질문을 한 것일까? 더욱더 이해할 수 없었던 것은 중요한 문제라는 색과 관련된 시력 테스트가 신뢰할 만한 방법을 통해 이루어지는 것이 아니라 짧은 대화를 통해 스쳐가듯 이루어진다는 사실이었다. 신뢰할 만한 자료나 설비 같은 것은 전혀 없었다. 혼자이든 단체이든 색들을 보고 그 색의 이름을 알아맞히라고 요구받은 사람도 없었다. 모두 빨간색에 대한 똑같은 질문을 받았을 뿐이다. 왜 빨간색이었을까? 색맹을 가려내려는 목적이었을까? 만약 그렇다면 제대로 된 테스트를 거치지 않고 말로 가려낸다는 것은 이상한 일이다.

안과의사들은 색을 구별하지 못하는 증상에 '색맹'이라는 이름을 붙였다. 모든 색을 구별하지 못하는 증상은 '전색맹'이며, 일부 색만 구별하지 못하는 '부분색맹'도 있다. 부분색맹 중 특히 빨간색과 초록색을 구별하지 못하는 것이 적록색맹이다. 이런 증상들을 최초로 밝혀낸 사람은 자기 자신도 이런 증상을 겪었던 영국의 물리학자이자 화학자, 근대 원자이론의 진정한 창시자 존 달턴John Dalton이다. 그는 시대를 통틀어 가장 위대한 과학자 가운데 한 사람이기도 하다. 오늘날 남자들의 경우 전색맹과 부분색맹을 합쳐 색맹 증상을 가진 사람은 전체의 2퍼센트에 달한다. 여자의 경우에는 발생하는 빈도가 훨씬 낮다. 색맹은 대개 선천적이거나 유전적이며, 후천적으로 생기는 경우는 드물다. 색맹은 추상체와 망막의 간상체 사이의 불완전한 분화 혹은 그것들과 어떤 시신경섬유와의 잘못된 결합에서 온다고 여겨진다(추상체는 빨간색, 주황색 같은 매우 긴 파장에 반응하고, 간상체는 초록색이나 파란색 같은 매우 짧은 파장에 반응한다). 색맹은 질병이 아니라 증상이다. 심각한 증상은 아니지만, 이 증상을 가진 사람은 색깔 신호가 중요하게 사용되는 몇몇 직업에는 종사할 수 없다.

역사학자들은 색맹이나 색에 관련된 시력 이상에 대한 연구들을 접하며 때때로 당황했다. 이를테면 존 달턴이 19세기 초반에 자신이 초록색과 빨간색을 구분하는 데 어려움을

겪는다는 것을 발견했다는 사실에 놀랐다. 19세기 초반은
서구 문화에서 초록색이 빨간색의 반대색으로 여겨지기 시작한
초기 단계였다. 그 전에는 그렇지 않았다. 인류학자들은 색에
관련된 '정상적인' 시력이 무엇인지, '색에 관련된 시력 이상'은
과연 무엇인지 궁금해했다. 그들은 색을 지각하는 것이 일부는
신경생물학적 현상이고 일부는 문화적 현상이라는 것을 안다.
그렇기 때문에 시간과 장소에 따라, 시대와 사회에 따라 색에 대한
지각이 달라지는 것이다. 인류학자들은 언어, 즉 문화를 통하지
않고는 색들을 파악하기 힘들다는 것을 안다. 한 색의 이름은
그 색 전체를 아우른다. 그러므로 '이상'이라는 것이 무엇인지
의문을 제기할 만도 하다. 그러나 이것에 관해서는 차이점들을
이야기하는 것으로 충분할 것이다.

하지만 우리가 이 차이점들에 대해 과연 무엇을 알 수 있을까?
두 사람이 같은 방 안에서 같은 물체를 보고 그 색에 대해 말하라고
요청받았을 때 두 사람 다 파란색이라고 대답했다고 해서 그들이
같은 색을 보았다고 확신할 수는 없다. 실제의 색과 지각된 색,
명명된 색 혹은 표현된 색 사이에는 영상 방해, 서툰 솜씨, 수많은
방해의 그물망이 존재한다.

마찬가지로 우리는 태어날 때부터 맹인인 사람에게 색을 볼 때
어떤 일이 일어나는지 설명할 수 있을까? 빨간색, 초록색, 파란색이
무엇을 나타내는지 그들로 하여금 느끼게 할 수 있을까? 이 문제에
대해 토론이라도 할 수 있을까? 색을 보는 사람과 색을 한 번도

본 적이 없는 사람이 그것에 대해 함께 토론을 할 수 있을까?
그들은 색맹이 무엇인지에 대해 같은 개념을 갖고 있을까?
이런 질문을 제기하는 것은 플라톤에서 비트겐슈타인에 이르는
많은 철학자들이 그랬듯이 색에 관한 모든 담화의 헛된 특성을
강조하는 일이 아닐까?

 이런 관점에서 동물들의 예는 의미하는 바가 큰 것 같다.
우리는 색에 관련된 동물의 시력에 대해 무엇을 알 수 있을까?
그런 경험들을 모으고, 자극을 유발하고, 동물이 어떻게 반응하는지
관찰하고, 그 결과에 대해 논평하는 것은 인간이다. 모든 테스트,
척도, 계산, 분석표 그리고 그것에 대한 해석은 인간에 의해
수립되고 암호화되고 해독된다. 그러나 이것들이 동물에 관해
우리에게 과연 무엇을 가르쳐줄까? 다양한 종들이 같은 자극에
같은 방식으로 반응하지 않는다는 것 말고는 가르쳐주는 것이
별로 없다. 꿀벌이 어떤 색에 흥분하고 황소들이 다른 색에
흥분하는 듯하다는 것, 올빼미와 부엉이가 많은 색들 중
회색 계통을 구별하는 듯하다는 것, 토끼가 파란색을 좋아하지
않는 듯하고 돼지가 분홍색을 좋아하지 않는 듯하다는 것 말고는
가르쳐주는 것이 별로 없다. 게다가 이론의 여지가 아주 많다.

아이들에게는 보라색을 쓰지 마세요

색은 모든 사람이 관심을 갖는 주제라는 주목할 만한 특징이 있다.
나는 많은 사람들 앞에서 강연하면서 그것을 자주 경험했다.
다른 주제에 대해 강연한 후 뭔가 이야기해보라고 요청하면
청중은 별로 관심을 보이지 않거나 아무런 질문도 하지 않고
가만히 있을 때가 많다. 그러나 색을 주제로 강연할 때면 청중의
말이 많아진다. 질문도 많이 하고 자신의 경험도 활발하게
이야기한다. 강연장 안에 아마추어 심리학자나 비교秘敎에 열정을
가진 사람들이 있을 때는 특히 그렇다. 그들은 강연의 주제에 관해
마르지 않는 호기심과 열정을 보여준다.

    마찬가지로 색은 아이들의 혀를 해방시키고 아이들을
수다스럽게 만든다. 나는 초등학교에 초대받아 강연한 적이
여러 번 있었고, 동물들이 그렇듯이 색도 어린이들의 흥미를
무척이나 사로잡고 열광하게 한다는 것을 확인할 수 있었다.
아이들은 자기가 좋아하는 색을 주저 없이 말했고, 좋아하지 않는
색을 조롱했고, 어떤 색을 어떤 개념에 결부시켰고, 어떤 색을

어떤 감정이나 느낌에 결부시켰다. 어린아이들이 볼 때 색들의 상징체계에는 비밀이 없는 것 같았다. 그 아이들의 이야기를 듣는 것은 재미있었고 나에게 항상 교훈을 주었다.

몇 년 전 나는 파리의 마레 구역에 있는 어느 초등학교에서 색에 관해 이야기해달라는 초대를 받았다. 내 이야기를 들을 아이들은 1학년 보통반이었고 나이는 8세에서 10세 사이였다. 여선생님은 내 강연을 돕기 위해 다양한 교육적 놀이를 준비했고, 반 아이들을 파란색, 빨간색, 노란색, 초록색, 보라색의 다섯 개 팀으로 나누었다. 그 선생님은 아이들에게 다섯 개의 팀 중 하나를 고르라고, 그리고 되도록이면 각 팀의 사람 수가 엇비슷하게 하라고 말했다. 그러나 그것은 불가능한 일임이 곧 밝혀졌다. 보라색 팀에 들어가려고 하는 아이가 전혀 없었던 것이다. 스물일고여덟 명의 아이들 중 단 한 명도 없었다! 우리는 아이들에게 이유를 물었다. 그러자 많은 아이들이 보라색은 "아이들에게 어울리는 색이 아니다."라고 단언했다. 그 말은 보라색이 '노인'들을 위한 색이라는 뜻 같았다. 심지어 어떤 아이는 자기 할머니의 친구 하나가 보라색 머리를 하고 있다고 말했고, 어떤 아이는 매년 할아버지 할머니에게 크리스마스 선물로 보라색 제비꽃 비누를 선물한다고 말했다. 또 다른 아이들은 보라색은 '진짜 색'이 아니라고 강조했다. 그 아이들에게 보라색은 파란색, 빨간색, 노란색, 초록색과 같은 등급이 아니라는 의미였다. 따라서 보라색 팀에 속한다는 것은 그 아이들이 볼 때 격이 떨어지는 일이었다. 색을 연구하는 역사학자로서 나는 이런 언급들이 무척 흥미로웠다. 아이들의 말은 초록색과 보라색, 소위 '보색들'로 일컬어지는 이 두 색이 같은 범주에 속해서는 안 된다는 것을 뜻했다. 초록색은 파란색, 빨간색, 노란색과 같은 위상을 가진다. 그러나 보라색은 그렇지 않다. 이렇게 함으로써 아이들은 자기들이 사회적·문화적 관습들에 완벽하게 영향 받는다는 것을, 자기들이 초록색을 다른 세 가지 색과 같은 등급에 놓는다는 것을 보여주었다. 그러나 학자들의 분류는 별로 수용하지 않았다(맙소사!). 강연을 시작할 때 내가 초록색은 보라색이나 주황색처럼 조합된 색, 절반의 색, 이차색이라고 분명히 말했는데도 말이다. 화학자와 물리학자들은 아이들의 말을 듣고 색에 관한 자기들의 분류를 재검토해야 할 것이다!

 어떤 아이는 보라색을 싫어한다는 아이들을 모아 따로 무리를 조직하기도 했다. 그 아이는 보라색 팀에 속하기를 절대 원치 않았던 것이다. 특히 혼자서는 말이다. 그러나 왜 그런지 그 이유를 말하지 않으려고 했다. 그건 '비밀'이라고 고집을 부렸다. 선생님도 나도 그 아이의 비밀을 지켜주기로 했다. 그러나 그 아이의 친구들이 나서서 그 이유를 폭로하려고 했다. 친구들의 빈정거림, 야유, 조롱이 수줍음 많은 그 아이를 무너뜨렸다. 아이는 작은 소리로 말했다. "보라색은 불행을 가져와요." 그 말을 들은 다른 아이들도 웃거나 반대 의견을 말하지 않고 대부분 동의했다. "그래요, 보라색은 불행을 가져와요."

보라색에 관한 그런 속설이 아이들이 보라색을 싫어하는 원인 같았다. 적어도 부분적으로는 말이다. 이것에 관해 좀 더 이야기할 필요가 있을 것 같다.

오늘날 우리는 보라색을 파란색과 빨간색을 섞은 색으로 본다. 이것을 자명한 사실로 여긴다. 그러나 고대 사람들은 분광分光을 알지 못했고 색들을 다르게 분류했으므로 우리와 다르게 생각했다. 그들이 볼 때 보라색은 빨간색과는 거의 관련이 없었고, 파란색과도 관련이 없었다. 보라색은 특별한 유형의 검은색일 뿐이었다. 게다가 중세 라틴어에서 보라색을 가리키던 일상어들 중 하나는 subniger 수브니게르, 즉 '하위 검은색' 혹은 '절반의 검은색'이었다. 전례의 색들에 관한 가톨릭의 체계는 오늘날에 이르기까지 보라색에 대한 이런 오래된 개념을 연장했다. 그 개념은 보라색이 검은색과 같은 불행의 색, 고행의 색이라는 개념이었다. 보라색은 대림절과 사순절 때, 검은색은 성 금요일에 쓰였다. 보라색은 반半 상복에, 검은색은 대大 상복에 쓰였다. 기독교에서 보라색은 검은색의 대체물로 여겨졌다.

그러나 중세 말엽에 와서 보라색의 위상이 바뀌었다. 보라색은 빨간색과는 여전히 아무런 관계가 없었지만, 이때부터 파란색과 검은색 사이에 자리를 잡게 되었다. 사람들의 머릿속에서 보라색은 더 이상 특별한 유형의 검은색으로만 여겨지지 않고 파란색, 특히 어두운 파란색과 비슷한 것으로 여겨지게 되었다. 그럼에도 보라색은 사람들이 별로 좋아하지 않는 색이었다. 거짓되고 잘 변하는 색으로 여겨졌기 때문이다. 보라색 물감이나 염료는 화학적으로 불안정했다. 그래서 이 시절의 상징체계는 보라색을 (노란색처럼) 거짓되고 불성실한 색으로 만들었다.『롤랑의 노래 La Chanson de Roland』에 나오는 배신자 가늘롱부터 시작해서 말이다. 그러나 진실을 말하자면 12세기의 문학 텍스트에서는 이 인물을 보라색에 결부시키지 않았다. 15세기와 16세기에 오면 배신의 색을 지칭하기 위해 '가늘롱의 보라색'이라는 표현을 쓰는 일이 드물지 않다.

시간이 흘러 17세기 후반에 뉴턴이 프리즘의 실험을 하고 분광을 발견하자, 색들의 새로운 질서가 수립되어 보라색이 마침내 빨간색과 파란색 사이에 자리를 잡게 되었다. 보라색의 상징체계는 재평가되었다. 19세기에 보라색은 주교를 상징하는 색이 되었고(반면 추기경을 상징하는 색은 오랫동안 빨간색이었다.), 처음으로 예술가와 시인들의 흥미를 유발했다. 특히 상징주의자들은 보라색을 존재와 사물의 신비를 보유한 '비밀스러운' 색으로 보았다.

오늘날 많은 사람들은 보라색을 파란색보다는 빨간색에 가까운 색으로 생각한다. 그러나 보라색은 여전히 사랑받지 못한다. 사람들에게 좋아하지 않는 색이 뭐냐고 물으면 첫째나 둘째로 보라색이 꼽힌다. 사랑받지 못하던 색에서 벗어난 것은 갈색뿐인 것 같다. 대부분의 유럽인에게 보라색은 공격적이고 괴상하고 염려스러운 색이다. 심지어 어떤 여자들은 앞에서 이야기한 아이들처럼 보라색이 불행을 가져온다고 생각하고 무슨 일이 있어도 보라색 옷을 입지 않으려고 한다. 반대로 변화나 도발을 추구하는 디자이너, 스타일리스트, 창작가들은 보라색을 '미묘하고, 창의성이 풍부하고, 의미가 가득한' 색으로 본다. 심지어 어떤 사람들은 보라색에 '21세기의 색'이라는 명칭을 부여하기도 한다. 더도 덜도 아닌 정확한 표현이다!

기억의 변덕스러움

상상이 기억력을 자극하고, 그 우여곡절과 요동 속에서 기억력과
동반하고, 기억력을 도와 진부하고 성가신 일상적 사실들의
여러 층 밑에 파묻힌 어떤 기억을 찾아내는 경우가 있다. 그러나
다른 경우도 있다. 기억력과 상상이 서로 반대되는 길을 따라가고,
갈등을 빚고, 과거의 느낌을 강요하기 위해 서로 싸우는 경우
말이다. 아마도 이런 경우가 더 많을 것이다.

여행자로서 나는 기억력과 상상 사이의 그런 대립을 잘 안다.
한 번도 가본 적이 없는 도시, 지역, 나라에 여행을 갈 때 나는
출발하기 몇 주 전이나 몇 달 전부터 그곳에 대한 이미지를 조금씩
구성한다. 그 이미지는 처음에는 희미하다가 점차로 명확해진다.
나는 책을 읽고 사진 자료를 보면서, 친구나 가족, 동료들의
이야기를 들으면서 그런 작업을 한다. 그것은 일반적인 방법이다.
나는 그 도시나 지역을 가리키는 혹은 그곳들과 연결되는
고유명사들을 기반으로도 그런 작업을 한다. 나는 지명을 접할 때
특히 색들과 관련된 환기의 힘을 경험한다. 어떤 울림, 어떤 철자,

어떤 모음들의 리듬이나 배치가 텍스트와 사진도 해내지 못한 정신적 이미지를 형성하는 데 기여한다. 지명들에 의한 색의 이런 배치는 희열, 즉 독일어가 탁월하게 표현한 Vorfreude포어프로이데, 미래에 대한 즐거운 기대의 인상을 증가시킨다. 이 희열은 새로운 곳을 향해 떠나기 전에 경험된다. 다른 경험들이 대개 그렇듯 행복은 곧 행복에 대한 기다림인 것이다.

그 다음에는 실제 여행이, 발견들이, 갖가지 에피소드들이, 만남들이 이어진다. 현장에서 나는 그 도시나 나라에 대해 내가 만든 이미지가 그곳들의 형태나 지형, 분위기, 주민들, 색 그리고 그것들이 자아내는 전반적인 느낌을 고려할 때 옳지 않았다는 것을 깨닫는다. 모든 것을 많든 적든 수정해야 한다. 나는 즐겁게 그런 경험을 한다. 때로는 '작은 프루스트' 행세를 하려고 했던 것에 대해, 또다시 내 상상의 희생양이 된 것에 대해, 이를테면 도시 이름에 a가 많이 들어가면 그 도시에는 타일과 벽돌이 넘쳐날 거라고 믿을 정도로 순진했던 것에 대해 나 자신을 비웃으면서. 손쉬운 시, 진부한 그림, 조악한 말장난, 저속한 동일모음의 반복…….

그러나 집으로 돌아가야 할 순간이 온다. 그 도시와 나라에 대한 최초의 이미지는 여행지에서 수정되고, 그림엽서나 사진들에 의해 고정되었던 이미지는 점차로 약해지고 지워지고 변화한다. 몇 주, 몇 달이 지난 뒤에는 떠나기 전에 내가 만들었던 이미지와도 다르고 내가 현장에서 본 것과도 다른 제3의 이미지가 내 기억 속에 고정된다. 이런 이미지는 이후 지워지지 않는다. 그렇지 않다면 여행이라는 것이 무슨 쓸모가 있겠는가? 나는 그것이 진정한 이미지라는 것을, 내가 생애 마지막까지 간직할, 상상의 모든 색조들이 풍부하게 존재하는 유일한 '진짜' 이미지라는 것을 안다. 내가 꿈꾸었던 것의 기억이 내가 경험한 것의 기억보다 더 강력한 것처럼 말이다. 어떤 시인들에게는 그것이 평범하고 빈번하고 중요한 일이다. 예를 들어 네르발의 시들은 그런 것의 감탄할 만한 예를 보여준다. 그러나 역사학자에게는 어떨까?

선호도와 의견 조사

나는 퍽 늦은 나이에, 50대 즈음의 크리스마스 전전날에 파리 프렝탕백화점에서 멀지 않은 오스망 대로에서 딱 한 번 설문조사를 받았다. 침울한 표정의 젊은 아가씨가 더 침울한 갈색 외투 차림으로 다가와 좋아하는 색이 뭐냐고 물었다. 나는 30-40년 전부터 그랬듯이, 그리고 오늘날도 여전히 그렇듯이 '초록색'이라고 대답했다. 나는 늘 무조건적으로 여러 색조의 초록색들을 좋아했다. 특히 진한 초록색과 회색에 가까운 초록색을 좋아했다. 내가 초록색을 좋아하는 것은 환경주의의 유행과는 아무런 관련이 없다.

내 대답은 짧고 신속했지만, 그 아가씨는 조사용지의 빈칸들을 채워넣고 표시를 하느라 몇 분을 지체했다. 그녀는 나에게 출신도 직업도 묻지 않았다. 그저 60세가 넘었느냐고만 물었다. 나는 그 질문을 받고 조금 당황했다. 나는 아직 60세보다 열 살이나 젊었기 때문이다. 사실 그녀는 겨우 20대였고, 그녀의 눈에는 내가 상당히 늙어 보였을 것이다. 그 시절에 나는 이미 색의 역사에 관한 여러 권의 책과 글을 출간한 상태였고, 좋아하는 색과 싫어하는 색에 관한 의견 조사 결과들을 다양하게 검토하고 있었다. 그래서 그녀와 대화를 좀 나눠보고 그녀가 하는 의견 조사가 어디서 무슨 목적으로 하는 것인지 알고 싶었다. 나 역시 색 분야의 전문가라는 것을 그녀에게 알려주고 싶은 욕심도 있었다. 그러나 헛일이었다. 그녀는 한마디도 대답하지 않고 내게서 등을 돌리더니 군중 속으로 멀어져갔다. 그녀는 나를 술 취한 사람이나 정신적으로 문제가 있는 사람, 그녀의 환심을 사려고 감언이설을 늘어놓는 사람으로 여겼던 것 같다. 남자가 뚱뚱하고 대머리이면, 그리고 얼굴색이 붉으면 경멸이나 의심을 불러일으키지 않고 모르는 여자와 대화를 나누기 힘든 법이다.

역사학자로서 좋아하는 색에 관한 의견 조사를 통해 내가 얻은 가장 중요한 정보는 아마도 그런 조사가 생겨난 이래, 즉 19세기 말엽부터 그 조사 결과가 항상 같다는 사실일 것이다. 그런 조사는 1880년대에서 1890년대 사이에 독일에서 처음 행해졌고, 미국에서는 1900년경에 행해졌다. 제1차 세계 대전 후에는 서구 전체로 퍼져 나갔다. 기업체들은 이런 의견 조사 결과를 마케팅과 광고에 활용한다. 그런데 이런 종류의 조사를 할 때 사용되는 방법은 수십 년 동안 거의 변하지 않았다. 그 방법은 거리를 지나가는 행인들을 불러세우고 간단히 이렇게 묻는 것이다. "당신이 좋아하는 색은 무엇인가요?" 조사 결과가 유효하려면 대답이 명확하고 자발적이어야 한다. 진짜 색에 대한 용어로 표현되어야 하고 두세 가지를 한꺼번에 대면 안 되며,

색조에 대한 형용사로 표현되어서도 안 된다. 옷, 실내장식, 그림 등과 관련된 궤변이나 억지도 없어야 한다. 그렇다. 질문은 단순하고 직접적이어야 하고 대답 역시 단순하고 직접적이어야 한다. 문제가 되는 것은 색과 관련된 관습도 아니고 그 물질적 측면도 아니다. 색에 대한 상상만이 문제된다.

유럽에서 선호하는 색의 순위는 여간해서 바뀌지 않는다. 새로운 기술, 새로운 조명, 새로운 실현 매체들이 등장했음도 불구하고, 사회와 감수성의 변화에도 불구하고(19세기 말엽 이래의) 조사 결과는 세대에서 세대로 이어지는 동안 거의 변하지 않았다. 조사 시점이 1890년이든 1930년이든, 1970년이든 혹은 2000년이든 1위는 항상 파란색이다. 답변의 40-50퍼센트가 그렇다. 2위는 초록색이다. 15-20퍼센트 정도이다. 3위는 빨간색으로 12-15퍼센트를 차지한다. 흰색과 검은색은 비율은 꽤 미미하다. 각각 5-8퍼센트이다. 노란색은 별로 사랑받지 못하며 2퍼센트에도 미치지 못하는 비율로 마지막 순위를 차지한다. '이차색'에 속하는 색들(분홍색, 주황색, 회색, 보라색, 갈색)은 아주 드물게 답변에 등장한다.

조사 결과들이 연대에 따라 변하지 않을 뿐만 아니라 포르투갈에서 폴란드에 이르기까지, 그리스에서 노르웨이에 이르기까지 유럽 모든 나라에서 거의 똑같다. 기후, 역사, 종교, 문화적 전통도, 정치체제나 경제적 발전 정도도 좋아하거나 싫어하는 색에 영향을 미치지 않는 것 같다. 모든 나라에서 파란색이 1위를 달리고 초록색과 빨간색이 그 뒤를 잇는다.
노란색은 꼴찌이다. 더 놀라운 것은 좋아하는 색에 대한 이런
양상이 남녀노소를 불문하고, 직업을 불문하고 모두 같다는 것이다.
특기할 만한 점은 어린아이들의 경우 빨간색에 대한 선호도가
파란색에 대한 선호도에 거의 육박할 만큼 높다는 것이다.
어른들보다 노란색을 덜 싫어하는 점도 주목할 만하다. 유럽의
조사 결과는 이러하다. 이 조사 결과는 서구의 다른 나라들, 즉
미국, 캐나다, 오스트레일리아, 뉴질랜드의 조사 결과와 거의
다르지 않다. 반면 서구 이외의 나라들의 조사 결과는 좀 다르다.
예를 들어 일본에서는 흰색이 1위이고, 빨간색과 분홍색이
그 뒤를 잇는다. 중국에서는 빨간색이 노란색과 파란색을 앞지른다.
인도와 인도차이나 반도에서는 분홍색과 주황색을 유럽보다
더 선호하고, 파란색은 크게 선호하지 않는다. 블랙아프리카와
중앙아시아 주민들은 서구문화가 정의한 색의 요소, 즉 색조,
명도, 채도를 그대로 따르는 데 때로 어려움을 겪는다. 이들의 경우
때로는 어떤 색이 건조한지 습기가 있는지, 부드러운지, 딱딱한지,
윤기가 나는지, 거칠거칠한지 아는 것이 그 색이 빨간색, 파란색,
노란색의 색계 속에 등재되는지 하는 것보다 더 중요하다.
그들에게 색은 그 자체로서의 사물이 아니며, 시각에서만 비롯되는
현상은 더더욱 아니다. 그들은 감각기관의 다른 요인들과 짝을
이루어 색을 이해한다. 그러므로 좋아하는 색과 싫어하는 색에 대한
'유럽식' 조사들은 그들에게 큰 의미를 갖지 않는다.

사회들 사이의 이런 차이는 의미심장하다. 왜냐하면 이런 차이들이 좁은 의미에서 색과 관련된 모든 것들의 문화적 특성을 강조하기 때문이다. 이런 차이들은 분광, 색상표, 원색과 보색, 대비의 법칙 등 서구 과학이 만든 진실들을 상대적인 것으로 만들며, 비교 연구를 제안한다. 민족학자들이 그렇듯 역사학자와 사회학자들도 이 문제를 고려해야 한다.

단어들   les mots

갈색과 베이지색

어휘를 학습할 때 어떤 단계는 다른 단계들에 비해 특별한 의미를 지닌다. 예를 들어 프랑스어에서 '갈색을 띤 밤색marron à brun'이라는 단어는 어린 시절을 마감하면서 그만 쓰게 되는 단어이다. 프랑스어를 쓰는 어린이들은 '갈색brun'이라는 단어를 모르는 경우가 많다. 설령 갈색이라는 단어를 쓰더라도 머리카락 색을 지칭할 때만 쓸 뿐이다. 그들이 갈색을 밤색과 연결 짓거나 두 단어 사이에 유의성을 수립하는 일은 드물다. 형용사로서 갈색은 유년기의 언어에는 거의 등장하지 않는다. 그런데 한 세기쯤 전부터 어린이 책에, 특히 고유명사로서 곰을 가리키는 명칭이나 집단적으로 곰을 가리키는 명칭에 브룅brun(『르나르 이야기Roman de Renart』에 나오는 우둔한 주인공)이라는 단어가 많이 나타나기 시작했다.

    반면 밤색은 어린이들이 일상생활에서 사용하는 단어이다. 어린이들이 사용하는 밤색은 황적색에서 거의 검은색에 가까운 색에 이르기까지 매우 많은 색들 두루 지칭한다. 그러나 이 색은 다섯 살이나 여섯 살 무렵에 이미 뚜렷하게 드러나는 빨간색이나 파란색과는 달리 그다지 뚜렷하게 드러나지 않는다. 어린이들은 둥글고 귀여운 나무 열매와 연관되어 있고 다소간 배설물을 연상시키는 이 단어를 사용하며 즐거움을 느낀다. 밤색은 상스러운 단어는 아니다. 그러나 때때로 웃음을 자아낸다. 더 나이를 먹어 열 살이나 열한 살이 되면, 색에 관련해 사용하는 어휘들이 풍부해지고 밤색이라는 단어는 갈색 앞에서 뒷걸음질치기 시작한다. 적어도 어린이들에게는 그렇다. 청년기가 된 뒤에도 '밤색'이라고 말하면 미성숙이나 언어 습득이 지연된 것으로 간주된다. 시간이 더 흘러 성인이 된 뒤에도 '갈색'보다 '밤색'이라는 단어를 쓰는 것을 선호하면 그 사람이 세련된 어휘 사용에 친숙하지 못하다는 것을 의미하게 된다. 반대로 언어의 미묘한 용법에 친숙한 사람들은 두 단어를 모두 사용하면서 거기에 각각 다른 뉘앙스를 도입할 것이다.

갈색이 비교적 중성적, 다용도의 단어라면, 밤색은 '밤'이라는 열매와 비슷한 불그스름한 특성을 많이 환기한다. 또한 그것은 배설물을 환기하지 않고는 존재할 수 없는 따뜻하고 습기 있는 갈색을 뜻한다. 그런데 밤색이 갈색이 가진 색조를 가리킬 때는 경멸의 의미를 내포할 수 있다. 사실 이 단어의 기원은 모호하다. 18세기에 일상적이 된 이 단어는 물론 '밤'이라는 열매에서 왔다. 그러나 이 명사는 1500년대 초 식물학 용어에도 나타나며 어원은 알려지지 않았다.

'베이지색'의 경우(이 단어의 어원 역시 불확실하고 논쟁의 여지가 있다.)는 밤색과 비슷하면서도 다르다. 이 단어는 염색이나 표백을 하지 않은 천연 양모를 지칭하기 위해 13세기부터 사용되긴 했지만, 19세기와 20세기에 들어와서야 진정으로 확산되었다. 게다가 최근까지 이 단어는 특별한 연령대나 특별한 사회 계층과 밀접하게 관련되지 않았다. 어린아이들은 이 단어가 정확히 어떤 색을 가리키는지 잘 모르는 채로 이 단어를 사용한다. 이 단어를 제대로 사용하려면 아무래도 나이가 지긋해야 한다. 또한 이 단어는 모든 장소에서 두루 쓰이지 않는다. 40여 년 전 프랑스 서부 시골 (브르타뉴, 노르망디, 멘 지역)에서는 베이지색이 사실상 알려지지 않은 용어나 다름없었다. 다른 곳에서 이 단어가 지칭했을 만한 색들이 이 지역들에서는 가벼운 경멸의 뉘앙스와 함께 그저 '노란색'으로 지칭되었다. 흐릿하고 조금 지저분한 이 노란색은 괴상함이나 상스러움을 지니게 되었다. 예를 들어 바 노르망디 지방에서는 '노란'(베이지색) 신발이 '검은'(색이 진한) 신발이나 '빨간'(적갈색이나 와인색) 신발과 대립되었다. 1872년 『리트레Littré』 사전은 '어떤 지역에서는 사람들이 자연색 혹은 베이지색에 가까운 리넨 제품을 가리켜 노란 리넨이라고 말한다.'고 했다.

하지만 오늘날 '베이지색'이라는 단어는 일반적으로 두루 사용되고 색들의 위계 속에서 주목할 만큼 승격되었다. 옛날에는 단순한 색이었던 베이지색이 이제는 패션계뿐만 아니라 일상생활의 여러 분야에서 완전한 권리를 지닌 색으로 인정받게 되었다. 빨간색, 파란색, 초록색, 노란색과 같은 일차색처럼은 아니지만 분홍색이나 보라색 같은 이차색으로서 말이다. 가장 놀라운 것은 이 승격이 색에 관한 고려에 기인한 것이 아니라 수의 상징체계에 기인했다는 사실이다. 내가 이 책에서 줄곧 말했듯이, 우리는 여섯 가지 '기본색'(흰색, 빨간색, 검은색, 초록색, 노란색, 파란색)과 다섯 가지 '이차색'(보라색, 주황색, 분홍색, 회색, 갈색), 총 열한 가지 색을 구별한다(나머지 색들은 색조 혹은 색조의 색조일 뿐이다). 11은 상징적인 특성이 전혀 없는 숫자이다! 11은 어떻게 보면 과하고(10 더하기 1), 어떻게 보면 부족하다(12 빼기 1). 사회적·문화적 차원에서 이 숫자로 색들을 구분한다는 것은 무리였다. 그러므로 열두 번째 색을 찾아내야 했다(12는 총체성, 완벽을 뜻한다). 서구 사회는 그 열두 번째 색으로 베이지색을 선택했다. 마침내 균형이 성립되었다. 이때부터 여섯 가지 기본색과 여섯 가지 이차색이 존재했다.

    주목할 만한 승격을 받은 베이지색을 축하해주자. 이 승격은 색들의 세계에서 진정한 변화는 드물고 느리다는 것을, 그럼에도 불구하고 그런 변화가 가능하다는 것을 증명해준다.

철자법과 문법

프랑스어의 철자법을 개정하려는 시도는 나를 화나게 한다.
그런 시도를 하는 사람들이 철자법은 미학, 시학, 꿈으로의
초대이기도 하다는 사실을 망각하고 실용적인 기능 측면에서만
철자법을 고려하기 때문만이 아니라, 내가 볼 때는 이론의 여지가
있는 가설, 즉 오늘날의 젊은이들이 기존의 철자법을 배우기가
어려울 거라는 가설에 기대기 때문이다. 이 가설이 정말 사실일까?
초등학교, 중학교, 고등학교 과정을 공부하는 동안 학생들은
철자법보다 더 까다로운 자료들을 통해 지식을 습득한다.
예를 들어 물리학은 부인할 수 없을 정도로 복잡한 학문이고,
평범한 사람들로서는 접근하기 어려운 개념과 논리를 갖고 있다.
고백하건대 나는 학교를 다니면서 물리학을 전혀 이해하지
못했다(이런 사람이 나 혼자만은 아니다). 반면 철자법에서는
아무런 문제도 겪지 않았다. 장관들, 교육가들, 미디어들은
때때로 '까다로운 철자법을 아무도 원치 않는다고', 그것은 공부에
방해가 되고 일상생활이나 직업을 찾는 데 방해가 된다고 말한다.

그러면 '아무도 원치 않는 정보처리기술'에 대해서는 뭐라고 말해야 할까? 그런 정보처리기술은 아주 많다. 그것들 때문에 일상생활에 많은 지장을 받는다. 그러나 누가 이런 것에 대해 염려할까? 아무도 염려하지 않는다. 그것 때문에 생활에 지장을 받는 사람들은 대부분 노령자들, 즉 곧 사라질 유권자와 경제주체들이기 때문이다.

그러므로 프랑스어 철자법에 미묘함과 불일치가 많다는 것을 있는 그대로 인정하는 것이 바람직하다. 왜 exclu에는 s가 없는데 inclus에는 s가 필요한가? 왜 'le onzième siècle 11세기'나 'la messe de onze heures 11시 미사' 같은 표현에 모음 생략을 하지 않는가? 왜 'plus d'un est venu 한 명 이상의 사람이 왔다.' 같은 문구에서 동사의 단수형을 사용할까? 올바른 어법과 감각의 논리가 항상 일치하는 것은 아니다. 언어는 법규가 아니며 표기법은 기계장치가 아니다. 그러므로 불일치를 즐겨야 한다. 대부분의 인문학들이 그렇게 마련이니 말이다.

색과 관련된 문구들의 경우 '초록색 드레스' '하얀 셔츠' '파란 눈'처럼 평범한 형용사에는 문제가 거의 존재하지 않는다. 하지만 하나의 명사로 표현되거나 색다른 형용사가 사용될 때는 문제가 조금 복잡해진다. 색을 지칭하는 식물이나 광물의 이름들은 원칙적으로 변하지 않은 채 남아 있다. 형용사화한 용법이 오랫동안 빈번하게 사용된 경우를 제외하고 말이다. 그러나 오랫동안 빈번하게 사용되었다는 것을 누가 결정할까? '분홍색rose'

'보라색violet' '진홍색cramoisi' 같은 단어는 형용사로 쓰일 경우 '장밋빛 뺨des joues roses' '보랏빛 리본des rubans violets' '진홍빛 직물des étoffes cramoisies'처럼 그것들이 수식하는 명사의 성과 수에 일치한다. 그러나 어떤 단어들은 사용 규칙이 유동적이다. '크림색crème' '아이보리색ivoire' '밀짚색paille' '비취색jade' 같은 단어들은 거의 늘 성과 수에 일치하지 않는 반면 '주황색orange' '체리색cerise' '자주색pourpre' '에메랄드색émeraude' '선홍색incarnat' 같은 단어들은 '자주색 드레스des robes pourpre(s)' '주황색 스카프des foulards orange(s)' '선홍색 입술des lèvres incarnat(es)'에서 볼 수 있듯이 사용하는 사람에 따라 성과 수에 일치하기도 하고 일치하지 않기도 한다. 어떤 단어들은 수에는 일치하지만 성에는 일치하지 않는 기상천외한 특별함을 보여주기도 한다. 이를테면 'des vaches marrones밤색 암소들'라고 말하지는 않지만 'des esclaves marrons밤색 노예들'라고는 한다(이때 의미는 색에 직접적으로 결부되지 않는다). 심지어 때로는 그야말로 최고의 당찮은 말인데, 'des chaussures marrons밤색 신발들'[1]라는 표현도 쓴다(규칙의 순수성을 고집하는 사람들은 비난하지만 그렇지 않은 사람들은 용인하는 철자법). 합성 형용사들은 '밝은 파란색 셔츠des chemises bleu clair' '강렬한 빨간색 스카프des écharpes rouge vif' '올리브그린색 양탄자des tapis vert olive' '청회색 양말des chaussettes gris-bleu'처럼 의미론적 단일성을 깨뜨리지 않기 위해 성과 수에 따라 변화하지 않는다. '빨간색과 금색의 벽지des tentures rouges et or' '흰 바탕에 검은 무늬가 놓인 드레스des robes pie noires' 같은 몇 가지 예외가 존재하기는 한다.

철자법과 문법의 이런 유동성은 색에 관한 단어들이 형용사인 동시에 명사로 쓰이지만 평범한 형용사와 명사와 달리 예외적인 특성을 가진다는 점을 강조한다. 언어 전문가들은 이것을 문법적으로 분류하기 힘들고 의미론적으로 제어하기 불편한 단어들로 인식해야 할 것이다. 이 단어들의 환기 능력, 자유로운 결합, 반항적 특성은 문법의 규칙에 순응하기 위해서가 아니라 의미적 특성을 강조하기 위해 지나치게 강렬한 느낌을 주는 용어들을 많이 만들어낸다. 이를테면 다음과 같은 문장이 그렇다. '아가씨가 흰색 블라우스와 빨간색 치마 차림으로 방 안에 들어갔다.' 이 문장을 보고 순진하게 빨간색과 흰색이 단지 옷의 색만을 가리킨다고 믿을 사람이 있을까?『빨간 두건』이나 『파란 수염』에서는……?

---

1 des chaussures marrons
chaussures는 복수형 여성 명사이고 marron은 '밤색의'라는 형용사로 쓰일 때 성과 수에 일치하지 않고 marron이라는 불변의 형태로 쓰인다. 그런데 여기서는 marron에 e는 붙이지 않고 s만 붙였으므로 성에는 일치시키지 않고 수에만 일치시킨 셈이다.

경마하는 날

나는 말들에게 마음이 끌린 적이 한 번도 없다. 경마도
마찬가지이다. 3연승식, 4연승식, 5연승식 경마는 나를 불편하게
하며, 돈을 걸고 하는 모든 게임이 그렇듯이 나는 그것들이
부도덕하다고 생각한다. 하지만 스무 살 무렵에 내 가까운 친구
하나가 3연승식 경마에 푹 빠졌다. 여러 주 동안 일요일 아침이면
나는 그 친구와 함께 17구의 담배 가게에 가서 줄을 섰다. 거기서
오후 경마에 내기를 걸 수 있었던 것이다. 나는 내기에 참여하지는
않고 내기를 거는 낯선 사람들을 유심히 관찰했다. 그들은 다양한
사회 계급이 섞여 있었고 나는 알지 못하는 용어들을 사용했다.
특히 bai 베, 적갈색 말, alezan 알르장, 밤색 말, rouan 루앙, 흰색·갈색·검은색 털이
섞인 말, isabelle 이자벨, 크림색 말 등 말의 털색깔과 관련된 용어들이
나를 매혹했다. 문장紋章의 용어들이 그렇듯이 나는 그 용어들이
음악적이고 신비롭다고 생각했다.

    시간이 조금 흐른 뒤 내 친구는 용단을 내려 뱅센의 경마장을
드나들기 시작했다. 나는 딱 한 번 그 친구를 따라 경마장에

가보았다. 그날은 날씨가 춥고 안개가 끼었던 것 같다. 그저
관객으로서 경마를 구경한 나는 경마의 별다른 특성들을 발견하지
못했다. 하지만 주위의 많은 사람들이 말의 털색깔을 지칭하는
그 기묘한 용어들을 다시 들은 기억이 난다. 나는 그 용어들에 대해
더 알아보기로 결심했고, 어릴 때부터 말을 좋아했던 사촌누이
카트린과 도서관에서 찾은 여러 책들의 도움을 받아 몇 주 동안
그 분야에 관한 지식을 습득했다. 덕분에 가족과 친구들 앞에서
유식한 척할 수 있었다. 그때는 아직 색을 연구하는 역사학자가
아니었지만, 색과 관련된 모든 것에 흥미를 느끼고 있었다.
오늘날 나는 말에 관한 그 용어들의 섬세한 특성들은 잊어버렸다.
그러나 많은 용어들을 아직도 기억하고 있다. 그중 몇 가지를
중세의 무훈시와 기사도 소설 속에서 다시 만나기도 했다.
그 용어들을 아는 것이 중세 연구자에게 쓸모없는 일은 아니었다.

 우리가 흔히 생각하는 것과는 달리 이 용어들은 때때로
현학적이거나 우스꽝스럽다고 여겨지며, 엄밀하거나 과학적인
특성은 전혀 없다. 색에 관련된 모든 것이 그렇듯이 이 용어들은
주관적인 인상과 분류에 의지하며, 동물학자보다는 화가나 시인의
표현 수단과 더 가깝다. 게다가 낙후성에 타격을 받은 오래된
용어, 일상어에 속하지만 일반적인 의미에서 벗어난 단어들과
섞이면서 불확실성과 혼란을 띠게 되었다. 그 용어들의 최초의
기능이 말의 털색깔을 친절하게 설명하는 것보다는 그런 용어들을
만들어내는 소계층에서 문외한을 추방하려는 것이었듯이 말이다.

의미론적이기보다는 이데올로기적 특성이 더 강한 용어 전략은
지식의 모든 영역과 모든 사회 계층에 두루 존재한다. 언어학자들은
그런 전략들을 잘 알고 있다.

그런 기묘한 용어 몇 가지를 인용해보자. 이 용어들은 모든
용어들이 하나의 시학이라는 사실을 확인하게 해준다.

'털색깔'은 말의 털과 말총의 색을 지칭한다. 일반적으로
성마成馬가 된 후에는 태어날 때보다 더 연해지며 계절에 따라
달라지기도 한다. 여름에는 밝고 겨울에는 진하다. 말의 털색깔은
단색, 두 가지 색 또는 여러 색으로 이루어진다. 털색깔이 단색인
말에는 백마(이론상으로 그렇다는 말이고 아주 연한 회색 말도 여기에
포함된다.), 흑마, 회색 말, 밤색 말이 있다. '밤색 말'은 정확한
한 가지 색만을 뜻하지 않고 엷은 황갈색과 진한 갈색 사이의
모든 털색깔을 뜻한다. 때때로 '밝은' '불에 그을린 듯한'
'금빛의' 같은 형용사가 함께 쓰여 털색깔의 미묘한 차이를
표현한다. 복합적인 털색깔을 지닌 말은 여러 유형이 있다.
네 다리와 갈기와 꼬리가 검은색이고 몸이 적갈색인 적갈색 말,
크림색 말(몸 색깔이 노르스름하거나 밀크커피색인 경우), 회색 말
(몸이 잿빛인 경우)이 있다. 몸, 네 다리, 갈기에 두 가지 색이
섞인 말에는 적부루마(털에 흰색과 빨간색이 섞인), 거무스름한
황색 말(적갈색과 검은색이 섞인), 회색 말이 있다. 이때 회색 말은
회색 계열의 여러 색(쇳빛 회색, 노르스름한 회색 등)이 섞였다는
뜻이다. 그러므로 말의 명칭은 어떤 때는 단색의 털색깔을,

어떤 때는 두 가지 털색깔을 지칭한다. 적부루마가 밝은색의 털을 가졌을 때는 'fleur de pêcher복사꽃' 또는 'pêchard복숭아'라고 불린다. 털색깔이 진한 경우에는 'fleur de lilas백합꽃'라고 불린다. 털색깔에 세 가지 색이 섞인 경우(몸은 두 가지 색, 다른 한 가지 색은 몸의 말단 부분에 있는 경우가 많다.) 그 말은 '흰색, 갈색, 검은색 털이 섞인 말'이라고 불린다. 털에 두 가지 색의 반점이 있고 두 색 중 하나가 흰색이면, 그 말은 'pie얼룩배기 말'라고 불린다. pie alezan 밤색 얼룩배기 말, pie noir검은색 얼룩배기 말, pie bai적갈색 얼룩배기 말이다. alezan pie얼룩배기 밤색 말, noir pie얼룩배기 검은색 말, bai pie얼룩배기 적갈색 말는 그 반대의 경우이다. 줄무늬나 불규칙한 반점으로 이루어진 얼룩덜룩한 털을 가진 말은 경우에 따라 tigré호랑이무늬 말, moucheté얼룩무늬 말, bordé가장자리를 두른 말, truité작은 반점이 있는 말, herminé흰 바탕에 검은 반점이 있는 말, pommelé흰색과 회색 얼룩 점이 있는 말, moiré물결무늬가 있는 말, neigé흰눈으로 덮인 말 그리고 심지어 rouanné 흰색·갈색·검은색 털이 섞인 말 등으로 불린다.

문헌학적 연구가 복잡한 이 프랑스어 어휘들은 1937년 소뮈르기병학교의 「마학 개론」에 의해 체계화되었다. 그럼에도 불구하고 이 어휘들은 실용적이기보다는 이론적인 상태로 남아 있고, 종마 사육장이나 경마장들이 실제로 사용하는 어휘에는 자기들 고유의 습관과 특수성이 나타난다. 그 어휘들은 문외한들에게는 꿈과 같은 지평이다. 그 어휘들의 존재를 정당화하는 데는 이것만으로도 충분한다.

색의 0도

구두에 칠하는 구두약을 생각해보자. 엉뚱하다고 생각할 수도 있지만 뭔가 도출되는 결론이 있을 것이다. 때로는 엉뚱한 것들에서 창의적인 개념을 발견할 수 있다. 실제로 나는 지금은 사라진 어느 구두약 상표를 보고 무색의 개념과 고대에서 오늘날에 이르기까지 유럽에서의 무색의 역사를 조사하려는 구상을 했다.

 무색이란 무엇일까? 그 개념을 어떻게 정의할 수 있을까? 25년 전 평범한 구두약 상자 하나가 이 질문들에 대한 최초의 해답을 가르쳐주었다. 무색은 곧 다색이라는 해답 말이다. 그게 아니라면 적어도 무색과 다색은 동등하다고 볼 수 있다. 모든 구두약 상표들이 그렇듯이 그 구두약 상표도 상자 안에 든 제품의 색을 상자 겉면에 나타내려고 애썼다. 검은 구두약에는 검은 드롭스, 감색 구두약에는 감색 드롭스, 적갈색 구두약에는 적갈색 드롭스, 흰색 구두약에는 흰색 드롭스가 그려져 있었다. 문제는 무색 구두약이다. 무색 구두약은 어떻게 표시해야 할까? 어떤 색의 드롭스를 사용해야 할까? 제조자는 독창적인 해결책을 찾아냈다. 무색 구두약 상자에 무지개를 그려넣었다.

그렇게 함으로써 '무색'과 '다색' 사이의 기이하면서도 도발적인 동의관계를 성립시킨 것이다. 무지개는 스펙트럼의 색이고, 무색 구두약은 모든 색의 구두에 사용할 수 있다. 여기에는 하나의 역설이 존재한다. 색이 없는 것과 색이 지나치게 많은 것, 이 두 가지는 사실상 같은 것이란 말인가?

나는 이 모순을 더 연구해보기로 결심하고 무색의 개념에 관한 긴 조사에 착수했다. 오늘날까지도 이 조사를 계속하고 있다. 이 조사는 그 정도로 복잡하고 다양한 측면을 지녔다. 그 몇몇 요소들을 여기에 요약하겠다. 우선 어휘에 관련된 요소들을 끌어낼 수 있다. 모든 현대 유럽어에는 무색의 개념을 나타내는 상용어가 존재한다. 독일어로는 farblos파르블로스, 영어로는 colorless컬러리스, 이탈리아어로는 incoloro인콜로로 또는 incolore인콜로레 스페인어로는 incoloro인콜로로이다. 이 단어들은 모두 명사화할 수 있는 형용사이다. 그런데 이 개념을 정의하는 것은 상당히 힘든 작업이다. 다양한 사전들에 나온 설명들은 대부분 유동적이고 부정확하다. 즉 모순적이다. 게다가 그 설명들은 마치 무색의 개념이 분석이나 정확성 혹은 규정에 저항하는 특성을 지니고 있는 것처럼 만족스러운 동의어들을 제시하지 못한다. 19세기와 20세기의 프랑스어 어휘들에 관해 가장 풍부하고 학술적인 설명을 제공하는 『트레조르 드 라 랑그 프랑세즈Térsor de la langue française』 사전의 내용을 예로 들어보겠다.

incolore

1 본래의 의미: 명확히 정해진 색이 없는 것, 고유의 색이 없는 것, 염색된 색이 없는 것(동의어: 투명한limpide·transparent, 희미한pâle)
2 비유적 의미: 명료함과 광채가 없는 것, 생기·독창성·개성이 없는 것
 (동의어: 우중충한morne, 단조로운monotone, 무미건조한terne)

일반 대중을 대상으로 하는 보통 사전들은 별로 정확하지 않고 그다지 명료하지도 못하다. '퇴색한décoloré' '엷은délavé' '바랜passé' '연한faible' '흐린éteint' '음울한triste' '흐릿한fade' '지루한ennuyeux' '따분한insipide' '일률적인uniforme' 같은 대략적이거나 한층 더 나아간 동의어들을 제시하면서 단어의 의미를 전달하는 데 만족한다. 이상하게도 '색이 없는'이라는 간단한 표현으로 incolore라는 형용사를 설명하는 사전은 드물다. 오히려 많은 사전들이 '흰색'과 '회색' 같은 용어를 동의어로 앞세운다. 언어에서는 무색 속에도 항상 색이 존재하는 것이다.

이미지에서도 마찬가지이다. 이런 개념을 명확히 하고자 할 때 어휘에서 만나는 어려움들은 이미지를 사용하는 예술작품들 속에 좀 더 대규모로 존재한다. 무색의 이런 개념을 소묘, 그림 또는 조각으로는 어떻게 표현할까? 색이라는 수단으로 색의 부재를 어떻게 알리고 암시할까? 여기에는 이론적인 것 이상의 문제가 있다. 이 문제를 풀기 위해 서양의 예술가들은 여러 세기 동안 다양한 해결책을 시도했다. 그중 어느 것도 인정되지는 않았지만,

모든 해결책이 각 시대, 각 계층, 각 기술이 색의 문제를 생각한 방식을 시사했으며 하나의 역사 자료를 이루었다.

    고대사회에서 무색은 자주 안료의 부재로 표현되었다. 때로는 이미지를 표현하는 물리적 실현매체의 색으로 표현되었다. 투명한 것, 그늘, 빛의 부재와 동일시되기도 했다. 서구에서는 인쇄술이 출현한 이래 종이의 바탕색인 흰색이 무색의 역할을 했다. 그러다가 검은색과 회색이 조금씩 이 역할을 분담했다. 그리하여 오늘날 서구문화에서는 흰색, 회색, 흑백이 무색으로 분류되고 다양한 목적으로 다양한 색조를 표현하는 바탕색의 역할을 하게 되었다. 흑백은 두 요소로 이루어지며, 스펙트럼의 발견 이래 색들의 세계와 대립되는 세계가 되었다. 사진, 영화, 텔레비전 등 이미지를 다루는 수많은 기술들이 계속 색들(컬러)의 세계와 흑백의 세계를 대립시켰다. 오늘날 이 대립은 50년이나 100년 전보다 덜하다. 시간이 더 흐르면 사회적 규범과 감수성에서뿐만 아니라 과학적 이론에서도 이런 대립이 완전히 사라질 날이 올 것이다.

    단독으로 사용되는 흰색은 15세기에 인쇄술의 탄생과 더불어 나타난 두 개념 사이의 관계가 그 타당성을 보존한 듯이 무색의 개념을 계속 지닌다. 텍스트 및 이미지를 다루는 다양한 영역에서 색의 0도는 곧 종이의 흰색이다. 그러나 정보처리기술과 디지털 이미지가 흰색을 보는 이런 관점을 바꾸기 시작했다. 곧 흰색은 다른 색들과 대등한 색으로 인정받을 것이다. 지난 수십 년 동안 검은색이 많은 예술가들, 색을 다루는 실무자들, 심지어 과학자들에게까지 그렇게 인정받은 것처럼 말이다.

회색으로 말하자면, 무색보다는 중성을, "색에 관한 중성"을 나타낸다. 그렇다면 이제부터는 회색의 뒤를 이어 선명하거나 노골적이지 않은 색, 자기들의 이름과 색을 강력하게 외치지 못하는 모든 색, 즉 갈색, 염색하지 않은 '자연색' 그리고 파스텔 계열의 색이 연이어 전면에 등장할 것 같다. 매년 4월이나 5월경 패션 잡지와 광고들이 '이번 봄, 색들의 귀환을 경험하세요.' 같은 슬로건에 호소할 때 이런 현상을 잘 느낄 수 있다. 색들이 어디로 움직이기라도 하는 것처럼 말이다! 디자이너들에게, 건축가와 실내장식가들에게 진정한 색은 빨간색, 노란색, 파란색, 초록색, 보라색, 주황색 등 선명한 색들이다. 검은색이나 흰색, 더구나 회색은 그다음이다. 회색은 오늘날 흰색 이상의 것을, 색의 0도를 구현한다. 혹 그것이 무색이 아니라면 '1도'이다.

때때로 회색은 이 역할을 단색과 공유한다. 패션, 광고, 실내장식 등 많은 분야에서 색은 그 색이 무엇이 되었든 더 이상 '색을 내는 것'만으로는 충분하지 않다. 존재하기 위해, 효율을 발휘하기 위해, 완전히 '기능하기' 위해 색은 다른 색들과의 배합이나 대립 등 얼룩덜룩한 잡색의 유희를 치러야 한다. 오늘날 우리들의 눈에는 색은 2색 인쇄나 3색 인쇄, 즉 다색 인쇄 때에만 진짜로 존재하는 듯 여겨진다. 그럼으로써 많은 색들이 때때로 무색에 가까워진다 하더라도 말이다. 색들의 지나친 난립은

색을 죽인다. 무색 구두약 상자의 도안처럼 말이다.

    오늘날 서구문화에서는 정반대의 것들이 분석의 공허함을 강조하듯 서로를 끌어당기고 서로 합쳐지고, 체계를 전복하고 위반한다. 언제나, 어느 곳에서나 색들이 자기들끼리만 이야기했던 것처럼 말이다.

전체를 대신하는 부분

내 아버지는 생애 말년을 보내던 양로원을 떠나 이따금
노르망디에 있는 우리 집으로 와서 나와 함께 며칠을 보내곤 했다.
여행은 짧았고 짐도 그다지 많지 않았다. 여행가방 하나면 충분했다.
아버지에게는 회색 천으로 된 똑같은 여행가방이 두 개 있었다.
둘 다 외부에 장식과 보강을 위한 좁은 밴드가 달려 있었다.
그 밴드로 두 가방을 구분할 수 있었다. 하나는 초록색이고 다른
하나는 감색이었다. 아버지는 그 가방들을 밴드 색깔로 불렀다.
초록색 밴드가 달린 회색 가방은 '초록색 가방', 파란 밴드가 달린
회색 가방은 '파란 가방'이라고 불렀다. 완벽한 제유법이었다.
부분이 전체의 가치를 지녔던 것이다. 회색은 온데간데없이
사라졌다. 요컨대 나와 달리 아버지는 회색을 별로 좋아하지 않았다.

처음에 나는 아버지가 물건에 이름을 붙이는 방식에 조금
충격을 받았고, 우리 둘은 실제의 색과 이름 붙여진 색 사이의
격차에 관해 그럴싸한 토론을 벌였다. 아버지는 나에게 전체를 위해
부분을 취하는 것 혹은 부분을 위해 전체를 취하는 것은 언어

현상에서 예사로운 일이며, 환유법의 특별한 경우라고 지적했다. 아버지는 '런던이 자국 대사를 소환했다.' '프랑스가 1,500미터에서 메달 하나를 획득했다.' '돛 서른 개가 요트 경기를 시작했다.' '기차가 끔찍한 연기를 토해냈다.' 같은 표현처럼 언론도 그런 비유법을 일상적으로 사용한다고 나에게 강조했다. 아버지 말이 옳았다. 하지만 나는 궤변을 늘어놓았다. 그리고 그런 언어 용법은 내가 보기에는 따로 떨어진 영역인 색들에, 더구나 내가 하찮게 생각하는 물건인 여행가방에는 적용될 수 없다고 주장했다.

   몇 년이 지난 뒤 16세기의 어느 자료에서 나는 내 생각이 틀렸다는 것을, 그런 언어 용법이 옛날부터 쓰였다는 것을 발견했다. 그 조사는 에스테 가문의 공주이자 에르퀼 1세 공작의 조카딸이며, 1527년 페라라에서 죽은 엘레오노르의 옷들에 대한 조사였다. 두 명의 공증인이 그 조사를 행했는데, 그들은 공주의 옷들을 열거하고 색깔별로 분류해놓았다. 빨간색 옷 여섯 벌, 파란색 옷 네 벌, 초록색 옷 세 벌 등. 그런데 나는 연대기, 초상화, 회계 관련 서류, 서신과 같은 다른 자료들을 통해 그 여자가 늘 하얀 옷을 입었다는 사실을 알 수 있었다. 뿐만 아니라 초상화 두 점을 통해 그녀가 하얀 옷을 입은 모습을 확인할 수 있었다. 그중 한 점이 크라쿠프의 야겔론대학 미술관에 보관되어 있다. 초상화를 그린 화가는 미상이다. 공증인들이 실수한 것일까? 16세기에 작성된 사망 이후의 자료들을, 내가 오랫동안 신뢰할 만하다고 생각한 자료들을 더 이상 믿을 수 없는 것일까?

아니다. 그 공증인들은 틀리지 않았다. 그들이 작성한 자료도 신뢰할 만하다. 다만 그들은 부분으로 전체를 지칭했다. 공주의 옷들을 옷 자체의 색을 따라서가 아니라, 허리띠, 리본 또는 다른 장식물을 따라 이름 붙였다. 엘레오노르 에스테가 입었다는 '빨간 옷'은 빨간 허리띠가 달린 하얀 옷이고, '파란 옷'은 파란 리본이 달린 하얀 옷임을 이해할 필요가 있다. 다른 옷들도 다 이런 식이다.

연구를 하면서 나는 이런 언어 용법들이 옛날의 자료들 속에서 흔히 발견된다는 것을, 오늘날의 자료들에서보다 더 많이 발견된다는 것을 확인했다. 그 자료들 덕분에 나는 이미지로 형상화된 증거들과 글로 쓰인 증거들 사이의 일치성에 관해 성찰하게 되었다. 글로 쓰인 증거들이 색과 관련된 현실을 늘 정확히 재현하지는 않는다.

이런 격차들은 제유법에서 나오는 경우가 많다. 앞에서 이미 말했듯이 제유법은 전체를 위해 부분을 취하는 것이다. 우리는 제유법을 라틴 서사시(베르길리우스는 제유법을 남용했다.)에서 자주 만날 수 있다. 제유법은 여러 세기를 통해 사용되었다. 오늘날에도 우리는 방들에 모두 파란 벽지를 발랐지만 장식융단 꼭대기에 노란 장식줄이 달린 것 때문에 다른 방들과 구별되는 방을 '노란 방'이라고 부른다. 이때 '노란 방'이라는 표현을 접하고 그 방 전체가 노란색이라고 믿는다면 실수일 것이다. 일상생활, 편지, 직업 활동, 법률, 문학, 광고에서도 부분이 전체의 가치를

지니고 이름 붙여진 색이 주된 색과 일치하지 않는 수많은
예를 볼 수 있다.

　그러므로 역사학자, 저널리스트, 사회학자, 조사원들은
이런 문제에 신중해야 할 것이다. 색에 관한 정보를 글자 그대로
받아들이지 말아야 한다. 그 정보들은 현실을 말 그대로
표현하는 것이 목적이 아니라 부분적, 간접적 혹은 다채로운
방식으로 표현하는 것이 목적이기 때문이다.

1　에스테Este 가문
　　13세기 중기부터 19세기에 걸쳐 정치, 문화에 지도적 역할을 한
　　이탈리아의 유력한 영주 가문. 옛 봉건귀족 가문으로, 13세기에
　　파도바 지방 소도시 에스테의 영주가 되었으며, 가문의 명칭은
　　지명에서 유래했다.

그리스의 파란색

때때로 우리는 우리의 조상들이 우리와 다른 정의, 다른 분류, 다른 지각으로 색을 보았다는 것을 깨닫고 당황한다. 나는 색의 역사에 관해 강연할 때 가끔 그런 경험을 했다. 현재 우리의 지식은 진리로 받아들여지고, 우리의 감수성도 표준으로 받아들여진다. 나는 과거를 꼭 현재의 척도로 판단할 필요는 없다고, 현재 우리가 가진 지식들은 절대적 진리가 아니라 지식들의 역사의 한 단계일 뿐이라고 끊임없이 강조했다. 그러나 아무런 효과도 없었다. 오늘날의 학자들은 옛날의 학자들보다 더 박식하다고 인정받고, 우리의 가치는 절대적 가치로 인정받는다. 장소에 따른 문화적 상대주의를 이해시키는 것은 어렵다. 시대에 따른 문화적 상대주의가 무엇인지 이해시키는 것은 더욱 어렵다.

모든 것이 상대적이고 문화적임을 이해시키기 힘든 것은 우리 시대만의 고유한 현상은 아니다. 실증주의가 풍미하던 19세기 후반 또는 20세기 초반에 명성을 누린 위대한 역사학자, 문헌학자, 신경학자들은 색에 관한 과학만능주의에 빠져 있었다.

한 세기 뒤 우리는 그것을 접하고 놀랐다. 고대 그리스의 파란 서류는 이에 관한 좋은 예이다. 많은 역사학자와 문헌학자들은 그리스인들이 파란색을 구별하지 못한 것이 아닌지 궁금해했다. 그들의 물질문화와 일상생활에 파란색이 드물었을 뿐만 아니라 그리스어에(미약하지만 라틴어에도) 파란색을 지칭하는 기본용어가 없었기 때문이다. 또 흰색, 빨간색, 검은색처럼 변함없고 반복적으로 사용되는 기본용어가 없었기 때문이다. 자주 사용된 두 단어는 glaukos 글라우코스와 kyaneos 키아네오스였다. kyaneos는 광물이나 금속을 가리키는 용어에서 유래했을 것이다.

그러나 이 단어의 뿌리는 그리스어가 아니며, 이 단어의 의미는 오랫동안 불확실한 채로 남아 있었다. 호메로스시대에 이 단어는 연한 파란색을 가리켰지만 상복의 검은색도 가리켰다. 하지만 하늘색이나 바다색을 가리키는 경우는 절대 없었다. 우리는 호메로스의 서사시 「일리아스」와 「오디세이아」에서 사물과 풍경을 묘사하는 예순 개의 형용사를 관찰할 수 있는데, 그중 색에 관련된 진정한 형용사는 겨우 세 개뿐이다. 반면 빛과 관련된 형용사는 매우 많다. 고전시대에 kyaneos는 파란색, 보라색, 검은색, 갈색 같은 진한 색을 지칭했다. 사실 kyaneos는 하나의 색을 가리킨다기보다는 색의 느낌을 가리켰다. glaukos는 고전시대 이전에 이미 존재했고 호메로스도 많이 사용했는데, 어떤 때는 초록색을, 어떤 때는 회색을, 어떤 때는 파란색을 가리켰다. 심지어 노란색이나 갈색을 가리킬 때도 있었다.

이 단어는 색의 농도의 개념을 나타내는 경우가 많았다. 그래서 물이나 눈의 색, 나뭇잎이나 꿀의 색을 지칭하는 데 사용되었다.

그리스 작가들은 식물성이나 광물성 물질의 뚜렷한 파란색을 지칭할 때 파란색의 색계 속에 등재되지 않은 용어들을 사용했다. 예를 들어 붓꽃, 얼룩매일초, 수레국화는 '빨간색erythros' '초록색 prasos' 혹은 '검은색melas'으로 지칭되었다. 바다와 하늘의 경우 여러 가지 색조를 띨 수 있다. 그러나 파란색으로 묘사된 경우는 결코 없었다. 이런 연유로 19세기 중반이 되자 '그리스 사람들은 파란색을 볼 수 있었을까? 만약 볼 수 있었다면 오늘날 우리가 보는 것처럼 보았을까?'라는 질문이 제기되었다. 어떤 학자들은 색에 관련된 시각 능력에 대한 진화론자들의 이론을 앞세우며 이 질문에 부정적으로 대답했다. 현재의 서구사회처럼 기술적으로, 지적으로 자칭 '진화된' 사회에 사는 남자와 여자들은 고대사회나 '원시적' 사회에 살던 남자와 여자들보다 많은 색을 구별하고 이름 붙일 수 있다는 것이다.

이런 이론은 제1차 세계 대전 때까지 격렬한 논쟁을 불러일으켰다. 생물학자와 신경학자들이 이 논쟁에 뛰어들었다. 그들은 역사학자와 문헌학자들이 논의한 문제들을 떠안았고, 때로는 자기들의 시각을 강요했다. 그들은 또한 지지하는 의견에 따라 패를 지었는데, 내 눈에는 변호의 여지가 없어 보인다(예를 들어 B. 벌린B. Berlin과 P. 케이P. Kay가 1973년에 출간한 그들의 저서 『색에 관한 기본용어Basic Color Terms』에서 내린 결론들의 경우). 그들은 불확실하고 위험한 출신지 편향적인 개념에 의지했을 뿐만 아니라(어떤 사회가 '진화되었는지' 아니면 '원시적인지'를 과연 어떤 기준으로 가를 수 있을까? 그리고 누가 그것을 결정할까?), 시각의 현상을 많은 부분 문화적인 지각의 현상과 섞어놓았다. 게다가 그들은 모든 시대에, 모든 사회에, 모든 개인들에게 존재하는 실제의 색과 이름 붙여진 색 사이의 격차를 잊어버리거나 무시했다. 색과 관련된 그리스어 어휘에서 파란색의 부재 혹은 불명확함은 우선 그 어휘들의 형성 과정 및 기능들과 관련지어 연구해야 하고, 그다음에는 그 어휘들의 기반이 되는 가치체계 및 그 어휘들을 사용하는 사회와 관련지어 연구해야 한다. 신경생물학적 측면과는 관련지을 필요가 없다. 추상체와 간상체는 몸을 구성하는 기관일 뿐이며, 색에 관한 어휘들과는 다른 문제인 것이다.

    시각 기관은 고대 그리스인들이나 21세기의 사람들이나 똑같다. 그러나 색의 문제는 생물학적, 신경생물학적 문제가 아니다. 고대 그리스인들이 파란색에 이름을 붙이는 일이 드물었던 것은 아마도 그들의 상징적 세계와 마찬가지로 그들의 일상생활에서도 파란색이 실질적인 역할을 별로 하지 않았거나 흰색, 빨간색, 검은색, 노란색보다 훨씬 미약한 역할을 했기 때문이었을 것이다. 이 문제들은 생리학적, 신경생물학적 문제가 아니라 어휘적, 이데올로기적, 상징적 문제이다. 인간은 혼자 살지 않는다. 사회를 이루고 산다.

색조의 실종

나는 2000년 쇠유출판사에서 출간한 내 책 『블루, 색의 역사Bleu, Histoire d'une couleur』에서 이 문제들의 일부를 연구했다. 이 책은 유럽에서 색의 사회적 역사에 대한 20년간의 조사와 몇 년간의 교육 성과를 담고 있다. 물론 파란색이 내 유일한 연구대상은 아니었다. 그러나 파란색은 색의 역사에 대한 내 장기간의 연구에서 길잡이 역할을 했다. 이 책은 반응이 좋았고 15개 언어로 번역되었다. 그런데 놀랍게도 평론가들은 내가 가장 만족하지 못했던, 내 전문 분야가 아니고 간접적인 문헌에 의지해 단기간에 걸쳐 조사한 18세기와 19세기에 관한 부분은 건드리지 않았다. 반면 내가 좀 더 확신한다고 느끼는, 라틴어 텍스트에 근거해 직접적으로 조사한 로마시대에 대해서는 큰 관심을 보였다.

고대 로마시대에 파란색은 사회생활과 물질문화에서도, 종교적 관습과 상징들은 세계에서도 별로 이목을 끌지 않는 색이었다. 또한 로마인들이 파란색을 별로 좋아하지 않았다. 그들에게 파란색은 바바리아족, 게르만족, 켈트족의 색이었다.

황제시대의 로마에서 파란 눈을 가진 것은 자랑스럽지 못한 일이었다. 여자에게는 방탕한 생활의 표시, 남자에게는 우스꽝스러움의 표시였다. 나는 고전 라틴어로 파란색이라고 이름 붙이는 것이 일반적으로 얼마나 곤란한 일이었는지를 강조했다. 그런 어휘들이 존재하기는 했지만, 그 어휘들은 불안정하고 부정확했다. 다시 말해 다의적이었다. 그 용어들 중 가장 많이 쓰인 것은 caeruleus케룰레우스이다. 라틴어에서 유래한 모든 로망어들이 색들에 관련된 어휘를 구성할 때 파란색의 경우 다른 언어에서 빌려온 두 단어를 선택한 것도 이런 이유 때문이었다. 'bleu파란색'는 게르만어에서 빌려온 단어이고, 'azur쪽빛'는 아라비아어에서 빌려온 단어이다. 이 모든 점으로 미루어 나는 이것이 명백한 사실이고 내 주장들의 증거를 충분히 제공했다고 믿었다. 나는 로마 사람들의 생활에 파란색이 존재하지 않았다고 쓴 적도 없고, 로마에 파란 눈을 가진 사람이 없다고 쓴 적도 없다. 라틴어 어휘에 파란색을 지칭하는 용어가 하나도 없다고 쓴 적은 더더욱 없다.

하지만 많은 독자들과 몇몇 저널리스트들은 이렇게 받아들였다. '파스투로는 고대 로마에 파란색이 존재하지 않았다고 주장한다.' 심지어 내 몇몇 동료들도 이렇게 생각했다. 모두들 의기양양한 표정으로 내 '실수'를 반박할 증거들(텍스트의 발췌문, 유리 제품, 모자이크 등)을 가지고 와서 파란색이 '존재하지 않았다는 것'과 '희귀했다는 것'은 같은 개념이며, 어떤 사실을 시간을 나타내는 부사로, 빈도와 양의 차이로, 신중하게 표현하는 것은 오늘날 이해될 수 없고 받아들여질 수 없다는 것을 보여주었다.

로마의 파란색의 예는 그 자체로는 지엽적이지만, 오늘날 우리의 감수성과 이해의 양상을 염려스럽게 반영한다. 몇 년 전 나는 제네바에서 유럽 회화에서의 안료의 역사에 대해 강의를 한 적이 있다. 그때 나는 16세기 중반에서 19세기 초반 사이의 그림에서 노란색은 인색하게 사용되었으며, 빨간색, 파란색, 갈색, 검은색보다 덜 나타났다고 설명했다. 몇 주 뒤 그 강의를 들은 학생들이 과제물을 써냈는데, 많은 학생들이 16세기와 19세기 사이에 유럽에서 노란색은 그림에 쓰이지 않았다고 적고 있었다! 나는 비슷한 주제에 대한 다른 강연회에서, 대학생들이 아닌 일반 대중 앞에서 16세기와 17세기 회화에서 노란색이 차지했던 상대적 희귀성을 다시 한 번 강조했는데, 강연이 끝나갈 때쯤 내가 바보 같은 말을 했다는 것을 깨닫고 여러 반례反例들을 애써 제시해야 했다. 어떤 사실을 단정적인 방식이 아닌 신중한 방식으로 표현한다는 것, 상대적인 방법으로 제시한다는 것은 불가능했다. 어떤 사실을 이해시키려면 일반적이고 절대적이고 단정적인 방식으로 표명해야 하고, 여러 가지 답변의 여지가 있는 질문은 정보처리기술적인 방법을 통해 깔끔하게 '처리해야'(참으로 끔찍한 용어이다!) 하는 것처럼 말이다.

우리의 언어 사실 속에는 변수, 미묘함, 제한, 예외나 망설임을 위한 자리가 실질적으로 존재하지 않는다. 의심은 더 이상 사고의 도구가 아니다. 통찰은 더 이상 조사의 도구가 아니다. 하긴 통찰을 어떻게 신성불가침의 컴퓨터 속에 집어넣겠는가? 문화적 상대주의는 과학적으로 부정확하고 정치적으로 의심스러운 것이 되어버렸다. 이것은 '예스'이고 저것은 '노'이다. '아마도'라는 대답은 있을 수 없다. 이것은 흰색 아니면 검은색이다. 회색은 있을 수 없다. 진주빛 회색이나 비둘기빛 회색은 더더욱 있을 수 없다. 연결어, 미묘한 차이를 나타내는 부사, 양보의 종속절은 모호하거나 불필요한 문법적 요소이다. '경우에 따라서' '아마도' 같은 단어들은 동의어로 간주되며, 오늘날 우리의 동시대 사람들 중 상당수가 이 단어들에 동반되는 미묘함을 해독하지 못한다. 반대로 '절대적으로' '전적으로' 같은 부사들은 최상급 표현과 함께 널리 확산되었다. 서구의 언어에서 '아주'라는 단어는 오늘날 가장 많이 쓰이고 가장 가치가 떨어진 단어들 중 하나이다.

그렇다면 역사학자는 어떻게 작업해야 할까? 어떻게 인문학을 추구해야 할까? 어떻게 색들과 그 변화에 대해 이야기해야 할까? 예술이나 시에 대해 어떻게 이야기해야 할까? 어떻게 우리의 감정, 우리의 염려, 우리의 우유부단함을 표현해야 할까? 어떻게 우리의 추억과 꿈에 대해 이야기해야 할까?

---

1 로망어
라틴어에서 파생한 프랑스어, 이탈리아어, 에스파냐어 따위.

보여주지 않고 색에 대해 말하기

이 책에는 시각적 이미지들이 없다. 여기에는 나름의 이유가 있다. 나는 시각적 이미지를 보여주지 않고 색에 대해 이야기하는 것이 가능하다는 것을 충분히 확인했다. 일찍이 대학교에서 슬라이드 프로젝터가 고장 나는 바람에(아마도 이 기계는 지금껏 인간이 발명한 기계들 중 가장 말을 듣지 않는 물건일 것이다.) 중세예술에서 색들이 차지한 역할에 대해 아무런 이미지도 보여주지 못하고 이야기로만 강의할 수밖에 없었다. 시간이 좀 흐른 뒤 라디오에서도 그런 일을 경험했다. 라디오라는 매체의 특성상 이미지들을 보여준다는 것은 원천적으로 불가능했다. 하지만 나는 그런 조건에서 한 시간 동안 혹은 그 이상의 시간 동안 방송을 하는 것이 청취자들에게 전혀 지장을 주지 않는다는 것을 깨달았다. 마지막으로 내 책들 속에도 삽화와 도판이 항상 필요한 것은 아니었다. 이 책이 그런 예이다. 이 책에 컬러 이미지들이 없어서 오히려 독자 여러분에게 방해가 되는 것일까? 나는 그렇지 않다고 생각한다. 오히려 나는 색이 추상적인 개념이며, 지적 범주에 속한다고 생각한다. 또한 색은 단어이고, 시대와 장소에 따라 달라지고, 자주 현실과 격차를 보이는 변화무쌍한 명찰이다. 색에 대해 이야기하려면 단어들의 포로가 되어야 한다. 마지막으로 색은 빛, 지각, 감각의 재료이다.

    색에 대한 이러한 정의는 과학자들의 이론과 분류가 색의 이데올로기적, 상징적, 경험적 지식에 왜 그토록 영향력을 끼치지 못하는지를 설명해준다. 이런 정의는 또한 사회에서 색에 관련된 변화가 왜 그토록 드물고 더딘지 역사학자가 이해하도록 도와준다. 색은 추상적 개념이다. 색은 존재하기 위해 구체화될 필요를 느끼지 않는다. 색을 구체화하는 것은 색이 가진 정의情意적이고 의미 있는 힘의 일부를 잃게 만드는 일이다. 기술의 변화, 새로운 물질, 새로운 조명, 사회적 변화들은 색의 진화에 별로 영향을 미치지 않는다. 물론 그런 진화는 분명히 존재한다. 그것을 부인하지 말아야 한다. 그러나 그 진화는 더디다. 그리고 새로움이 앞의 것들을 완전히 제거하는 일은 결코 없다.

    게다가 색은 모든 사람들과 관련된다. 우리들 각자는 마음속에 색에 대한 개념을 갖고 있다. 그러므로 빨간색, 초록색, 노란색이 무엇인지 효율적으로 말하기 위해 그 이미지를 보여줄 필요는 전혀 없다. 오히려 때때로 이미지를 보여주는 것이 담화를 방해하고 문제를 빗나가게 하고 관객들에게 어떤 색조와 물질성을 고정시킨다. 이것은 관객의 영혼이 의미와 꿈의 무한의 상상 속을 방황하는 것을 방해할 수도 있다. 색을 보여주는 것, 그것은 때때로 색을 빈약하게 만든다. 게다가 그것은 그 색의 성질과 특성이 어떠하든 재현의 변덕이나 배반에 굴복하는 경우가 많다. 색을 보여주는 것이 필수 불가결한 분야도 있다. 이를테면 미술 분야 말이다. 그러나 색을 보여주지 않아도 무방한 경우, 심지어 보여주지 않는 것이 이로운 경우도 있다. 나는 교육 활동에서 그런 것을 경험했다. 화가가 자기 작품을 보여주지 않고 자기 작품에 대해 이야기한다는 것은 불가능하다. 그러므로 이미지를 보여주어야 한다. 그 이미지들이 다소간 배반적이라 할지라도 말이다. 반대로 염색업자들은 이미지를 보여주지 않고도 텍스트를 통해 그 방법들을 가르칠 수 있다. 염색업자들의 역사는 화가들의 역사보다 많은 것을 가르쳐준다. 회화의 역사는 사람들을 열광시키지만 색의 역사가 회화의 역사보다 더 방대하기 때문이다.

 단어들의 힘에 대해 다시 이야기해보자. 내 친구 필리프가 연구한 통신판매 카탈로그의 예를 들겠다. 1930년대까지 통신판매 카탈로그에는 색이 표현되지 않았고 이미지들은 선을 통한 소묘로 표현되었다. 예외적인 경우를 제외하고 카탈로그들은 흑백으로 인쇄되었다. 간혹 색견본이 동반된 화려한 카탈로그들도 있기는 했지만 드물었다. 물건의 색조를 시각적으로 보여주지는 않고 글로 설명하기만 한 경우가 많았다. 그러나 이런 방법이 그 시절 구매자들에게 큰 지장을 준 것 같지는 않다. 구매자들은 설명글과 파란색, 빨간색, 초록색, 갈색, 회색, 검은색 등 평범한 단어들에 만족했다. 이따금 감색, 밝은 회색, 희미한 노란색, 짙은 빨간색 등 색을 명확히 밝히기도 했다. 이런 어휘들은 단순하고 알기 쉽다.

그 뒤 제2차 세계 대전 전후에 통신판매 카탈로그에는 박스 기사 형태의 색견본이라는 수단이 출현했다. 어렸을 때 나는 그 색견본들에 매혹되었다. 나는 그것들을 오려내어 수집하고 공책에 붙였다(불행하게도 지금은 잃어버리고 없다). 색견본에 재현된 색들은 실제로 판매되는 물건이나 옷의 정확한 색이 아니었고 정확한 색에 접근하려고 애쓴 색이었다. 설명글도 마찬가지였다. 색에 관한 큰 범주의 설명이 아니라 짙은 핑크색, 모란색, 살구색, 미모사색, 아몬드색, 샤무아색, 헤이즐넛색 등 색을 매우 구체적이고 자세하게 열거하고 있었다. 통신판매 관련자들은 물건의 색을 예전보다 더 정확하게 표현하려고 했다. 그러나 그 어휘들은 실은 이해하기가 더 힘들었다. 이를테면 '이 물건은 유행하는 빨간색으로, 향기로운 초록색으로 그리고 퐁디셰리 파란색으로 만들어졌습니다.' 같은 문장은 색에 관련된 현실로부터 단절된 표현이었다. 우리 현대인들도 이런 표현들이 지칭하는 빨간색, 초록색, 파란색을 정확히 이해하지 못한다. 1950년대 후반에 이르러서야 통신판매 카탈로그에 컬러사진이 출현했다. 그리고 빠르게 확산되었다. 이때부터 컬러사진은 어휘들을 해방시켰다. 제안된 색과 아무런 관계도 없는 다채로운 표현과 문장들이 증가했다.

    이 분야에서 가장 눈길을 끄는 것은 아마도 양말과 스타킹일 것이다. 여성 속옷의 경우가 그랬듯이 여성 양말과 스타킹을 설명하는 어휘들은 오랫동안 '밝은' '진한' '중간의' 같은 평범한 형용사와 회색, 갈색, 흰색, 검은색, 베이지색 같은 단순하고 정숙한 단어들로 만족했다. 그 뒤 1920년에서 1930년대 사이 이 분야에 사용되는 색들이 좀 더 미묘해지고 광고가 요란해지고 경쟁이 치열해지면서 동물, 식물 혹은 광물에서 빌려온 아이보리색, 샤무아색, 두더지색 쥐색, 멧비둘기색, 밤색, 진흙색, 청회색, 진회색 같은 좀 더 야심 찬 어휘들이 출현했다. 그 정확한 색조가 불명확하긴 했지만 의미는 명확했다. 그 후에는 흐릿하지만 좀 더 매혹적인 표현들이 사용되면서 이런 불명확함을 더욱 부각시켰다. 오로라, 녹청, 연기, 호박, 구름, 안개, 먼지 등 그때까지 색에 이름 붙이기 힘들었던 사물들이 색을 지칭하는 용어로 사용되었다. 이런 현상은 1960년대에 자리를 잡았고, 오늘날에 이르기까지 끊임없이 강조되었다. 이때부터 색을 지칭하는 어휘들은 정확한 색채에 결부되지 않고 인상, 분위기, 욕망, 몽상에 결부되었다. 심지어 말로 표현하기 힘든 어떤 회색을 지칭하기 위해 '도취' '점진적 소멸' '환멸' '오늘 밤은 아닌' '언제나처럼'이라는 어휘를 사용하기도 한다. '아마도'와 '완전히 아닌' 사이의 이 숭고함.

'아마도'와 '완전히 아닌'의 사이. 이것이 바로 삶의 색이 아닐까?

색이란 무엇인가

일의적인 방법으로 색을 정의한다는 것은 불가능하다. 나는
이 책을 시작하면서 그것을 강조했고, 이 책을 끝내면서 다시 한 번
강조하고 싶다. 인문학에서는 모든 것이 상대적이고 문화적이다.
마지막으로 이것에 대한 이야기를 조금 하고 시대의 흐름에 따라
색이 어떻게 물질로, 빛으로, 감각으로 정의되었는지 상기해보자.
오늘날 우리가 가진 지식과 우리가 하는 행동들은 부분적으로는
이 세 가지 정의의 유산이다.

여러 어족에서 색을 가리키는 단어의 어원은 색이 처음에
하나의 물질로서, 존재와 사물들을 덮는 덮개로서 어떻게 생각되고
지각되었는지를 증명한다. 특히 인도유럽어족의 경우가 그렇다.
예를 들어 라틴어 color 콜로르에서 유래한 색을 지칭하는 어휘는
이탈리아어, 프랑스어, 스페인어, 포르투갈어, 영어에서 '감추다'
'덮다' '숨기다'를 뜻하는 celare 셀라레라는 동사와 결부된다.
색은 감추는 것, 덮는 것, 입는 것이다. 그것은 물질적 현실이며,
얇은 껍질, 육체를 숨기는 제2의 피부, 제2의 표면이다. 똑같은

개념이 그리스어에서도 발견된다. '색'이라는 뜻의 khrôma크로마는 '피부' '육체의 표면'이라는 뜻의 khrôs크로스에서 파생되었다. 게르만어도 마찬가지이다. 예를 하나 든다면 독일어 farbe파르베는 '형태' '피부' '덮개'를 뜻하는 게르만어 farwa파르바에서 유래했다. 인도유럽어족의 다른 언어들도 이와 비슷한 개념의 어휘를 갖고 있다. 그러므로 색은 처음에는 물질, 덮개, 얇은 껍질이었던 듯하다.

그러나 어휘와 학자들의 이론은 별개이다. 유럽에서는 일찍부터 색이 무엇이 되기 위한, 특히 빛의 일부가 되기 위한 물질로서만 간주되지 않았다. 이 분야의 선구자인 아리스토텔레스는 색에서 하얀 빛의 감소를 보았고, 알려진 것 중 가장 오래된 색계를 제안했다. 가장 연한 색에서 가장 진한 색에 이르는 흰색, 노란색, 빨간색, 초록색, 검은색으로 이루어진 색계였다. 이 색계에 파란색이 없다는 점에 유의하자. 파란색은 중세에 가서야 초록색과 검은색 사이에 삽입된다.

색들의 이런 질서는 17세기까지 표준적인 과학적 질서로 간주되었다. 정확하게는 아이작 뉴턴이 그 유명한 프리즘 실험을 하고 태양의 백색광을 다른 색의 광선들로 확산시키는 데 성공한 1665년에서 1666년까지 말이다. 뉴턴은 이렇게 함으로써 색들의 새로운 질서, 즉 분광을 제안했다. 이때부터 색들의 질서 속에서 검은색과 흰색을 위한 자리는 없어졌고, 색들은 이전의 질서와는 전혀 관계가 없는 보라색, 남색, 파란색, 초록색, 노란색, 주황색, 빨간색의 배열을 형성했다. 분광에 따른 색들의 이러한 분류는 점차 학계와 관련된 대부분의 분야에서도 표준적인 물리 화학적 질서가 되었다. 무지개 같은 기상 현상에 적용되기도 했다. 하지만 이런 현상은 다분히 경험에 의거한 것이었다. 고대 사람들이 무지개에서 서너 가지 색만을 보았던 데 반해 오늘날의 사람들은 무지개에서 스펙트럼의 색인 일곱 가지 색을 구별해낸다. 우리는 초등학교에 들어가자마자 무지개가 일곱 가지 색으로 이루어진다고 배운다. 그런 까닭에 우리가 무지개에서 일곱 가지 색을 보는 것이다. 적어도 일곱 가지 색을 본다고 믿는 것이다.

 색을 하나의 물질이 아니라 빛으로 정의하는 것은 자연과학에 중요한 변화를 가져왔다. 18세기부터는 많은 기술들에도 변화를 가져왔다. 학자들은 차츰 파장으로 색을 측정하게 되었고 장인들은 다양한 색조로 물건을 만들게 되었다. 계몽의 시대는 색견본들의 시대이기도 했다. 이때부터 색은 측정, 통제, 재현 가능하게 되어 그 신비로움의 일부를 잃어버린 듯했다. 예술가들도 과학적 이론에 굴복하기 시작했다. 그들은 스펙트럼 주변에 자기들의 색조를 구축하고자 애썼고 원색과 보색을 구분했으며, 순진하게도 광학과 지각의 법칙들을 믿었다. 시간이 더 흐른 뒤 이번에는 신경과학이 지각의 중요성을 강조했다. 신경과학자들은 색이 단지 물질적 덮개나 물리적 현상이 아니라 하나의 감각이라고 주장했다. 눈이 색에 대한 감각을 받아들이고 뇌로 전달한다. 이 감각은 광원, 그 빛이 내리쬐는 대상, 수신기관, 이 세 가지 요소의 결합에 기인한다. 인간은 생물학적인 동시에 문화적인 눈-뇌의 짝이 구성하는 이런 복잡한 도구로 무장하고 있다.

오늘날에 와서 인간이 수신자로서 색을 기록한다고 여겨지자 의견들은 갈라지기 시작했다. 과학에서 기록되는 것은 여전히 파장으로 측정하는 색이었다. 인문과학에서는 색이 아니라 빛이 기록되었다. 색은 지각될 때만 존재했다, 다시 말해 색은 단지 눈으로 보기만 하는 것이 아니라 기억력, 지식, 상상력을 통해 이해되고 해독되었다. 괴테는 1810년에 출간한 『색채론 Farbenlehre』의 3부에서 이미 다음과 같은 질문을 제기하고 그 답을 단언했다. "빨간 드레스는 아무도 그것을 보지 않을 때 더 붉을까?" 이 중요한 질문에 그는 아니라고 대답했다. 나도 그렇게 생각한다.

그러므로 물리학자나 화학자의 색은 신경학자나 생물학자의 색과 다르다. 신경학자나 생물학자의 색은 역사학자, 사회학자, 인류학자의 색과 다르다. 역사학자, 사회학자, 인류학자에게 (인문과학을 위한 일반적인 방법이 그렇듯이) 색은 우선 사회의 사실로서 정의되고 연구된다. 자연, 안료, 눈, 뇌 이상으로 사회가 색을 '만들고', 색에 정의와 의미를 부여하고, 그 규범과 가치들을 변화시키고, 그 실행을 조직하고, 그 쟁점들을 결정한다.

그러므로 역사학자에게 색에 대해 이야기하는 것은 단어들의 역사에 대해, 언어 사실에 대해, 안료와 염료에 대해, 회화와 염색의 기술에 대해 이야기하는 것이다. 그것은 또한 일상생활에서 색의 자리에 대해, 색에 동반되는 규범과 체계에 대해, 권위에서 나온 규칙들에 대해, 종교에 의해 창출된 윤리와 상징들에 대해,

과학자들의 사변에 대해, 예술가들의 발견에 대해 이야기하는 것이기도 하다. 조사와 통찰이 이루어질 분야는 풍부하고, 인문과학 연구자들에게 다양한 질문들을 제기한다. 색은 본질적으로 참고자료를 넘어서는 관찰의 장을 제공한다. 그러나 어떤 분야들은 다른 분야들에 비해 더 유익한 쓰임새를 보여준다. 특히 염색, 직물, 의복 분야가 그렇다. 이 분야에서는 회화나 예술 분야보다 화학적·기술적·물질적 문제들과 사회적·이데올로기적·상징적 문제들이 더욱 긴밀하게 섞이는 것 같다. 모든 사회에서 직물과 의복은 색의 최초의 물리적 실현 매체이고, 색에 관한 최초의 규범, 최초의 분류 체계를 보여준다. 색들을 결합하고 대립하고 구별하고 계열화한다. 색의 최초의 기능은 분류하는 것이다. 존재와 사물을, 동물과 식물을, 개인과 단체를, 장소와 시간을, 개념과 꿈을 분류한다. 그리고 추억들도.

우리가 일반적으로 생각하는 것과 달리 대부분의 사회들은 제한된 색채들을 사용했다. 오랫동안 수많은 문화에서 흰색, 빨간색, 검은색이 다른 색들보다 더 중요했다. 적어도 상징적 장에서는 그랬다. 그 후에 세월이 흐름에 따라, 문화의 변화 양상에 따라 다른 세 가지 색이 그 세 가지 색에 합류하여 흰색, 빨간색, 검은색, 초록색, 노란색, 파란색이라는 여섯 가지 기본색을 이루었다.

이것이 서구 사회에서 일어난 일이다. 기본이 되는 세 가지 색이 중세 중반까지 우위를 행사했다. 그다음에는 다른 세 가지

색이 승격되었다. 이런 변동은 12세기와 14세기 사이에 일어났다. 그 후 상황은 별로 달라지지 않았다. 과학과 물리화학적 이론들의 발전에도 불구하고, 스펙트럼의 발견에도 불구하고, 원색과 보색의 구별에도 불구하고, 때로 검은색과 흰색을 완전한 색으로 간주하지 않으려는 거부가 일어났음에도 불구하고, 서구 사회는 계속 흰색, 빨간색, 검은색, 초록색, 노란색, 파란색의 여섯 가지 색으로 이루어진 체계 속에서 살아왔다. 이 색들은 길에서 좋아하는 색을 말해보라고 요청받은 아이 및 어른들이 첫 순위로 꼽는 색들이다. 이 색들 다음에는 주황색, 분홍색, 보라색, 갈색, 회색이 나온다. 이 색들은 절반의 색 혹은 '이차색'들이다. 그다음에는? 그다음에는 아무것도 없다. 적어도 분리와 분류가 가능한 진짜 색들은 없다. 색조들과 색조의 색조들이 있을 뿐이다.

지금까지 유럽 및 서구 사회에서 색이 어떻게 진화해왔는지 빠르게 훑어보았다. 서구 이외의 다른 사회에서 색의 역사는 다른 리듬에 따라, 다른 도식에 따라, 다른 변수들에 따라 전개되었다. 어떤 문화들은 색의 단위를 서구의 방법으로 분류하지 않고 그들 고유의 방법으로 분류한다. 블랙 아프리카에서는 최근까지도 어떤 물건이 빨간색인지, 초록색인지, 노란색인지 아니면 파란색인지 아는 것이 중요하지 않았다. 그보다는 그 물건이 건조한지 축축한지, 윤기가 나는지 거칠거칠한지, 부드러운지 딱딱한지, 둔탁한지 잘 울리는지 아는 것이 중요했다.

이런 매개변수들 주변에서 색에 대한 어휘들이 아프리카의 여러 언어로 구성되었다. 여기서 색은 자체로서 하나의 사물이 아니었다. 시각에서만 나오는 현상은 더더욱 아니었다. 색은 감각 및 다른 매개변수들의 짝으로 이해되었다. 다른 지역들, 이를테면 중앙아시아나 북극권에서도 마찬가지이다. 색에 대한 서구의 정의는 이곳에서는 통용되지 않는다.

사회들마다 다른 이런 차이들은 매우 중요하며 끊임없이 강조되어야 한다. 서구 사회가 전 세계에 자기들의 지식, 관습, 가치체계의 상당 부분을 강요하는 경향이 있기는 하지만 말이다. 오늘날 먼 옛날로부터 혹은 가까운 과거로부터 물려받은 여섯 가지 기본색은 거의 지구 전체에 존재한다. 이 색들을 정의하는 것은 불가능하다. 왜냐하면 이차색과 달리 이 기본색들은 자연 그대로이거나 객관적인 지시 대상이 없기 때문이다. 이 색들을 가리키는 용어들은 구체적이지 않고 정당한 근거도 없다.

마지막으로 철학자 루트비히 비트겐슈타인이 한 말을 인용하겠다. 비트겐슈타인은 이 주제에 관해 지금껏 쓰인 글들 가운데 가장 중요한 글을 썼다. 이 글은 파악하기 힘든 대상인 색에 관한 기억에 대한 이 책을 마무리하는 데 다른 어떤 글보다 적절해 보인다.

만일 누군가 우리에게 '빨간색, 파란색, 검은색, 흰색이라는
단어들이 무엇을 의미하느냐.'고 묻는다면, 우리는 즉시
그 색을 지닌 사물들을 그 사람에게 보여줄 수 있을 것이다.
그러나 그 단어들의 의미를 설명하는 일은 그리 쉽지 않다.

『색의 관한 고찰』 중에서

참고문헌

개론

Birren (Faber), *Color. A Survey in Words and Pictures*, New York, 1961.

Conklin (Harold C.), 《Color Categorization》, *The American Anthropologist*, vol. LXXV / 4, 1973, p. 931-942.

Gage (John), Color and Culture. *Practice and Meaning from Antiquity to Abstraction*, Londres, 1993 (trad. fr. : *Couleur et culture. Usages et significations de la couleur de l'Antiquité à l'abstraction*, Paris, 2007).

Gerschel (Lucien), 《Couleurs et teintures chez divers peuples indoeuropéens》, *Annales E.S.C.*, 1966, p. 608-663.

Indergand (Michel) et Fagot (Philippe), *Bibliographie de la couleur*, Paris, 1984-1988, 2 vol.

Junod (Philippe) et Pastoureau (Michel), dir., *Regards croisés sur la couleurdu Moyen Âge au xxe siècle*, Paris, 1994.

Meyerson (Ignace), dir., *Problèmes de la couleur*, Paris, 1957.

Pastoureau (Michel), *Bleu. Histoire d'une couleur*, Paris, 2000.

Pastoureau (Michel), *Noir. Histoire d'une couleur*, Paris, 2009.

Pastoureau (Michel) et Simonnet (Dominique), *Le Petit Livre des couleurs*, Paris, 2006.

Portmann (Adolf) et Ritsema (Rudolf), dir., *The Realms of Colour. Die Welt der Farben*, Leyde, 1974 (Eranos Yearbook, 1972).

Pouchelle (Marie-Christine), dir., *Paradoxes de la couleur*, Paris, 1990 (numéro spécial de la revue *Ethnologie française*, t. 20/4, oct.-déc. 1990).

Tornay (Serge), dir., *Voir et nommer les couleurs*, Nanterre, 1978.

Vogt (Hans Heinrich), *Farben und ihre Geschichte*, Stuttgart, 1973.

Zahan (Dominique), 《L'homme et la couleur》, dans Jean Poirier, dir., *Histoire des moeurs*, t. I, *Les Coordonnées de l'homme et la Culture matérielle*, Paris, 1990, p. 115-180.

어휘 및 언어

André (Jacques), *Étude sur les termes de couleurs dans la langue latine*, Paris, 1949.

Baum (Maggy) et Boyeldieu-Duyck (Chantal), *Passepoil, piqûres, paillettes. Dictionnaire de fil, d'aiguilles et d'étoffes*, préface de Lydia Flem, Paris, 2008.

Berlin (Brent) et Kay (Paul), *Basic Color Terms. Their Universality and Evolution*, Berkeley, 1969.

Crosland (Maurice P.), *Historical Studies in the Language of Chemistery*, Londres, 1962.

Favre (Jean-Paul) et November (André), *Color and Communication*, Zurich, 1979.

Grossmann (Maria), *Colori e lessico : studi sulla struttura semantica degli aggetivi di colore in catalano, castigliano, italiano, romano, latino ed ungherese*, Tübingen, 1988.

Indergand (Michel), Lanthony (Philippe) et Sève (Robert), *Dictionnaire des termes de la couleur*, Avallon, 2007.

Jacobson-Widding (Anit), *Red-White-Black, as a Mode of Thought*, Stockholm, 1979.

Kristol (Andres M.), *Color. Les langues romanes devant le phénomène couleur*, Berne, 1978.

Magnus (Hugo), *Histoire de l'évolution du sens des couleurs*, Paris, 1878.

Meunier (Annie), 《Quelques remarques sur les adjectifs de couleur》, *Annales de l'Université de Toulouse*, vol. 11/5, 1975, p. 37-62.

Mollard-Desfour (Annie), *Dictionnaire des mots et expressions de la couleur : Le Bleu*, Paris, 1998 ; Le Rouge, Paris, 2000 ; *Le Rose*, Paris, 2002 ; *Le Noir*, Paris, 2005 ; *Le Blanc*, Paris, 2007.

Wierzbicka (Anna), 《The Meaning of Color Terms : Cromatology and Culture》, *Cognitive Linguistics*, vol. I/1, 1990, p. 99-150.

염색 및 안료

Bomford (David) et al., *Art in the Making : Impressionism*, Londres, 1990.

Brunello (Franco), *L'arte della tintura nella storia dell'umanita*, Vicenza, 1968.

Cardon (Dominique) et Du Châtenet (Gaëtan), *Guide des teintures naturelles*, Neuchâtel et Paris, 1990.

Delamare (François) et Guineau (Bernard), *Les Matériaux de la couleur*, Paris, 1999.

Feller (Robert L.) et Roy (Ashok), *Artists' Pigments. A Handbook of their History and Characteristics*, Washington, 1985-1986, 2 vol.

Guineau (Bernard), dir., *Pigments et colorants de l'Antiquité et du Moyen Âge*, Paris, 1990.

Harley (Rosamond D.), *Artists' Pigments (c. 1600-1835)*, 2ᵉ éd., Londres, 1982.

Hours (Madeleine), *Les Secrets des chefs-d'oeuvre*, Paris, 1988.

Jaoul (Martine), dir., *Des teintes et des couleurs, exposition*, Paris, 1988.

Kittel (Hans), dir., *Pigmente*, Stuttgart, 1960.

Montagna (Giovanni), *I pigmenti. Prontuario per l'arte e il restauro*, Florence, 1993.

Pastoureau (Michel), *Jésus chez le teinturier. Couleurs et teintures dans l'Occident médiéval*, Paris, 1998.

Reclams Handbuch der künstlerischen Techniken. *I : Farbmittel, Buchmalerei, Tafel- und Leinwandmalerei*, Stuttgart, 1988.

Techné. La science au service de l'art et des civilisations, vol. 4, 1996 («La couleur et ses pigments»).

Varichon (Anne), Couleurs, pigments et teintures dans les mains des *peuples*, Paris, 2000.

색, 의복, 사회

Augé (Marc), *Un ethnologue dans le métro*, Paris, 1986.
Augé (Marc), *Le Métro revisité*, Paris, 2008.
Batchelor (David), *La Peur de la couleur*, Paris, 2001.
Birren (Faber), *Selling Color to People*, New York, 1956.

Boehn (Max von), *Die Mode. Menschen und Moden vom Untergang der alten Welt bis zum Beginn des zwanzigsten Jahrhunderts*, Munich, 1907-1925, 8 vol.

Boucher (François), *Histoire du costume en Occident de l'Antiquité à nos jours*, Paris, 1965.

Couleurs, travail et société du Moyen Âge à nos jours, exposition, Lille, 2004.

Eco (Renate), dir., *Colore : divietti, decreti, discute*, Milan, 1985 (numéro spécial de la revue Rassegna, vol. 23, sept. 1985).

Fagot (Philippe), « Rêver la couleur sans la toucher. Mise en scène de la chromaticité par les catalogues de vente par correspondance », dans *Couleurs, travail et société du Moyen Âge à nos jours*, exposition, Lille, 2004, p. 74-81.

Friedmann (Daniel), *Une histoire du blue-jean*, Paris, 1987.

Harvey (John), *Men in Black*, Londres, 1995 (trad. fr. : *Des hommes en noir. Du costume masculin à travers les âges*, Abbeville, 1998).

Heller (Eva), *Wie Farben wirken. Farbpsychologie, Farbsymbolik, Kreative Farbgestaltung*, 2e éd., Berlin, 1999 (trad. fr. : *Psychologie de la couleur. Effets et symboliques*, Paris, 2009).

Laufer (Otto), *Farbensymbolik im deutschen Volsbrauch*, Hambourg, 1948.

Lenclos (Jean-Philippe et Dominique), *Les Couleurs de la France. Maisons et paysages*, Paris, 1982.

Lenclos (Jean-Philippe et Dominique), *Les Couleurs de l'Europe. Géographie de la couleur*, Paris, 1995.

Lurie (Alison), *The Language of Clothes*, Londres, 1982.

Nathan (Harriet), *Levi Strauss and Company, Taylors to the World*, Berkeley, 1976.

Nixdorff (Heide) et Müller (Heidi), dir., *Weisse Vesten, roten Roben. Von den Farbordnungen des Mittelalters zum individuellen Farbgeschmak*, exposition, Berlin, 1983.

Noblet (Jocelyn de), dir., *Design, miroir du siècle*, Paris, 1993.

Noël (Benoît), *L'Histoire du cinéma couleur*, Croissy-sur-Seine, 1995.

Pastoureau (Michel), «D u vague des drapeaux», *Le Genre humain*, vol. 20 *(Face au drapeau)*, 1989, p. 119-134.

Pastoureau (Michel), *Dictionnaire des couleurs de notre temps. Symbolique et société*, 4ᵉ éd., Paris, 2007.

Rabbow (Arnold), *Lexikon politischer Symbole*, Munich, 1970.

색의 철학 및 역사

Blay (Michel), *La Conceptualisation newtonienne des phénomènes de la couleur*, Paris, 1983.

Blay (Michel), *Les Figures de l'arc-en-ciel*, Paris, 1995.

Boyer (Carl B.), *The Rainbow from Myth to Mathematics*, New York, 1959.

Goethe (Wolfgang), *Zur Farbenlehre*, Tübingen, 1808-1810, 2 vol.

Goethe (Wolfgang), *Materialen zur Geschichte der Farbenlehre*, nouv. éd., Munich, 1971, 2 vol.

Halbertsma (K.J.A.), *A History of the Theory of Colour*, Amsterdam, 1949.

Lanthony (Philippe), *Des yeux pour peindre*, Paris, 2006.

Lindberg (David C.), *Theories of Vision from Al-Kindi to Kepler*, Chicago, 1976.

Newton (Isaac), *Opticks or a Treatise of the Reflexions, Refractions, Inflexions and Colours of Light*, Londres, 1704.

Pastore (Nicholas), *Selective History of Theories of Visual Perception, 1650-1950*, Oxford, 1971.

Sepper (Dennis L.), Goethe contra Newton. *Polemics and the Project of a New Science of Color*, Cambridge, 1988.

Sève (Robert), Physique de la couleur. *De l'apparence colorée à la technique colorimétrique*, Paris, 1996.

Sherman (Paul D.), *Colour Vision in the Nineteenth Century : the Young-Helmholtz-Maxwell Theory*, Cambridge, 1981.

Westphal (John), *Colour : a Philosophical Introduction*, 2e éd., Londres, 1991.

Wittgenstein (Ludwig), *Bemerkungen über die Farben*, Francfort-sur-le-Main, 1979.

Zuppiroli (Libero) et al., *Traité des couleurs, Lausanne*, 2001.

예술사 및 예술 이론

Albers (Josef), *L'Interaction des couleurs*, nouv. éd., Paris, 2008.

Aumont (Jacques), *Introduction à la couleur : des discours aux images*, Paris, 1994.

Brusatin (Manlio), *Storia dei colori*, 2e éd., Turin, 1983 (trad. fr. : Histoire des couleurs, Paris, 1986).

Dittmann (Lorenz), *Farbgestaltung und Farbtheorie in der abendländischen Malerei*, Stuttgart, 1987.

Hall (Marcia B.), *Color and Meaning. Practice and Theory in Renaissance Painting*, Cambridge (Mass.), 1992.

Imdahl (Max), *Farbe. Kunsttheoretische Reflexionen in Frankreich*, Munich, 1987.

Itten (Johannes), *Kunst der Farbe*, 4e éd., Ravensburg, 1961.

Kandinsky (Wassily), *Ueber das Geistige in der Kunst*, Munich, 1912 (trad. fr. : Du spirituel dans l'art, Paris, 1962).

Le Rider (Jacques), *Les Couleurs et les Mots*, Paris, 1997.

Lichtenstein (Jacqueline), *La Couleur éloquente. Rhétorique et peinture à l'âge classique*, Paris, 1989.

Roque (Georges), *Art et science de la couleur. Chevreul et les peintres de Delacroix à l'abstraction*, 2e éd., Paris, 2009.

Rubens contre Poussin. *La querelle du coloris dans la peinture française à la fin du xviie siècle*, exposition, Arras, 2004.

Teyssèdre (Bernard), *Roger de Piles et les Débats sur le coloris au siècle de Louis XIV*, Paris, 1957.

지은이 소개 | 미셸 파스투로

1947년 파리에서 태어난 미셸 파스투로는 소르본대학과
국립고문서학교에서 수학했으며, 1972년에 국립고문서학교에서
중세 문장과 관련된 동물에 대한 논문을 썼다. 그 뒤 국립도서관
메달 진열실에서 학예관으로 일했으며, 1982년에 고등연구실천원
원장으로 선출되었다. 이후 이곳에서 중세 상징사를 강의했다. 또한
20년간(1987-2007) 사회과학고등연구원의 객원교수를 지내며,
유럽 사회의 상징의 역사에 관한 세미나를 진행했다. 다양한
학술활동과 사회활동을 하면서 최근 수년 동안에는 많은 유럽 대학들,
특히 로잔대학과 제네바대학에서 초빙교수로 학생들을 가르쳤다.
프랑스학사원Institut de France(금석학·문학 아카데미Académie
des inscriptions et belles-lettres)의 통신원이며, 프랑스문장학 및
인장학협회Société française d'héraldique et de sigillographie 회장이다.

미셸 파스투로의 초기 연구들은 그의 논문의 연장선상에 있었고
문장, 인장 그리고 이미지들을 대상으로 했다. 이 연구들은 문장학을
온전한 학문으로 만드는 데 공헌했다. 그후 1980년대부터는
특히 색의 역사 및 이와 관련된 많은 문제들을 연구하고 가르쳤다.
회화사와 관련된 것들을 포함하여 이 분야의 모든 것이 처음으로
정립되어야 했으며, 그는 회화사 분야에 관한 최초의 국제적 전문가로
명성을 떨쳤으며, 중세 동물의 역사, 동물우화집, 동물학에 대한
연구도 계속하고 있다.

미셸 파스투로는 40여 권의 책을 펴냈다. 그중 최근 20년 사이에 출간된 책들은 다음과 같다.

『샤를마뉴의 체스판, 하지 말아야 할 게임L'Échiquier de Charlemagne, Un jeu pour ne pas jouer』(아당비로Adam Biro출판사, 1990), 『악마의 무늬, 스트라이프』(쇠유출판사, 1991), 『문장학 개론』(피카르출판사, 제2판, 1993), 『문장의 형상들Figures de l'héraldique』(갈리마르출판사, 1996), 『염색업자 집의 예수, 중세 서양의 색과 염색』(르레오파르도르출판사, 1998), 『프랑스의 표장들Les Emblèmes de la France』(본느통출판사, 1998), 『블루, 색의 역사Bleu, Histoire d'une couleur』(쇠유출판사, 2000), 『로마네스크의 형상Figures romanes』(쇠유출판사, 2001, 프랑크 호르바트Franck Horvat와 공저), 『널리 알려진 동물들Les Animaux célèbres』(본느통출판사, 2001), 『서양 중세에서 상징의 역사Une histoire symbolique du Moyen Âge occidental』(쇠유출판사, 2004), 『색에 관한 소책자Le Petit Livres des couleurs』(파나마Panama출판사, 2005, 도미니크 시모네Domonique Simonnet와 공저), 『원탁의 기사들, 가상사회의 역사』(에디시옹 뒤 귀Éditions du Gui, 2006),
『곰, 몰락한 왕의 역사L'Ours, Histoire d'une roi déchu』(쇠유출판사, 2007),
『블랙, 색의 역사Noir, Histoire d'une couleur』(쇠유출판사, 2008),
『돼지, 사랑받지 못하는 친구의 역사Le Cochon, Histoire d'un cousin mal aimé』(갈리마르출판사, 2009), 『중세의 문장예술L'Art héraldique au Moyen Âge』(쇠유출판사, 2009).

지은이 연보

1947. 6. 17	파리에서 출생.
1947-1956	몽마르트르에서 어린 시절을 보냄. 이 언덕 꼭대기에 어머니의 약국이 있었음.
1948. 7	지노 바르탈리가 두 번째로 투르 드 프랑스 우승자가 됨.
1950-2010	브르타뉴 지방 북쪽 해안의 해수욕장 르 발 앙드레(코트다르모르 도道)에서 여름휴가를 보냄.
1951. 봄	일명 파스투로 카루주Pastoureau-Carrouges 사건이 일어남. 이 사건으로 내 아버지와 앙드레 브르통이 절교함.
1952-1956	몽마르트르언덕 발치에 있는 화가 마르셀 장의 작업실에 놀러 다님.
1954	루브르박물관을 처음으로 방문함. 보이스카우트 활동을 시작함.
1955. 여름	리처드 소프의 영화 〈아이반호〉를 닷새 연속으로 봄. 중세에 대해 관심을 갖게 됨.
1957-1997	노르망디의 작은 마을 생 세느리 르 제레(오른 도)에서 여름휴가를 보내고 여러 번 체류함.
1957. 10. 1	방브에 있는 미슐레고등학교에 입학함.
1958-1960	노란 자전거 사건, 감색 블레이저 사건 등 '색에 관한 변덕'이 시작됨.

1960. 봄	고등학교에서 문장紋章과 처음으로 만남. 미술 선생님이 문장을 그려넣은 1500년대의 화려한 스테인드글라스를 사진으로 찍어옴.
1960-1965	색, 문장, 체스, 스포츠, 특히 육상에 열정적인 관심을 가짐.
1965-1968	앙리4세고등학교 예비반 과정.
1968-1972	국립고문서학교에 다님. 중세의 문장과 관련된 동물에 대한 논문을 씀. 색의 역사에 관해 처음으로 연구를 시작함.
1972-1982	국립도서관 메달 진열실에서 학예관으로 일함. 이곳은 색채가 매우 부족한 고전학의 세계였음.
1974-1975	군 복무. 5주 동안 프로방스에서 병영 생활을 함. 이때 삼색기에 대한 독특한 경험을 함. 이후 '지식인' 징집병으로서 앵발리드에 있는 군대박물관에서 11개월 동안 복무함. 박물관의 도서실에서 첫 책 『원탁의 기사들 시대의 일상생활 Les Chevaliers de la Table Ronde, Histoire d'une société imaginaire』(아셰트출판사)을 씀. 오후 내내 이 도서실을 지켰지만 찾아오는 사람이 아무도 없었음.
1977	중세의 색의 역사에 관한 첫 논문이 출판됨.

1979	『문장학 개론-Traité d'héraldique』(피카르Picard출판사) 출간.
1980. 12	미국을 처음으로 여행하고 몹시 실망함.
1982	고등연구실천원 원장으로 선출됨.
	28년 동안 이곳에서 가르침. 이곳에서 연 세미나의 절반은 색의 역사와 상징에 대한 것이었고, 나머지 절반은 동물의 역사에 관한 것이었음.
1991	『악마의 무늬, 스트라이프』(쇠유출판사) 출간.
1992	『우리 시대의 색채 사전, 우리 시대의 상징과 사회Dictionnaire des couleurs de notre temps, Symbolique et société contemporaines』(본느통Bonneton출판사) 출간.
1996	헤이그에서 열린 베르메르의 전시회를 관람함.
1998	『염색업자 집의 예수, 중세 서양의 색과 염색 Jésus chez le teinturier, Couleurs et teintures dans l'Occident médiéval』(르레오파르도르Le Léopard d'or출판사) 출간.
2000	『블루, 색의 역사』(쇠유출판사) 출간.
2009	『블랙, 색의 역사』(쇠유출판사) 출간.

옮긴이 소개 | 최정수

연세대학교 불어불문학과와 동대학원을 졸업하고 전문번역가로
활동하고 있다. 파울로 코엘료의 『연금술사』 『오 자히르』,
아니 에르노의 『단순한 열정』, 프랑수아즈 사강의 『한 달 후, 일 년 후』
『어떤 미소』 『마음의 파수꾼』 『고통과 환희의 순간들』,
기 드 모파상의 『오를라』, 장 자크 상페의 『꼬마 니콜라의 쉬는 시간』,
이브 생 로랑의 『발칙한 루루』를 비롯해, 『키리구와 마녀』 『숨 쉬어』
『빨간 고양이 마투』 『위에트 아저씨가 들려주는 천문항해의 비밀』
『황금붓의 소녀』 『거절 수업-당당한 나를 만나는 리더십 에세이』
『찰스 다윈-진화를 말하다』 『르 코르뷔지에의 동방여행』 『동물의 감각-
새는 어떻게 길을 찾을까요?』 『베르사유의 오렌지나무』 등
많은 책을 우리말로 옮겼다.

이 책은 내 개인의 역사, 내가 한 경험, 직접적인 증거와 성찰에
의지하는 기억들을 이야기한 책이다. 또한 이 책은 수많은 친척, 친구,
학생, 동료들과의 수십 년에 걸친 대화와 공유의 성과물이기도 하다.
이 '색들의 놀이'에 동참해주고 거의 반세기 동안 계속된 내 횡설수설과
강박관념, 색에 대한 변덕들을 지지해준 모든 분들에게 감사를 드린다.

특히 다음의 분들에게 감사드린다.
엠마뉘엘 아당, 이렌 아지옹, 오딜 블랑, 피에르 뷔로, 패린 카나바지오,
이본 카잘, 클로드 쿠프리, 필리프 파고, 앙리 뒤비프, 미셸 앵데르강,
프랑수아 자크송, 필리프 쥐노, 로랑스 클레망, 크리스틴 라포스톨,
모리스 올랑데, 안 파스투로, 로르 파스투로, 카롤린 피숑,
프랑수아 포플랭, 클로디아 라벨.